시대 主人 삶을 택한

청년 12인의 창업 스토리

핵심 포인트 분석

시대 主人 삶을 택한

청년 12인의 창업 스토리

초판 인쇄 2018년 11월 5일
초판 발행 2018년 11월 11일

지은이 조규호
펴낸이 김중용

총괄기획 박노일 · 최준규
편 집 심성보

펴낸곳 마인드탭 MIND TAP
경기도 파주시 책향기로 441, 1004동 1004호(동패동, 책향기마을)
등록 제406-2014-000093호
전 화 070)7550-3758 팩 스 02)718-8554
홈페이지 www.mindtap.co.kr 이메일 pnc@pncmedia.co.kr
ISBN 979-11-86672-27-3 03320

정 가 12,800원

정리 · 분석 조규호

시대 主人 삶을 택한

청년 12인의 창업 스토리

핵심 포인트 분석

마인드탭
MIND TAP

머릿글

앞으로 4차 산업혁명의 진전으로 전체 일자리는 양적으로 줄어들 것으로 보인다. 새로운 기술의 등장으로 새로운 산업, 새로운 직장이 고도의 개인서비스 산업 발전과 더불어 새로운 고용을 창출하겠지만 말이다.

일자리 창출은 2017년 촛불혁명으로 들어선 문재인 정부뿐만 아니라 모든 국가, 모든 정부에서 최고의 정책 목표로 우리 시대 최대의 경제적 화두이다.

과연 누가 어떻게 일자리를 만들어 내는가? 그것은 중소·벤처기업이다. 소위 도전정신과 혁신마인드를 가진 사람들이 창업을 하고 그 창업기업을 성장시키면서 사람들을 고용하는 것이다. 진정한 창업자 자세(entrepreneurship)를 가진 사업가가 많이 생겨나야 한다. 이들은 본인의 일자리는 물론 많은 사람들에게 일자리를 만들어 주고 고객들이 원하는 물건과 서비스를 제공해 기쁨을 주니 얼마나 훌륭한가 말이다.

이 책은 이러한 취지에서 적어도 우리 사회에 유익하기 그지없는 참된 창업을 보다 활성화하는 데 도움을 주고자 만들어졌다. 정말 멋진 우리 시대 청년 창업자 12명이 스스로 삶의 주인이 되어가는 과정을 리얼 스토리로 엮었다.

그리고 객관적 입장에서 창업을 연구하는 창업전문가 입장에서 성공 창업으로 이끄는 핵심포인트를 분석, 서술하였다. 학습 교재용 및 교양도서로서 독자들이 가급적 편하게 읽도록 편집도 넉넉하게 했고 사진과 핵심포인트별로 요약정리도 넣었다.

아이디어 하나만으로 손쉽게 실행에 옮길 수 있는 창업부터 어느 정도 전문기술과 경험을 갖고 시작할 수 있는 창업까지 다양한 창업아이템 스토리를 실감

나게 그려보려 노력했다. 사례별로 앞부분에서는 창업자의 개인적 배경과 창업동기, 창업과정과 시련 극복 등을 담았고 뒷부분에서는 분석 차원으로 수익모델과 사업성 확인, 창업 마케팅과 경쟁력, 창업자 자세 등을 살펴보았다. 동일 사안을 분석관점에 따라 살피다보니 다소 중복되는 서술도 있다. 학습 차원에서 나쁠 것으로 보지 않았다. 중요한 사항들이라 양해해주길 바라는 마음이다. 각 사례의 창업 당사자는 정말 마음 자세만큼은 젊었고 열정에 넘쳤다. 그들이 우리에게 던지는 메시지는 창업을 하지 않더라도 우리 인생을 살아가는데 엑스트라 내지 조연이 아닌 주인으로서 生을 설계하고 정성껏 꾸며 나가야겠구나 하는 시사점을 줄 것으로 믿어 의심치 않는다. 정부의 창업정책 담당자에게 전하는 이들의 제언도 있다.

이 책을 만드는 데 많은 사람들의 도움을 받았다. 12개 사례 중 직접 인터뷰에 응해주신 창업사례 업체 10개의 창업자 분들께 우선 감사와 존경의 인사를 드린다. 사례 선정은 주로 'YTN 사이언스'의 '청년창업런웨이' 프로그램을 참고해서 이루어졌다. 실전뿐만 아니라 학술적으로도 의미 있는 자료로 만들기 위해 참고문헌과 자료의 출처를 밝혀두었다. 혹시 저작권 문제가 있을 자료와 사진 일부가 있을 수 있겠다. 이 자리를 빌어 이 책의 출간으로 한 푼의 이익도 챙기지 않는 저자와 함께 우리 사회 발전을 위해 협력을 요청 드리는 바이다.

끝으로 이 책 발간작업에 많은 애를 쓰신 '마인드탭'의 김중용·최준규 대표님과 심성보 편집이사님, 권형락 실장님의 노고에 심심한 감사의 마음을 전합니다.

2018. 10.

노자 선생처럼 놀다가 가고 싶어 하는

조 규 호 올림

차 례

사례 1 '솔라플러스' 창업자 신대섭 대표

국내 최초 태양광 패널 청소원이 되다

1. 창업 회사 소개

법인명	㈜솔라플러스컴퍼니
창업자 및 대표이사	신대섭
창업년도	2012년
사업내용	태양광 발전모듈 청소 대행, 세척도구 판매, 태양광 코팅, 여과기술 제공
창업성과	2017년 말 현재 가맹점 형태로 2곳과 하청업체 2곳까지 해서 12명(본사 3명)의 인원으로 만족스러운 창업성과를 내고 있음.
홈페이지	www.solarps.kr
회사소개 동영상	https://www.youtube.com/channel/UClRI9Wcm3ig4vx-NdjKHIBA

2. 창업자의 개인적 성격과 창업동기

- 신 대표는 평범한 가정에서 태어나 보통의 아이들처럼 자라났다. 다만 아버지가 조그마한 사업체를 운영하고 계셨기에 아마도 어렸을 적부터 사업거리에 관심이 많았던 것 같다고 회상한다. 틀에 박힌 샐러리맨으로 사는 것이 꽤나 싫었고, 보다 자유롭게 자기 사업으로 먹고 살아가는 것이 좀더 낫지 않을까 하고 생각을 많이 했다고 한다. 신 대표는 대학진학을 세종대 항공우주공학과로 했는데 전공에는 크게 관심이 없었고 사실 이 전공분야에서는 다른 전공자들에 비해 취업은 잘 되는 편이라 취업 걱정을 별로 하지 않았다고 한다.

- 복학 후 3학년 2학기 수업을 마치고 맞은 겨울방학 때 졸업 후 인생준비를 어떻게 할까 하는 고민을 하게 되었다. 가만히 아무런 준비도 안 하면 별 볼 일 없이 취업이 쉽지 않은 시기에 본인도 단순 회사원의 길로 접어들겠구나 하는 걱정 아닌 걱정, 우려심이 생겼고 그래서 창업에 관심이 있는 친구들을 모아서 창업동아리를 만들었다고 한다. 요즘은 대학마다 창업과목이 많이 개설되어 있고 창업지원 프로그램이 많지만 당시 2009년만 해도 대학내 창업과목의 개설이 잘 되어 있지 않아 인터넷으로 창업에 관심이 많은 다양한 학과의 학생들을 모았다. 스스로 자료와 창업정보를 찾아 공부를 해가면서 약 6개월간 창업동아리 활동을 열심히 했다고 한다. 이때 여러 가지 창업아이템을 가지고 사업설명

회 방식의 PT 발표 등을 통해 창업과정 준비훈련을 간접적이나마 했었던 것이 나중에 많은 도움이 되었다고 한다.

- 2010년 당시는 아이폰이 꽤 인기가 있던 시절이었는데 신 대표는 이때 스마트폰 내지 모바일 시대를 맞아 "나도 뭔가 해봐야겠다" 싶어서 시험 삼아 흥미로운 유머성 기사를 계속해서 올리는 모바일 앱을 만들어 일종의 첫 창업을 실행하였다. 다행스럽게도 신이 났던 것은 몇 달 되지도 않아 하루 방문자 수가 60만 명 정도가 될 정도로 인기가 있었고 서버 증설을 요청하고 걱정할 정도로 되었다고 한다. 그런데 문제는 그때부터 창업아이템에 대한 회의감이 들기 시작했다는 것이다. IT 분야의 벤처창업 생태계의 문제이겠지만 신대섭 대표의 창업아이템이었던 유머 게시판 앱이 인기를 끌자 유사한 모방 앱이 수없이 생겼고 광고 수입 등으로 들어와야 할 수익발생이 사업전략의 미비 때문인지 몰라도 월 50~100만원 정도밖에 되지 않아 서버 관리비용을 커버하기도 급급해 사업 매력도가 급감하기 시작했다고 한다.

- 이때 신 대표가 깨달은 것은 IT 업계에서 독창적 무기화가 안 된 상태에서는 아무리 기발한 아이디어라도 쉽게 경쟁자가 몰려올 수 있기 때문에 수익 발생이 쉽지 않아 무의미한 사업아이템이 될 수 있다는 사실이었다. 진입장벽이 낮아 경쟁자를 막지 못하는 사업경험을 절실하게 한 셈이었다. 이때 신 대표는 남들이 잘 모르거나 경쟁자가 별로 없는 분야, 예컨대 "3D 업종이 오히려 더 나을 수 있겠구나"라고 판단을 하게 되었다고 한다.

● 신 대표는 1차 창업을 포기하고 4학년에 접어들었을 때 휴학계를 냈다. 우연히 신재생 에너지 회사를 창업하신 분을 알게 되었는데 그 분을 통해 신재생 에너지의 전망과 사업적 매력에 대해서도 많은 정보와 지식을 얻게 되었다. 장기적인 사업비전도 알 수 있게 되었다. 그런 인연으로 신재생 에너지 사업성에 대해 분석과 자문을 해주는 '지속가능발전경영센터'라고 하는 조그마한 컨설팅 회사에 들어가게 되었다고 한다. 대학생활은 휴학상태이고 신재생 에너지 사업분야에 대해 좀더 배워야겠다는 목적의식이 작용했던 터라 입사를 결정했다고 한다. 평생직장으로 생각한 것도 아니고 창업에 한번 실패하고 나서 샐러리맨이 더 낫다고 결정한 것이 아닌 상태이기에 어느 정도 관련 지식을 배우면 창업할 생각으로 택한 직장이었다.

사진: 솔리플러스 제공

신대섭 대표

● 신 대표가 신재생 에너지(주로 태양광 에너지) 컨설팅 회사를 다니면서 관련 지식을 배우고 제2의 창업아이템으로 생각해 낸 것은 다름 아닌 '태양광 전지 패널 청소업'이었다. 태양광 발전 분야로 신재생 에너지를 만들고 이에 관련된 사업성 검토 등을 컨설팅해 주는 회사의 연구원으로 업무 수행 중 태양광 설치 현장을 자주 다니곤 하였다. 여기서 그는 태양광 패널이 지저분한데도 청소가 힘들어 하지 못하고 있다는 업체 대표의 의견을 듣고서 "이것이구나" 생각했다고 한다. 태양광 전지판 청소업이야말로 태양광 전

지를 제조하는 대기업의 사업영역도 아니고 경쟁자가 없는 국내의 신규사업이면서 청소서비스업의 장점이기도 한 무재고, 소자본으로 충분한 사업이라는 관점에서 만족스러운 창업아이템이라 확신을 하게 되었다고 한다. 참으로 기발하고 재미있는 판단이 아닐 수 없다. 일반적으로 돈은 고상한 데에서 버는 것이 아니기 때문에 신 대표가 태양광 패널 청소를 창업아이템으로 고른 창의성은 참으로 바람직스럽게 느껴진다.

사진: YTN 사이언스 '청년창업런웨이' 제공

3. 창업 과정과 초기 애로점 극복

- 창업자금은 500만원으로 시작해서 창업 후 성장과정에서 추가 청소장비, 차량 등 시설투자를 위해 서울시 청년창업자금 융자 2,000만원, 소상공인 지원센터의 창업지원 자금 2,500만원이 투입되었다고 한다.

- 국내에서 생소한 태양광 패널 청소 대행서비스 사업에 대해 구체적인 실행 방법까지 정립해놓고 고객의 주문을 받으려면 영업 및 홍보를 해야 했다. 그러나 자금이 부족, 홍보활동에 쓰일 여유자금이 없었다. 뾰족한 방법을 찾아야 했다. 생각해 낸 것이 고객층이 될 만한, 태양광 발전 패널을 설치한 대기업의 직원들이 구독할 만한 에너지 관련 잡지였다. 100여 개가 넘는 신재생 에너지 관련 잡지 중에서 온라인 웹진 형태의 잡지 기자분들의

이메일 주소를 알아내서 무조건 홍보성 기사를 만들어 보냈다고 한다. 새로운 사업거리가 흥미스러운 데다가 기삿거리를 찾고 있던 기자들은 조건 없이 실어주었고 하나둘씩 홍보기사가 몇몇 잡지에 게재되면서 서서히 홍보효과가 나타나기 시작했다.

19	[TV보도] KBS 뉴스광장 2015.5.8	2015.05.10
18	[언론보도] 작은 영웅들의 성공 스토리	2015.01.14
17	[에너지 신문] 솔라플러스, 태양광패널 청소도구 판매	2014.01.20
16	[에너지 타임즈] 소규모 태양광발전설비 청소 걱정 끝 !	2014.01.20
15	[언론보도] 에너지타임즈	2013.10.14
14	[언론보도] 솔라투데이	2013.09.27
13	[언론보도] 시사뉴스매거진	2013.07.31
12	[언론보도] 솔라투데이	2013.06.14
11	[언론보도] 전자신문	2013.04.25
10	[신소재경제신문] 솔라플러스, PV발전 효율성 책임진다.	2013.04.18

'솔라플러스' 홈페이지 공지사항에 게재된 창업 초기 일부 홍보기사들

- 국내에 없었던 새로운 사업인지라 고객주문은 쉽지 않았다. 온라인 방식으로 홍보활동을 계속했지만 창업한 2013년부터 약 2년 기간 동안은 주문다운 진정한 수요가 만들어지지 않았고 참으로 견디기 어려웠지만 참고 기다렸다고 한다. 2년 가까이 홍보활동을 해오면서 청소대행 주문을 받지 못하는 동안에 청소효과를 의심하거나 사업성 자체를 부정적으로 보고 무시하는 주변의 시선들에 대해 제대로 된 신뢰를 못 주는 처지에서 사업 자체를 포기하고픈 유혹은 매우 많았다고 한다. 나이도 젊고 회사조직의 미약함 때문에 업체 대표임에도 무시를 받아온 신 대표는 이러한 힘든 과정을 다 이겨내고 드디어 살아났다.

● 전문잡지에의 홍보기사 게재로 주문이 오기 시작했을 때 신 대표가 내민 것은 청소효과의 품질 신뢰성 증명이었다. 이미 시작한 외국의 사례에서 나온 과학적인 데이터였다. 다행스럽게 외국에서는 '솔라플러스' 같은 업체가 있었고 그 업체의 청소효과 데이터를 이용해 고객을 설득해 나간 것이었다. 신 대표의 고객 설득방법은 단순했다. 태양광 패널 청소는 1년에 2, 3회 실시하게 되는데 청소 후 발전효과는 최소 7%~30%까지 발전 효율성이 개선되는데 이를 발전량 수입금액으로 계산해 제시해주는 것이다. 예컨대 10억원의 수입 매출이 가능한 발전 전기량(한전에 판매하는 계약을 통해 수입 창출)의 태양광 패널이 있다면 청소 후 발전 효율이 10%가 더 좋아져 추가 1억원이 발생할 때 청소 대행비 연 1,000만원을 제해도 9천만원의 추가 수입이 가능해진다는 것을 설득한다는 것이다.

KBS 뉴스광장, 2015. 5. 8.

사진: 솔라플러스 제공

4. 창업성과와 비결

- 신 대표는 2018년 현재 33세이다. 6년 전 2012년 태양광 패널 청소업체인 '솔라플러스'를 단독 창업해서 2018년 현재 가맹점 형태로 2곳과 하청업체 2곳까지 해서 12명(본사 3명)의 최소인원으로 만족스러운 창업성과를 내고 있다. 2년 전부터 본사만 3억원 이상의 매출을 올리고 있다. 본사가 직접 청소를 담당할 때는 청소료를 받고 있고 가맹점이나 하청업체에게 맡길 경우는 영업수수료 수입이 본사에 추가로 발생된다고 한다.

- 3년 전부터는 단순 청소업에서 벗어나 태양광 전지판 설치에도 투자하여 발전사업에도 진출해 사업형태를 다각화했다고 설명한다. 현재 발전규모는 4,600평방미터(약 1,500평)에 연간 300kW 발전용량으로 아직 대규모는 아니지만 미래를 위한 사업 발전계획으로 당당하게 추가사업에 도전하고 있다.

- 창업을 성공적으로 이끌어온 비결을 묻자 신 대표는 남들과 다른 재미있는 고백을 내놓는다. 2차 창업시도에서 실패하면 '사업가의 자질, 능력이 안 되는구나' 하고 절망하고는 결국 하기 싫은 샐러리맨이 될 수밖에 없겠다 싶었고 그 길은 정말 싫어 악착같이 '태양광 패널 청소업'에 매달려 정성을 다했다는 것이다. 그래서 어느 정도 성과를 본 것 같다는 얘기이다. 이 점이 남들과 다른 특이한 점이랄 수밖에. 그리고 처음부터 비교적 큰 태양광 발전업체를 대상으로 한 B2B 영업을 한 것이 전략상 효과적이었다는 판단이다. 개인업체들은 외부대행 청소서비스를 잘 맡기지 않으니까.

청소원이 된 연구원의 창업 스토리－ '솔라플러스' 신대섭 대표

동영상 특강 https://www.youtube.com/watch?v=itUNbdx_ckM (약 26분)

자료와 사진: 유튜브 채널, YTN 사이언스

5. 비즈니스 모델과 사업성 분석

- 먼저 '솔라플러스' 창업아이템의 수익 모델을 알아보자. 태양광 패널을 이용하여 전기 생산을 하면서 전기를 한전에 판매하는 업체들이 왜 청소를 '솔라플러스'에 맡기고 청소 대금을 지불하는가?

- 앞에서 설명하였듯이 '솔라플러스'는 주로 태양광 패널을 대단위로 설치하여 발전사업을 하는 기업체들이 주된 고객층이다. 이들 업체는 태양광 전지패널을 통해 전기를 만들어 내는 데 최고의 발전효율을 내려고 애를 쓰고 있다. 패널 표면에 새똥 같은 더러운 오염물질, 황사와 미세먼지 등으로 두터운 먼지층이 쌓여 패널의 발전효율이 떨어짐을 알고 있으나 청소비용 대비 효과를 확신하지 못하고 있었던 것이 사실이다. 이런 상황에서 외국의 사례와 과학적인 데이터 분석으로 증명한 '솔라플러스'의 청소에 대해서는 신뢰하고 청소 대금을 지불하고 있는 것이다.

논점 분석 1 **비즈니스 모델**

고객은 왜 패널 청소에 돈을 지불하는가?

태양광 패널(발전 핵심부품인 셀)을 청소해줌으로써 고객은 발전효과(보통 10~30%)를 보고 청소비용을 지불

● 사업성으로 우선 시장성은 어떠한가? '솔라플러스'가 시장을 긍정적으로 보는 이유가 있다. 글로벌 조사기관 IBIS World는 2020년까지 세계적으로 태양광에너지 시장 규모는 연평균 8%의 성장률을 보여줄 것으로 예측했고 한국태양광산업협회의 자료와 국내외 많은 연구원들이 발표하는 자료를 보면 태양광에너지 발전시장은 계속 커져 2040년경 쯤 되면 신규 설치 발전수요 중 태양광이 48%까지 차지할 것이라는 전망까지 나오는 실정이다.[1] 시장성은 무궁무진하다고 볼 수 있다. 태양광 발전을 위해 패널이 설치되면 그만큼 발전효율을 내기 위한 보수유지 수요도 커지는 것은 당연하기 때문이다.

● 상품성과 수익성은 간단하게 설명할 수 있다. 태양광 발전 패널의 청소에는 일반 청소도구가 아닌 나름의 특수청소기가 사용된다. 셀 자체가 유리로 되어 있어 조심을 해야 하고 같은 양의 시간을 소모해도 효과적인 청소

논점 분석 2 사업성

1) 사업 아이템의 시장성

태양광 발전은 지난 10년 성장했고 앞으로 더 커질 예정

2) 상품성은?

청소효과 제시, 고효율 도구 이용

3) 수익성은?

인건비, 청소장비 감가상각비, 물값 등 포함한 수익 보장

1) "'태양광 ESS산업 미래 밝다, VC기반 태양광기술연구회'서 발표자 전망", 〈충북넷〉, 2017.11.30.

효과를 봐야 채산성이 맞기 때문이다. '솔라플러스'는 독일산 청소도구를 이용해 안전하고 효과적인 청소를 하고 있으며 정확한 데이터 분석으로 청소 전과 후를 비교해서 보여주는 방식으로 고객들에게 완벽한 청소대행 서비스 상품을 제공하고 있다. 수익성도 역시 원가의 90%가 인건비로서 3D 업종인 만큼 큰 마진은 아니지만 아직까지 경쟁자들이 많이 없어 비교적 양호한 영업마진과 인건비 수입을 걷어들이고 있다고 한다. 본사 직원 3명이 연 3억원 이상의 매출을 올리고 있는 것이다.

6. 창업 마케팅과 경쟁력

● 시장에 새롭게 등장한 비즈니스의 고객 찾기란 무척이나 어려울 수밖에 없다. 국내에서 생소한 태양광 패널 청소 대행서비스 역시 처음 고객의 주문을 받아 내기 어려웠다. 영세한 창업기업으로는 홍보할 자금이 없었다. 앞의 창업 애로사항에서 소개했듯이 생각해 낸 것은 전문 잡지 기사 게재를 통한 홍보작업이었다. 태양광 발전사업을 하는 대기업 직원들의 눈길을 잡기 위해 온라인 웹진 형태로 만들어 제공하는 잡지의 기자분들의 이메일 주소를 알아내 무조건 홍보성 기사를 만들어 보냈다는 것이다. 흥미 있는 새로운 사업거리가 그들에게는 기사정보가 되기에 효과가 있었고 그들은 조건 없이 실어주어 하나둘씩 홍보기사가 게재되면서 서서히 홍보효과가 나타나기 시작한 것이다. 전문잡지에 실린 기사는 신뢰를 받을 수 있는 정보가 되는 것이다. 참으로 맹랑한 홍보전략이었고 훌륭한 창업 마케팅이 아닐 수 없다.

논점 분석 3 창업 마케팅

1) 초기 불신, 언론홍보로 해결

청소효과를 의심하는 고객 설득하기 위해 과학적 데이터의 홍보기사를 통해 객관적 신뢰 확보

2) B2B 영업으로 타기팅

청소의 큰 고객인 태양광 발전 사업을 하는 기업체를 고객층으로 정함

- 그리고 초기의 창업 마케팅 중 중요한 전략으로 삼은 것은 타기팅을 개인 태양광 사업자들을 상대하는 B2C로 한 것이 아니라 대기업 중심의 기업체들을 주된 고객층으로 겨냥해서 영업과 홍보를 했다는 점이다. 개인적 사업자들은 일반적으로 비용 대비 효과에 대해 설득이 되더라도 감정적 수용이 되어서야 주문을 하는 경향이 있다. 상대적으로 의사결정이 더딜 뿐만 아니라 주문량도 크지 않아 영업비용 대비 주문량이 크지 않은 것이 사실이다. 이것을 알고서 신 대표는 효과적인 초기 타기팅 전략으로 B2B로 방향을 정한 것은 매우 현명했다고 볼 수 있다.

- 창업 기업의 경쟁력 확보는 창업 후 시간이 지날수록 중요해진다. 사업성이 증명되어 돈을 벌게 되면 다른 경쟁업체가 생기기 때문이다. '솔라플러스'가 가지고 있는 경쟁력은 창업 초기인 지금까지는 효과적인 청소도구 사용과 정성스런 청소 자세, 그리고 청소효과를 정확한 데이터 분석으로 보여준다는 것이다. 여기에 수익 향상 보증제도를 도입하고 있다.

- 앞으로가 문제이다. 경쟁업체가 서서히 생기고 있고 그래서 이들과 차별

논점 분석 4 **경쟁력**

1) 정량적 효과분석과 정성

청소효과를 의심하는 고객 설득하기 위해 과학적 데이터의 홍보기사로 객관적 신뢰 확보

2) 신재생에너지 종합회사 계획

장기적으로 발전사업 직영을 포함, 신재생에너지 종합회사로 승부

화 요소로 기존 사업에서 청소코팅 서비스 제공, 발전사업의 직영 등으로 다각화하고 기술적으로 업그레이드하면서 노력하고 있지만 남들도 조만간 다 따라올 수 있는 것들이 대부분이다. 독점화된 특허기술을 확보하고 있거나 청소기술 전문가를 '솔라플러스'만 보유한 것이 아니기에 앞으로 독창적인 경쟁력으로 무장을 더할 필요가 있어 보인다.

7. 창업자 자세(Entrepreneurship) 평가

- 창업자로서 가져야 할 창업 열정은 무엇보다 중요하다. 신 대표는 대학 3학년 겨울방학 때 인터넷으로 유머게시판 사업을 1차 창업으로 했다가 실패한 적이 있다. 그러나 이때의 상처가 안정된 직장생활을 찾도록 한 것이 아니고 그는 또다시 제2의 창업을 실행한 것이다. 창업자로서 열정은 악착같이 무에서 유를 창출하는 노력으로 성과를 가져오는 데 그 의미가 있다. 그는 2차 창업을 통해 또다시 실패할 수 있는 고난(주문이 2년간 거의 없었음)을 당하고서도 포기하지 않고 끝까지 확신을 버리지 않고 홍보활동을

논점 분석 5 **창업자 자세(도전 · 열정 · 끈기)**

- 1차 창업 실패에도 불구하고 안정적인 직장을 버리고 과감히 2차 창업을 실행
- 창업 후 약 2년간 청소주문이 거의 없었으나 참아내고 끈질긴 홍보로 이겨냄

지속적으로 추진한 결과, 드디어 원하는 성과를 보기 시작했다. 인내는 쓰나 그 열매는 달다고 옛 속담이 가르치고 있지 않은가? 창업 성공에는 끈질김이 필요함을 보여주고 있다.

- 신 대표의 창업자 자세 요소로서 도전은 어떠한가? 일단은 먹고 살아가기 위한 인생살이 직업으로 3D업종 창업아이템을 본인이 직접 만들었다는 것이다. 남들처럼 주어진 직장에 들어가 안정적인 샐러리맨 생활을 추구한 것이 아니라 어렵고 힘들지만 먹고사는 문제를 그것도 남들이 잘 하지 않는 분야를 직접 찾아냈다. 그의 각오, 그리고 그 실천력은 가히 자기 삶을 진정 사랑한 멋진 젊은 인생이 할 수 있는 도전이리라.

- 그리고 비록 신재생 에너지 사업에 관한 작은 컨설팅 회사이었지만 여기서 연구원으로서 안정된 직장인의 생활을 즐길 만도 하지만 그는 현장에 다니면서 발견한 사업기회에 도전했다. 즉 태양광 패널의 청소 비즈니스의 가능성을 찾아냈고 스스로 해외 사례도 찾아보며 국내에서 아직 시장성과 수익성이 확인되지 않은 새로운 사업을 개척해보기로 도전을 한 것이다. 그

논점 분석 5 **창업자 자세(창의성, 혁신)**

- 연구원 시절 현장 탐방시 패널 청소 수요사장을 발견
- 창업 전 시장규모 판단과 선진국 사례 검증을 통해 비즈니스 가능성 확인

리고 거의 2년 동안은 별 주문 없이 고생만 하며 폐업까지 고려했지만 그런 고난을 이겨냈다.

- 창업자는 기본적으로 창의성을 가지고 있게 마련이다. 創業의 '創'자가 創意性의 '創'자와 같고 새로운 걸 고안하는 것을 의미하니까. 신 대표의 창의성은 한마디로 단순하고 깔끔하게 기발하다고 할 수 있다. 태양광 패널이 설치되어 있는 야외의 여러 현장을 다니다가 각종 먼지층과 조류 배설물 등으로 태양광 패널 표면이 더럽고도 두텁게 쌓여 있는 것을 보고도 청소하기가 힘들어 못하고 있다는 소리를 듣고 이를 흘려 듣지 않았다. 그는 시간을 갖고 사업성을 확인했다. 외국의 경우는 어떤가? 청소가 왜 힘드나? 정말 청소 대행으로 고객은 만족하고 돈이 될까? 그는 고민하고 여러 가지로 조사하고 확인했다. 그 결과 청소도구와 청소방법이 중요하고 사업성도 있음을 확인했다. 패널 청소는 전문가가 해야 하는 분야이고 외국에서도 사업으로 당당히 존재하는 것을 보고 그는 확신하였고 실천했다.

논점 분석 5 **창업자 자세(사회적 가치 배려)**

- 창업 초기에는 개인적 욕망, 즉 자율적 인생, 경제적 이득 위해 진행
- 점차로 친환경 사업 참여의 자부심과 의식 보유

● 창업동기로서 사회적 가치를 고려했느냐고 물었다. 신 대표는 솔직하게 창업동기를 말한다. 기업이라는 것은 '우선적으로 개인적 욕망(그것이 구체적으로 어떤 것이든)으로부터 출발하는 것'이라고. 사회적 가치의 고려는 창업자의 의무는 아니라는 것이다. 그러나 올바른 기업가라면 적어도 자기 회사 종업원들의 생활을 책임지는 등 공동체적 애정 내지 지원에 대한 자부심을 갖게 되어 필수적인 것 같다고 말한다. 한편으로 환경적으로 지속가능한 에너지 산업에 한 축을 담당하며 일조한다는 사회적 참여의식이 마음속에 있고 다른 한편으로는 개인적 관점으로 보더라도 에너지 산업은 절대적으로 중요한 분야라서 외부 환경적 요인으로는 사업체가 망할 염려가 없겠다는 판단도 했었다고 한다. '솔라플러스'를 창업한 신 대표의 솔직한 대답이랄 수밖에 없다. 창업목적으로 우선은 개인적 욕구에서 출발하고 그 다음이 사회적 기여라는 얘기다.

〈사례 1〉 논점 정리

1. 신대섭 대표는 창업 기회를 어떻게 발견했나?

연구원 업무 수행 중 태양광 설치 현장에서 패널이 지저분한데도 청소가 힘들다는 업체 대표의 의견을 듣고서

2. 신대섭 창업자의 개인적인 창업자 자세 평가는?

창업열정과 끈기, 창의성, 도전정신 등이 확인되었고 앞으로 지속적인 혁신과 독점적 경쟁력 확보가 관건

3. '솔라플러스'의 마케팅과 경쟁력 확보는?

언론홍보를 이용, 초기불신을 제거했고 B2B마케팅으로 실효성 있는 수요 창출함. 과학적 분석데이터 제공을 통해 차별적 경쟁력을 보여줌

8. 예비 창업자들에 당부 사항

- 보통의 초보 창업자들은 특히 청년 창업자들은 사회 현실을 잘 모르고 있기 때문에 창업 초기에 많은 애로를 겪고 결국 실패할 확률이 크다고 신 대표는 말한다. 기업체 CEO와 창업자는 분명 다르다는 것이다. 무에서 유를 창조하는 창업자는 관리 중심의 CEO와는 다를 수밖에. 그래서 신 대표는 당부한다. 적어도 하고 싶은 창업분야에서 간접체험이라도 어느 정도 하고 나서, 즉 회사조직의 속성, 회사운영의 방법 등에 대해 어느 정도 터득하고 나서 창업을 실행하라고 말이다.

- 그리고 다음의 몇 가지를 당부한다. 첫째, 창업은 그야말로 맨땅에 헤딩하

기인데 실패할 각오를 하고 첫 창업부터 무리하게 큰돈을 들이는 창업은 하지 말라는 것이다. 웬만한 창업은 실패할 수밖에 없으니까. 따라서 안전장치를 해놓고 창업 실패를 하더라도 크게 낙담 말고 절망은 더욱 하지 말라는 것이다. 그렇다고 실패를 염두해 최선을 다하지 않는 그런 불상사는 없어야 할 것이고, 쉽게 말하면 창업은 조그만 규모로 크게 손실이 없을 서비스 제공 사업과 같은 분야에서 시작을 해보라는 지적이다. 국가의 지원책을 받는 것도 매우 유용한 방법이라고 조언한다.

- 둘째, 자금 지출이 만만치 않은 고정비부터 줄이는 형태로 창업구조를 짜라는 것이다. 경험자만이 해줄 수 있는 말이구나 싶다.

- 마지막으로 최근 정부의 청년 창업지원책이 다양하고 자금 지원 면에서도 적지 않은데 가능하면 이를 활용하는 것이 나쁘지 않다는 것이다. 그러나 정부지원에 의존해서는 도전정신과 자발적 열정이 나오지 않을 수 있으니 유의하라는 요청이다. 명심해야 할 지적사항이다.

예비창업자들에 당부 사항

- 간접체험이라도 하고나서 창업을 하라.
- 첫 창업부터 무리하게 큰 돈을 들이는 위험한 창업은 피하라.
- 고정비부터 줄이는 형태로 창업구조를 짜라.
- 정부의 청년 창업지원책에 의존하지 말고 활용하라.

인터뷰 외 참고자료

- "청소원이 된 연구원의 창업스토리 – '솔라플러스' 신대섭 대표", 〈YTN 사이언스〉, 청년창업런웨이, 2015, 유튜브(https//www.youtube.com/watch?v=itUNbdx_ckM).

사례 2 '시드물' 창업자 민중기 대표

고객 우선주의로 화장품 매출 500억원

1. 창업 회사 소개

법인명	㈜시드물
주소	대전광역시 중구 안영로 42(안영동)
창업자 및 대표이사	민중기
창업년도	2006년
사업내용	천연 기능성 화장품 제조 및 판매, 해당 인터넷 쇼핑몰 운영
창업성과	2017년 말 현재 종업원 120명, 2017년말 매출액 약 550억원, 부채 0원으로 만족스러운 창업성과를 내고 있음
홈페이지	http://www.sidmool.com

2. 개인적 특성과 창업동기

- 민중기 대표의 고향은 충남 금산 군북면 내부3리, 고향이름이 '시드물'이라 불린다고 한다. 시골 고향에 제법 시원한 물맛('시린 물')으로 유명한 우물이 있었는데 그것 때문에 '시드물'이라는 명칭이 생긴 듯하다고. 민 대표가 회사이름을 '시드물'이라고 지은 것도 '피부의 고향'을 찾고자 하는 의미에서 그렇게 작명을 했다. '피부의 고향'. 참 멋진 표현이 아닌가 싶다.

- 민 대표의 가족은 부모님과 2남 1녀이었는데 어릴 적부터 내성적이고 조용한 성격이라 그런지 번잡한 것보다는 비교적 차분하게 무엇인가를 만드는 일을 무척이나 좋아했다고 한다. 친구 사귀는 데도 많지는 않고 몇몇 서너 명의 친구들과 깊게 우정을 나누는 그런 스타일이라고 말한다. 회사대표로서의 그러한 내성적 성격이 사업에 적합한 것 같으냐고 물었더니 회사업무를 신중하게 처리하는 면에서는 장점으로 작용하는 것 같다고 한다. 그리고 성격상 직원들의 의견을 들어주는 방식으로 소통을 중시하면서 직원들의 회사생활을 만족시키려 노력하는 편이라 한다. 아마도 이런 것이 민감한 피부관리를 하는 외부고객의 만족으로도 연결되는 것 같다고 설명한다.

민 대표는 경영학을 제대로 배운 바가 없다고 하는데 어떻게 '서비스마케팅'에서 중시여기는 개념, 즉 미국 하버드대학의 헤스켓 교수 등이 소개한 '서비스 수익체인(the service profit chain)'의 의미를 제대로 이해하고 실천하는 듯하다. 훌륭한 종업원 만족경영을 하면 그것이 외부고객 만족으로 이어지고 결국 기업의 수익 창출로 연결되어 선순환적으로 진행

된다는 내용 말이다. 대학교수의 신개념 제창이 대단한 게 아니고 민 대표의 실전지식이 오히려 더 대단한 것으로 느껴진다.

민 대표는 원래 1998년에 대학 입학을 했었다. 휴학, 군입대 등으로 그리고 군대 제대 후 복학을 미루고 돈벌이 알바와 사업경험을 하느라 결국 처음 다니던 대학을 포기하고 2012년 다시 대전 소재의 한밭대 경제학과에 입학, 2016년 졸업했다. 2006년에 '시드물'을 창업했으니까 대학 입학 후 2005년까지는 휴학과 군입대, 제대를 거치면서 알바와 사업 경험을 한 것이고 대학 중퇴 후 창업을 정식으로 한 셈이다. 사업을 하면서 공부할 필요성을 느끼면서 대학에 다시 입학, 최근에야 대학 졸업장을 받게 되었다고 한다. 회상컨대 군 제대 후 복학을 미룬 채 대학 전공에 흥미를 못 느끼던 민 대표는 적성에 맞는 일을 찾다가 신발가게의 쇼핑몰을 관리해주는 알바 경험을 하게 되었는데 그것이 인터넷 비즈니스를 알게 된 계기가 되었다. 아마도 민 대표의 조용한 성격상 인터넷 쇼핑몰이 잘 맞았던 것 같다. 이후 인터넷 쇼핑몰 운영으로 돈 버는 것이 재미있어 조그마한 규모로 옥션, G마켓에 판매 공간을 만들어 사업을 도전하게 되었다고 한다. 당시 이모님이 화장품가게를 하고 계셨는데 단돈 20만원의 종잣돈으로 물건은 좋은데도 잘 안 팔리는 화장품 위주로 이모 가게에서 완제품을 그대로 구입해서 재판매

사진: '시드물' 제공

하는 방식이었다. 구매 대상 고객들에게 솔직한 상품 품질정보 제공과 쌍방향 메시지를 교환하는 과정에서 고객의 신뢰를 얻어 호응이 꽤 좋았다고 한다. 이때 벌어들인 수입금이 모여서 본격적인 '시드물' 창업 자본금이 되었다고 하니 참으로 대단하다. 멋진 청춘이고 올바른 청년 창업자의 자세라는 생각이 든다.

- 이때 대단한 판매성과를 냈던 경험도 있었다고 소개한다. 옥션, G마켓 등에서 단순한 화장품 쇼핑몰을 가지고 판매하던 시기이었는데 한번은 어느 중소 화장품 제조업체에서 일본 수출용으로 제법 좋은 원료와 품질로 잘 만든 화장품인데 무역거래상의 문제 발생으로 수출을 못하게 된 업체 사정을 알게 되었다고 한다. 이런 안타까운 사정을 들은 민 대표는 상품 품질을 확인하고는 인터넷 판매기술(결국 민 대표의 신뢰 이미지를 의미)로 수천만 원에 해당하는 그 화장품을 완전 판매해 그 업체로부터 '감사하다'는 말을 꽤나 들었다고 한다. 그만큼 인터넷 쇼핑에서는 판매자의 신뢰 이미지는 중요하다는 의미이다.

- 이러한 경험 이후 민 대표는 아토피 피부로 고생하시는 어머님에게 맞는 화장품을 고민하다 이것을 해결해 주는 천연 화장품을 생각했고 이를 만들어 판매하는 인터넷 쇼핑몰 창업을 본격적으로 생각하게 되었다고 한다.

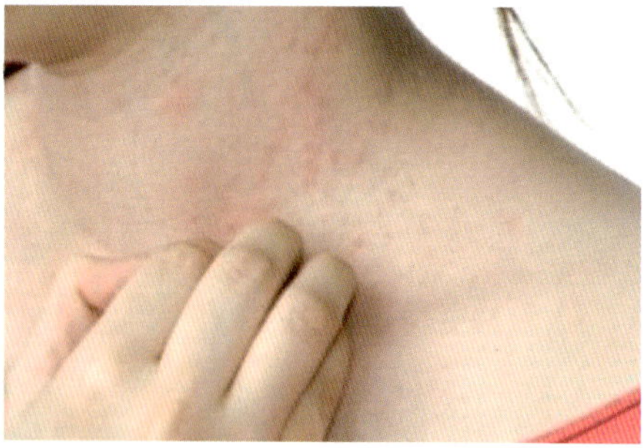

3. 창업 초기 애로 극복과 비결

- 창업한 후 12년이 지났는데 그동안 가장 어려웠던 사항이 무엇이었냐는 질문에 민 대표는 일관되게 고객만족을 유지하는 일이었다고 한다. 게시판의 댓글을 중시하여 대표가 서너 줄이더라도 직접 써서 개인 간 편지처럼 살갑게 고객들에게 접근해 좋은 고객 관계를 유지해 나가는 것이 가장 힘들고 중요했던 일이었다고 한다. 사실 처음에는 민 대표가 메모지에 감사내용을 직접 써서 화장품 포장 상자 안에 넣어서 보냈다고 한다. 그 정성이 가히 빛을 발했음을 짐작할 수 있다. 한마디로 마케팅의 진수, 즉 VOC(고객 목소리)를 최고로 중시한 결과가 사업성과로 나타났음이라.

- 화장품 업계는 경쟁도 심하고 대기업 브랜드의 위세가 대단한데 이제 제법 커져 경쟁적 위협이 되지 않냐고 물었다. 민 대표는 "별로 걱정하지 않고 있다. 우리는 우리의 고객 목소리에만 맞춰 사업을 하고 있기 때문에 아무런 경쟁의식을 가지고 있지 않다. 이것이 나름 차별화 방식이라 생각하면서 하고 있다"고 말한다. 그러면서 사업 초기엔 화장품이라는 상품 자체가 인체에 해를 미칠 수 있는 물질이라서 상품 품질의 신뢰도를 얻는 데 꽤 어려움이 있었다고 한다. 하기야 얼굴에 바르는 물질인데 아무것이나 바를 수 있겠나? 신상품이 나올 경우 더욱 그러했는데 아무리 게시판에 '시드물'

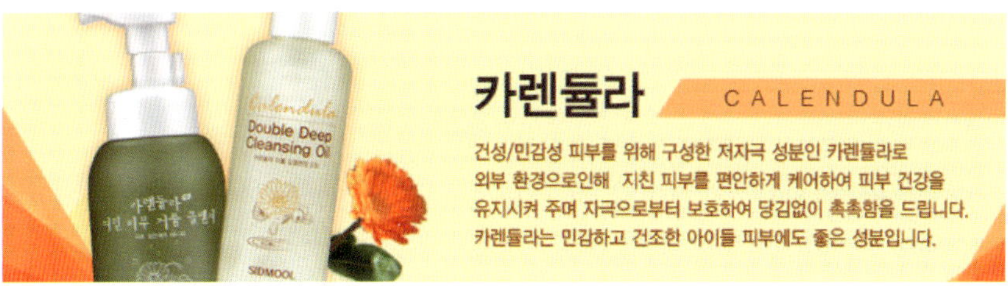

제품 제조에 사용하는 점도가 약한 성분이 올바른 천연의 원료물질이라고 주장해도 신뢰를 얻기가 힘이 들었다고 한다. 그러다가 달팽이 점액질 물질의 논쟁 시기에 때마침 방송매체에서 대기업 제품이었던 고점도의 점액질 물질의 정체가 밝혀지면서 고객들은 '시드물'의 주장을 받아들었고 이러한 기회 등으로 무명 브랜드의 어려움을 극복하고 고객들의 무한 신뢰를 얻는 계기가 되었다고 소개한다.

- 창업 성공의 밑바탕이 된 것은 고객들이 '시드물'의 제품에 신뢰를 보내준 것인데 이러한 고객 신뢰를 얻게 된 계기 중 또 하나는 제품의 전 성분 표시제의 고집이었다고 한다. '시드물'의 제품은 사업 초기부터 전체 성분을 표시해오고 있었고 이를 근간으로 자신 있게 품질 면에서 고객들에게 신뢰를 주고 있다고 생각했다고 한다. 고객들은 모든 성분의 표시를 원하고 있다고 보고 경쟁 차원에서 다른 회사들의 제품들도 전 성분을 표시해야 한다고 주장해왔는데 이 역시 사업 운이 따라서였는지 때마침 정부에서 관련 법 제정으로 이전부터 해오던 '시드물'의 사업정책이 올바른 것이었다는 것을 고객들이 확인하는 결과가 되었다는 얘기이다.

International Organization for Standardization

ISO 9001 인증제도

ISO 9001은 국제표준화기구(ISO)에서 제정한 품질경영시스템에 관한 국제규격으로서, 고객에게 제공되는 제품이나 서비스 실현 체계가 규정된 요구사항을 만족하고 있음을 제3자 인증기관에서 객관적으로 평가하여 인증해주는 제도

ISO 14001 인증제도

외부로부터 동 규격에 대한 인증을 획득하여 이 규격을 성공적으로 실행하고 있음을 입증함으로써 적절한 환경경영시스템이 유지되고 있다는 사실을 보증해 주는 제도

품질경영 국제인증(ISO 9001)과 환경경영 국제인증(ISO 14001) 획득 서류

● 창업 초기 사업추진상의 애로사항이자 성공요인으로서 민 대표가 지적하는 또 한 가지는 '시드물'은 거래처 등의 관계에서 까다롭다는 것이다. 사업 추진상 OEM 생산 주문, 화장품 용기, 포장지 등 많은 자재와 물품을 주문한 후 이를 받아서 완성품으로 만들어 판매하는 과정에서 이들 거래처들에게 '시드물'은 무척 까다로운 고객으로 골치가 아프다는 평가를 받았다는 것이다. 직원들도 대표의 철저한 사업운영에 힘들어 했지만 초지일관, 이 모든 것이 고객의 만족도를 높이기 위한 일이었고 고객이 만족하면 결국 거래처 사업자들과 직원들 모두 좋은 성과를 받는다는 사실을 나중에는 알게 되었고 이제는 누구나 불만 없이 까다로운 사업관리를 숙명으로 여기고 있다고 한다. 이런 문화가 정착이 되어 있단다.

● 창업을 해서 성공적 성과를 내는데 무슨 큰 비결이 있었냐고 물었다. 민 대표는 별 고민도 없이 "시대적 추세에 따른 사업 운이 있었던 것 같다"고 말한다. 노력도 당연 중요하지만 시대적 상황의 흐름에 맞는 사업적 추진 노력이 어떤 일종의 행운을 맞이하는 것 같다는 것이다. 아마도 이는 선현들이 말하는 盡人事 待天命, 하늘은 스스로 돕는 자를 돕는다는 경우를 말하고 있음이라. 노력 뒤에 오는 행운을 의미하니 올바른 순리일 수밖에. 그는 사업의 성공적 성과를 내게 되었던 비결이라면 아마도 이것, 즉 '시대요구에 따른 최선의 노력' 같다고 말한다. 그리고 고객을 무엇보다 중시해서 이

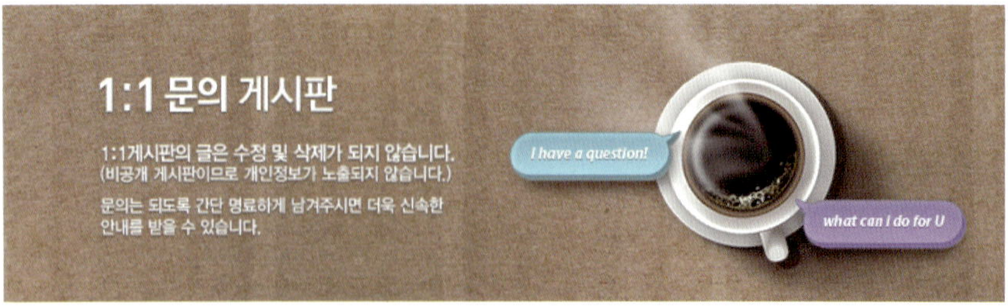

들의 의견을 따르고 이들에게 만족을 주기 위해서 쌍방향의 게시판 소통을 상당히 많이 한 것이 성공요인이라 생각한다는 것이다. 돈을 좇지 않고 고객마음을 먼저 헤아렸다는 소회이다. 인터넷 쇼핑몰 사업경험 때부터 사업주의 진심을 믿고 물건을 사주는 그들 고객들에게 항상 감사함을 느껴왔고 이러한 고객중시 원칙이 사업성공의 비결임을 확신하고 계속해서 유지하고 있다고 말한다.

- 이 원칙이 여러 어려움을 겪을 때마다 이를 극복케 해주는 수단과 목적이 되어 주었다고 한다. 지금도 가끔 고객 게시판에 '시드물'이 사업 초심을 잃은 것이 아니냐는 지적이 있을 때 무척이나 경계하고 스스로 반성하게 된다고 말한다. 그의 사업신념이 된 셈이다. 철저한 고객 우선주의 말이다.

- 또 다른 창업 성공의 비결을 추가 소개하는데 특이하다. 고객들이 광고하는 것을 싫어해 실제 광고를 회사에서 거의 하지 않는다고 한다. 왜요? 요즘 고객들이 똑똑해서 광고를 하는 제품은 그만큼 소비자 가격이 비싸진다는 것을 알기에 자기들이 알아서 입소문을 내고 있으니까 광고는 가능한 한 하지 말라는 것이다. 재미있고 멋진 충성고객을 둔 셈이다. 그러니 성장하는 수밖에. 가격 싸고 품질 좋은 친환경 기능성 화장품을 만들고 있으니

말이다. 민 대표의 개인적 성격 자체가 떠들썩하게 광고를 대대로 하면서 겉치레 중시로 사업하는 방식을 전혀 선호하지 않으니 궁합이 맞는다.

- 민 대표에게 사업이 무엇인 것 같으냐고 물었다. "자기 만족인 것 같다. 남이 가지지 못한 경험을 얻고 성취하려 자기의 모든 것을 불사르는 것이 사업 아닌가 싶다. 사업은 고객만족을 위해 한 만큼 성과를 얻는다"고 말한다. 그러면서 그는 본격적인 창업에 앞서 옥션 등에서 인터넷 쇼핑몰 판매 경험을 할 때 배운 것이 '고객만족을 추구하다 보면 돈은 저절로 뒤에서 따라온다'는 것을 확인했다고 한다. 참으로 사업을 제대로 배운 젊은 기업가가 틀림없다.

4. 창업 기업의 성과

- 2006년 '웰빙녹차화장품'이라는 회사이름으로 창업해서 2008년 법인체로서 새롭게 이름을 '시드물'로 바꾸고 나름대로 사무실과 공장(제조는 안하

고 보틀링 작업과 포장 중심)시설을 갖추게 된다. 2017년 말 현재 직원은 120명. 매출액은 2017년 말 약 550억원 규모로 성장했다. 창업 10년 만이다. 생산은 거의 OEM 방식으로 하고 있다. 포장직이 40명으로 가장 많고 연구개발직이 10명, 품질관리 8명, 자재관리 10명이고 특이한 점은 게시판 상담직이 14명, 전화상담직이 6명으로 고객서비스 응대업무에 많은 인력을 투입하고 있다. 외부투자금을 한푼도 받지 않았고 부채가 전무인 양호한 재무상태를 보이고 있다. '시드물'의 현재 모습은 모범납세자상 수상부터 '아름다운 가게'를 통한 나눔 실천 등 훈훈한 사회적 기부활동으로 자못 유명한 회사가 됐다. 앞으로 어떻게 달라질까 궁금하다.

단돈 20만원으로 이룬 화장품 대박 신화
'시드물' 민중기 대표의 창업 특강

https://www.youtube.com/watch?v=EjUD8kxd1jw (약 23분)

자료와 사진: 유튜브 채널, YTN 사이언스

5. 비즈니스 모델과 사업성

- '시드물'의 비즈니스 모델은 우리가 일반적으로 알고 있는 화장품 제조와 판매업이라고 할 수 있다. 차별점은 천연원료를 가지고 기능성 화장품을 만들어 저가로 공급한다는 것이다. 화장품은 다른 제품에 비해 일반적으로 고부가가치 사업분야이기에 저가로 판매해도 이익창출에 큰 문제가 되지 않는다. 저가로 더 많이 팔리면 오히려 수익이 더 늘 수 있다. 자체 생산은 거의 하지 않고 외부 OEM으로 해결하고 있고 판매채널은 직영의 온라인 쇼핑몰로만 운영하고 있다. 연구개발과 품질관리에 크게 신경을 쓰면서 진행하고 있다.

- '시드물'의 창업아이템 사업성은 어떤가? 우선 시장성 측면에서 보자. 한국콘텐츠미디어 자료(2016)에 의하면 국내 천연화장품 시장규모 2012년 기준 약 2조 3,375억원, 2015년 약 3조 271억원으로 추정하고 있고 매년 10% 내외로 성장하는 것으로 보고하고 있다. 특히 미백, 주름개선 등의 특허 출원이 천연화장품 계열에서 활발하다고 알려져 있다. 천연화장품에 대한 식

논점 분석 1 비즈니스 모델

- 창업 초기에는 단순 화장품 쇼핑몰로 시작
- 경험 쌓은 후 천연재료로 민감한 피부에 맞는 화장품 제조와 온라인 판매

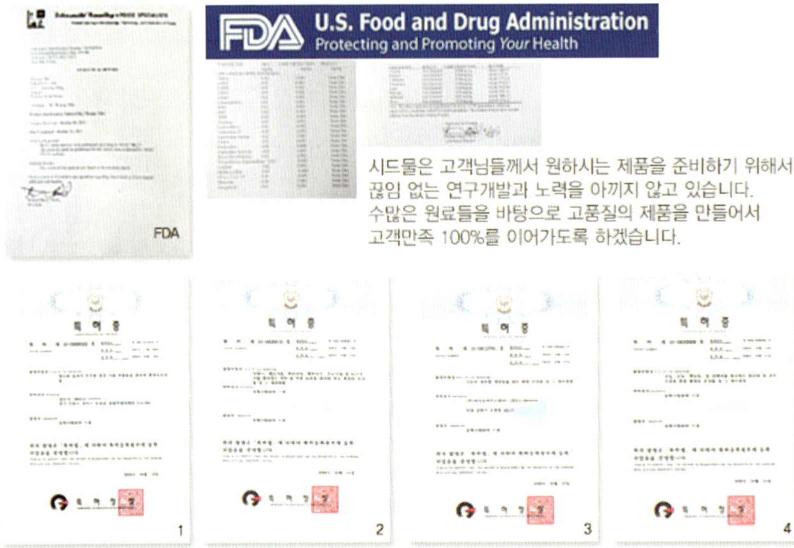

'시드물'의 특허증과 천연원료 인증의 미국 FDA 서류

약처의 엄격한 규정은 아직 나와 있지 않지만 친환경적 자연원료를 사용하는 천연화장품에 대한 소비자들의 수요는 계속해서 늘고 있다. '시드물'이 피부 트러블이 있는 사람들을 위해 천연 원료를 사용한 좋은 화장품 등을 만들어 특허출원 등을 하면서 기술성을 확보하고 저가로 판매하는 화장품 시장은 양호하다고 볼 수밖에 없을 듯하다.

- 다음으로 상품성 측면에서의 사업성이다. 자연식물의 원료로 만들어져 민감한 피부의 고객, 피부 트러블이 있는 소비자, 미백과 주름 개선 등을 요구하는 소비자들에게 저렴하게 판매되는 기능성 화장품의 상품성은 특허기술화로 더욱 확실해진다. '시드물'이 가지고 있는 기업부설 기술연구소에서 많은 특허를 내는 것을 보면 신뢰가 간다. 쇼핑몰 화장품 최초 ISMS(정

보보호관리체계) 인증업체[1]이기도 하다. 신제품 개발로 신규브랜드를 꾸준히 출시하면서 수백 개의 상품을 제공하고 있다.

- 수익성은 당연히 좋을 수밖에. 온라인 천연화장품 쇼핑몰 1위를 기록하고 있고 2006년 창업 이후 2011년 100억원의 매출에 이어 2016년 말 500억원의 매출액을 달성한 기업이 '시드물'이다. 거짓말 같은 성장세이다. 저가 전략을 가진 천연화장품 업체, 광고비를 쓰지 않는 기업, 고객만족 100%를 목표로 하는, 그래서 직원, 거래처, 고객 모두 만족스러운 기업의 수익성은 의심할 필요가 없을 것 같다.

논점 분석 2 사업성

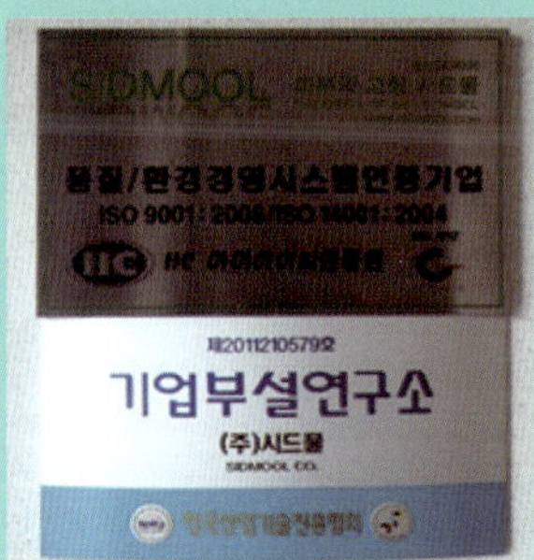

1) 시장성

천연화장품 수요 증가

2) 상품성

천연재료로 기능성 화장품 제조(특허화) 후 저렴하게 판매

3) 수익성

기능성 화장품으로 광고비를 절약하는 만큼 매출액 성장 지속

---

1) 정보보호관리체계인증(Information Security Management System certification): 기업 및 조직이 보유하고 있는 기업 정보, 산업 기밀, 개인 정보 등의 중요한 정보 및 인프라 시설 자산이 안전하고 신뢰성 있게 관리되고 있음을 국가 공인의 인증 기관으로부터 평가심사를 받아 보증받는 제도.

6. 창업 마케팅과 경쟁력

● 민 대표는 '㈜시드물' 법인체 설립 전에 '웰빙녹차화장품'이라는 개인사업체를 먼저 창업했었고 이전에 옥션과 G마켓 등에 화장품 판매 경험을 했었다. 인터넷 쇼핑몰 판매경험을 할 때부터 그는 고객만족이 중요하다는 것을 알았다. 2006년 본격 창업을 하기 이전부터 그는 고객에게 주문 받은 물건을 보낼 때는 항상 '감사 편지'를 직접 써서 상자에 넣어 보냈다고 한다. 지금은 워낙 회사 규모가 커졌고 판매주문량이 많아져서 일일이 편지를 쓰지 못하지만 어느 정도 규모일 때까지는 온라인상으로 하루 150건 이상의 고객 문의 댓글을 직접 작성했다고 하니 그 정성을 알 만하다. 이것이 창업 초기 고객을 확보한 비결이라고 그는 말한다. 신제품으로 창업한 초기에 매출 올리기가 정말 힘든데 그는 창업 전부터 경험으로 터득한 고객과의 허심탄회한 1:1 대화를 습관적으로 해온 덕에 힘이 들지 않았다는 것이다. 이것이야말로 참된 마케팅 정신을 제대로 실천한 것이 아니겠는가. 대표 이름을 단 상품 출시도 그에 대한 신뢰를 자신하여 추진하는 것이고

논점 분석 3 **창업 마케팅**

고객신뢰 확보 노력

- 대표 이름으로 브랜드화
- 고객 서비스 차원에서 대표가 댓글 직접 작성
- 고객과 정기모임
- 무엇보다 고객을 회사의 멘토, 파트너로 생각

무엇보다 고객이 회사의 가장 중요한 멘토이자 사업 파트너라고 여기고 있다. '시드물', 이 회사는 CRM(고객관계관리)을 제대로 실천한 셈이고 이것이 성공적인 창업 마케팅의 수단이었던 것이다.

- 창업 기업 '시드물'의 경쟁력 내지 다른 회사와의 차별적 요소는 무엇인가?

앞에서 소개한 바와 같이 천연 원료를 이용한 기능성 화장품을 만들려면 연구개발이 필수적이다. 민 대표부터 화장품 제조에 대해 공부를 하면서 열의를 가지고 있었고 기업부설 기술연구소를 운영, 연구개발을 꾸준히 해왔다. 현재 박사급 연구원 2명을 포함, 10여 명의 연구원이 매년 특허 출원을 하고 있다고 한다. 이러한 기술력 바탕 위에 천연 기능성 화장품을 만들어 광고 없이 저가로 판매하는 전략이 바로 이 회사의 경쟁력이자 차별화 전략인 것이다. 사업 성공의 기본으로 품질 좋은 상품을 남들보다 저렴하게 파는 전략이 가장 훌륭하고 멋진 전략인데 사실 이 두 가지를 병행하기 어려운 것이 현실 아닌가? 그런데 '시드물'은 이 두 가지를 병행, 실천하고 있으니 만족스런 성과가 없을 수 있겠는가?

논점 분석 4 **경쟁력**

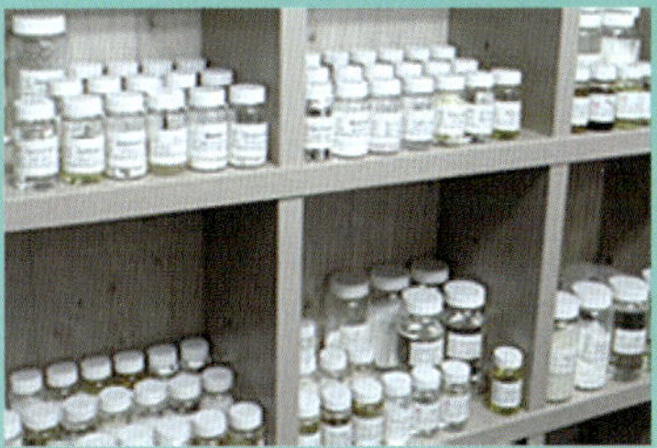

기술력 우위와 저가전략

- 연구개발 지속적 진행
  (대표부터 화장품 공부)
- 천연 원료 고집하는 기능성 화장품 제조
- 경쟁사 대비 저가 공급

7. 창업자 자세

- 민 대표가 창업 과정에서 보여준 열의와 도전정신은 어떠했는가? 그리고 끈기는? 우선 창업 열정을 보자. 그는 인터넷 쇼핑몰 판매 경험을 대학을 포기할 정도로 해보았고 이를 본격적인 사업으로 연결했다. 사업에 대한 열의와 애정은 조용한 듯했으나 강했고 남들에 비해 새로운 일에 진취적으로 임했다. 대학 생활을 포기할 정도로 자기 적성에 맞는 기회를 찾아 실행했다. 남들이 다 어렵다며 말리던 천연화장품을 만들겠다는 의지와 화장품 비전문가로서 배워가면서 결국 만들었고 천연화장품 전문회사를 창업했다. 이런 과정은 말하기는 쉬워도 실제 비슷한 과정을 경험한 사람은 알 것이다. 얼마나 힘든 것인지를. 무엇보다 민 대표는 창업의 목적을 돈에 두지 않았다. 그는 고객 만족, 즉 천연화장품으로 피부 트러블이 있는 고객이 만족하는 모습을 위해 세상에 하나뿐인 회사를 끈기 있게 유지하고 싶은 것이다. 이것이 그의 사업 초심이고 우리가 배워야 할 고객 우선주의 철학인 것이다.

논점 분석 5 창업자 자세(도전 · 열정 · 끈기)

사진: YTN 사이언스 제공

- 남들이 말리는 천연화장품을 비전문가가 도전 실행
- 믿을 수 있는 천연화장품을 만들겠다는 의지로 창업
- 초심(고객 우선주의) 지속

- 민 대표가 창업에서 보여준 도전정신 내지 모험심은 어떻게 평가할 수 있을까? 그는 결국 주위의 만류에도 불구하고 고집스럽게 천천히 비전문가로서 배워가면서 천연화장품 개발과 판매에 도전을 했다. 비전문가이니까 무모했고 도전했는지 모른다. 사업은 이러한 도전이 끈기와 함께하면 성과를 보게 마련 아닌가?

- 민 대표의 창의성은 어떠한가? 사실 대단한 것이 아니다. 그의 어머니가 화장품을 사용하시면서 아토피성 피부로 고생을 하셨는데 민 대표는 이를 흘려 보지 않았고 주의 깊게 관찰을 했다. 바로 시대적 흐름이 화장품도 천연 원료를 써야 수요가 커진다는 것을 파악한 것이다. 천연화장품의 시장성과 성장성을 본 것이다. 시대적 니즈를 파악하고 이를 소박한 고객 중시주의로 사업을 발전시켰다. '시드물' 창업자의 창의성이 실행을 통해 만족스런 열매를 맺은 것이다. 바람직한 창업자 자세라 할 수 있다.

- 민 대표에게 창업 이후 10년 이상 성공적으로 잘 이끌어온 기업가로서 사업을 개시하고 성장, 유지해오는데 사회적 가치의 배려, 즉 공익적 부분의

논점 분석 5 **창업자 자세(창의성)**

시대적 흐름을 잘 파악

- 어머니 피부문제에 관심 갖고 천연 화장품 창업
- 천연화장품의 시장성을 읽고 향후 시장 전망을 긍정적으로 확인

발휘가 중요하냐고 물었다. 그는 당연하다고 대답한다. 오로지 수익만을 창출하려는 생각으로 사업을 하려고 보면 오래 갈 수 없음을 마음속 깊이 느낀단다. 다시 말해 직원들에게 복지 측면에서 잘 해주고 사회적 기부 및 공익적 활동 수행을 하는 이유도 이러한 일들을 함으로써 회사 유지와 성장의 기회로 다시 돌아오기 때문이라는 것이다.

〈사례 2〉 논점 정리

1. 민중기 대표가 왜 창업을 하게 되었나?

본인 어머니와 같은 민감한 피부에 맞는 천연화장품을 저가에 공급하기 위해

2. '시드물'에서 민중기 브랜드가 생긴 이유는?

고객 신뢰를 확보하고 자신감을 보여주기 위해

3. 민준기 대표의 창업자 자세는 어떠한가?

민감 피부에 맞는 천연화장품의 시장성을 확신하고 어려운 여건과 반대에도 불구하고 도전적으로 추진

4. '시드물'의 고객만족을 위한 주된 마케팅은?

고객들과의 꾸준한 소통 관리

논점 분석 5 **창업자 자세(사회적 가치 배려)**

- 수익 창출 목적만으로는 사업 유지가 곤란함을 인식, 사회적 봉사 참여
- 사회적 기부 활동이 회사 성장으로 돌아옴을 인식

8. 창업을 고민하는 청년들에게 하고픈 말

- 창업을 생각만 하지 말고 특히 인터넷 쇼핑몰 창업은 아이템만 있다면 일단 등록부터 해서 시작을 하라고 권한다. 물론 객관적인 판단과 준비가 요구되지만 말이다. 하면서 개선하면 된다는 것이다. 그리고 급한 성장을 기대해 광고에 치중하지 말라고 말한다. 본인의 경험상 시간이 지나면 고객은 진실을 알고 좋은 결과를 갖다 준다는 것이다.

- 마지막으로 그는 모든 젊은이들에게 권한다. 특히 대학에 입학한 청춘들에게 권고한다. 자신만의 관심분야를 정해 인터넷 블로그를 운영해보라는 것이다. 하루에 1개씩이라도 꾸준하게 정보와 자료를 수집해 꾸미면 정말 대학졸업을 할 즈음에는 그 분야에서 대단한 전문가가 되어 있을 것이라는 설명이다. 그것을 활용해 창업을 해도 가능하다는 충언이다. 참으로 새겨들을 멋진 팁이다.

예비창업자들에 당부 사항

- 인터넷 쇼핑몰 창업은 창업할 아이템만 있다면 일단 등록부터 해서 시작을 하라.
- 자신만의 관심분야를 정해 인터넷 블로그를 운영해보라.

인터뷰 외 참고자료

- "소비자와 사랑에 빠지다 '시드물', 연 매출 100억원 화장품 쇼핑몰의 CEO", 〈머니투데이〉, 2011.8.5.
- "착한기업 '시드물화장품' 사회공헌도 적극 참여", 〈컨슈머타임스〉, 2013.1.4.
- 한국콘텐츠미디어, 2016년 국내 화장품 시장, 2016.

사례 3 **'DJI' 창업자 왕타오 대표**

조용한 고집쟁이가 만든 세계 1위 드론 업체

1. 창업 회사 소개

법인명	다장창신(大疆创新科技有限公司, DJI Science and Technology Co. Ltd.)
주소	중국 광동성 선전(深圳, Shen-chen)
창업자 및 대표이사	왕타오(汪滔, 영문 Frank Wang Tao)
창업년도	2006년
사업내용	장난감 드론부터 취미용, 전문가용, 방송촬영용, 산업용(농업용, 화재방재) 등의 드론 제조 및 판매
창업성과	2009년부터 2014년 사이 매출은 매년 3~4배씩 증가했고, 창업 10년 만인 2017년 한해 약 3조원의 매출(추정) 달성, 종업원 12,000명
홈페이지	http://www.dji.com

2. 왕타오 창업자의 성장 배경과 창업[1)]

● DJI의 왕타오(Frank Wang Tao) 대표는 1980년에 중국 중부 연안도시인 항저우에서 태어나 어린 시절을 보냈다. 항저우는 상하이 인근 도시로 중국기업 '알리바바' 마윈 회장의 고향이기도 하다. 학교 선생님에서 자영업자로 변신한 어머니와 엔지니어였던 아버지 사이에서 태어난 왕타오는 어린 시절 모형 비행기 조립에 빠져 있었고 이에 관한 글을 읽으며 시간 대부분을 보냈다고 한다. 중위권을 벗어나지 못하는 성적보다 모형 비행기를 생각하는 게 그에게 더 많은 위로가 됐다. 학교 공부에는 별로 흥미가 없어 몇 개월씩 학교를 가지 않은 경우도 있었다. 그는 카메라를 장착하고 자신만을 따라다니는 비행기 '요정'을 갖는 게 꿈이었다. 16살이 되던 해, 시험에서 좋은 점수를 받아 오랫동안 원했던 리모컨 조종 헬기를 부모님한테서 선물로 받았는데 그렇게 귀하게 얻은 복잡한 구성체의 모형 헬기는 얼마 날지도 못하고 땅에 추락해 망가지고 만다. 그는 홍콩에서 교체 부품이 도착할 때까지 수개월을 기다려야 했다. 이때 그는 좀더 튼튼하면서도 누구나 쉽게 조정할 수 있는 안전한 모형 헬기를 만들 수 없을까 하며 미래를 꿈꾸었다고 한다. 헬기 모형에 빠져 학창시절을 보낸 그의 성격은 다소 내성적이며 조용한 가운데 약간은 까탈스럽고 고집스런 면을 가지고 있었던 것으로 보인다.

---

1) "프랭크 왕과 드론 전쟁", 〈포브스〉, 2015-07호, 2015.6.23. 이외 많은 인터뷰 기사 참고.

- 학교에서 뛰어날 것 없던 성적 때문에 그가 원했던 미국 대학에 들어가는 꿈은 좌절됐다. 가고 싶었던 MIT와 스탠포드에서 떨어진 그는 부모 권고에 국립항저우외국어학교에 진학, 영어를 공부하다 상하이 화동사범대학 심리학과에 들어갔다. 그러나 왕타오는 외국어학교에서나 화동사범대학에서 학업보다는 모형 헬리콥터 또는 모형로봇 조립에 빠져 살았다. 동기들과도 잘 어울리지 않았다. 오로지 모형 비행기와 모형 로봇에만 관심을 가졌다. 그러다가 화동사범대학을 중퇴하고 홍콩과학기술대학에 진학해 전자공학을 공부하게 된다. 여기서도 4학년 때까지도 하고 싶은 일을 찾지 못해 방황하던 그는 드디어 헬리콥터 비행 제어 시스템을 구축해보면서 자신의 적성과 흥미를 찾는다. 왕타오는 전심전력을 다해 졸업 전 마지막 조별 과제에 몰입했다. 다른 강의는 출석하지도 않고 두문불출했고, 수일간 새벽 5시까지 밤을 꼬박 새우며 작업에 몰두했다. 소위 '드론' 안에 설치하는 컴퓨터의 호버링(공중 정지) 기능이 과제 발표 바로 전에 망가져 결국 실패하기는 했지만, 그의 노력은 전혀 헛되지 않았다. 왕의 팀 리더십과 기술적 이해도가 뛰어나다고 생각한 로봇학 전공의 리 저샹 교수는 무모하고 고집스러웠던 학생에게 대학원 진학을 권유하게 된다.

- 2005년 왕타오는 학부과정에서 성공하지 못한 무인기 비행기술(헬기 컨트롤 시스템 설계 과제) 과제를 가지고 홍콩과학기술대학(香港科技大學) 전자·컴퓨터공학 석사과정으로 진학해, 온 정성으로 연구를 수행해 수많은

실패 끝에 반년 만에 성공하게 된다. 학부 때부터 왕타오의 사업가적 기질을 긍정적으로 보아오던 지도교수 '리 저샹'의 권유와 지도 아래 그는 2006년 학교 기숙사에서 헬기 컨트롤러를 만드는 사업을 시작하게 된다. 다장창신(大疆創新, DJI Science and Technology Co., Ltd.)을 설립한 것이다. 그의 나이 26세 때였다. 창업자금은 장학금과 지도교수의 투자액이 전부였다. 리 교수는 자본금 200만 위안(약 3억 4,000만 원)을 댄 첫 투자자였다. 참고로 리 교수는 현재 DJI 회장이 되어 회사 지분의 10%를 보유하고 있다.

3. 창업 이후 과정과 애로사항 극복

- 왕타오는 2006년 졸업과 함께 창업한 이후 본격적인 사업추진을 위해 동기 2명과 함께 중국 광동성 심천(Shen-chen)에 사업장을 마련하였다. 이때 로봇경진대회 상금 및 대회 출품 로봇을 판 돈도 사용되었다고 한다. 이들은 침실 3개가 있는 아파트를 빌려 공동 사용했다. 초기 DJI는 판매가 순조로워 중국 여러 대학과 국영 전력업체 등에 6,000달러의 컨트롤러 부품을 판매했다. 이러한 매출을 통해 번 돈으로 연구직 직원을 고용해나갔지만 왕과 창업 동료들은 각자 남은 장학금으로 생계를 이어갔다. "시장이 얼마나 커질 수 있을지 알지 못했다"고 왕은 당시를 기억하며 말했다. "그냥 제품을 만들어 팔아서 10~20명의 직원을 먹여 살리고 기술개발팀을 만드는

데 집중했다"고 한다.

● 창업 후 1, 2년간은 나름 유지되다가 회사 내부의 문제가 발생했다. 비전을 내세우지 못했던 회사와 고용주의 고집스러운 성격 때문에 DJI 조직에서 내분이 일어났다는 지적이다. 직원들은 계속 이직을 했다. 보스가 너무 요구사항이 많고 까다로우며 지분을 나눠주는 데 인색하다고 느낀 직원도 있었다. 2년이 지나자 처음 회사를 세울 때 함께했던 팀원 대다수는 남아있지 않았다. 왕은 자신이 "퉁명스러운 완벽주의자"가 될 수 있으며 당시 "직원을 열 받게 하는" 능력이 있었다고 인정했다.

● 그러나 DJI는 빠르지는 않았지만, 진전도 있어서 매달 20개 정도의 컨트롤러 부품을 판매했다. 창업 초기 회사자금은 항상 모자라기 마련. DJI도 마찬가지이었는데 가족의 지인이었던 루 디(Lu Di)로부터 받은 자본은 DJI가 목숨을 이어가는 데 큰 도움이 됐다. 2006년 말 그는 9만 달러의 돈을 투자했다. DJI가 간절히 바랐던 유일한 돈이라고 왕타오는 말한다. DJI의 발전에 또 다른 핵심적 역할을 한 사람은 바로 고등학교 때부터 친했던 친구 '시에 지아'(Swift Xie Jia)다. 2010년 마케팅 담당으로 회사에 합류해 왕의 참모 역할을 했다. 그는 DJI에 투자하기 위해 자신의 아파트까지 팔았고, 지금은 회사 지분의 14%를 가지고 있다.

4. 창업 성장 계기: 권(Colin Guinn)과의 만남

- 내부 조직이 자리를 갖추자 왕은 제품 포트폴리오를 형성해 해외 드론 마니아에게 제품을 판매하기 시작했다. 독일에서 뉴질랜드에 이르는 다양한 곳에서 이메일로 주문이 들어왔다. 당시 DJI는 자동운전 기능과 함께 고급 비행제어기술 개발을 시작한 상태였다. 왕은 2011년 인구가 7만 명밖에 안 되는 미국 인디애나주 먼시(Muncie)의 헬리콥터 박람회 등 틈새시장에서 자신의 기술을 공개하며 마케팅을 펼쳤다. 왕이 '콜린 권'(Colin Guinn)을 만난 곳도 바로 먼시 박람회장이다.

- 공중촬영 전문 벤처사를 운영 중이던 '권'은 무인비행기(UAV)로 안정된 이미지를 촬영하는 방안을 연구하고 있었다. 중국의 신생기업이 이를 해결할 수 있을지도 모른다고 생각한 그는 왕에게 이메일을 보내 상담을 요청했다. 마침 왕은 권이 필요로 하는 기능을 개발하는 중이었다. 비행 중 드론 몸체가 흔들릴 경우 드론 가속도계를 이용해 촬영 방향을 조정하는 새로운 형태의 '짐벌(gimbal, 기체 움직임에 관계없이 카메라를 일정한 기울기로 잡아주는 기구)'이 바로 그것이었다. 3번의 프로토 타입을 거친 끝에 괜찮은 물건이 탄생했다. 왕은 드론의 모터를 짐벌과 연결해서 부품의 수와 중량을 감축시키고 이를 통해 더는 새로운 모터를 가동하지 않아도 되는 방법을 개발했다. 덕분에 비행 컨트롤러 제작비용은 2006년 2,000달러에서 2011년 400달러 미만으로 하락했다.

● 2011년 8월, 먼시에서 DJI 경영진과 만난 권은 중국 선전을 방문했다. 이것이 인연이 되어 권은 왕타오 응원을 받으며 텍사스 오스틴에서 DJI 북미 자회사를 설립했다. 대중시장으로 드론을 진출시키기 위한 시도였다. 권은 북미지사 지분 48%를 가졌고, DJI는 남은 지분 52%를 가졌다. 권은 북미 지역과 영어권 시장의 영업 및 마케팅을 책임졌다. 초기에는 관계가 아주 좋았다. 왕은 권을 "훌륭한 세일즈맨"이라고 칭찬했으며, "그의 아이디어가 때로 나에게 영감을 줬다"고 말했다. 사실 왕타오는 고객들이 드론 비행체에 카메라를 장착하여 사용하는 시장의 새로운 니즈를 눈여겨보았고 권을 통해 확신을 한 셈이다.

● 2012년 말이 되자 DJI는 소프트웨어와 프로펠러, 프레임, 짐벌, 리모컨을 모두 갖춘 완전한 드론 패키지(팬텀 1)를 구성했다. 2013년 1월에는 최초로 조립 완성체인 쿼드콥터 팬텀(팬텀 2)을 공개했다. 상자에서 꺼내 한 시간 안에 하늘로 띄울 수 있으며 추락 한 번에 부서지지 않을 만큼 튼튼했다. 단순성과 작동 용이성이 뛰어난 덕분에 한때 마니아 전유물로 여겨졌던 드론 시장이 이때부터 폭발적으로 성장하기 시작했다.

● 처음 DJI는 팬텀 소매가격을 679달러로 책정해 손익 분기점만 맞추려 했다. "경쟁업체와의 가격 전쟁을 막기 위해 엔트리급의 제품을 만들었다"고 왕은 말했다. 신상품 홍보용으로 미국의 실리콘밸리 할리우드 스타를 찾아가 공짜로 선물을 했다. 이런 홍보마케팅과 함께 보급형으로 맞춘 가격

전략의 실시로 팬텀은 회사의 베스트셀러로 자리매김했고, 매출이 5배나 급증했다. 2014년 한 해 DJI는 팬텀이 중심된 드론 판매만 40만 대를 기록하였다. 무엇보다 팬텀은 전 세계 곳곳에서 잘 팔리는 효자 제품이 된 것이다. 이런 추세가 2016년, 2017년 지속되었다. DJI는 미국, 유럽, 아시아에서 각각 30%씩의 매출을 올리며 나머지 10%는 중남미와 아프리카에서 벌고 있다. 왕은 이 점을 가장 자랑스럽게 여긴다고 한다. "중국 사람들은 수입품만 훌륭하고 '메이드 인 차이나'가 붙은 제품은 질이 떨어진다고 생각한다. 우리는 항상 2류라는 생각이 있다. 나는 이런 환경에 불만이 많았다. 그런 분위기를 바꾸고 싶었다"고 한다. 한편 DJI에게 팬텀 개발 의욕을 북돋아주고 북미시장에서 엄청난 판매실적을 보여준 권은 자만적인 행동 때문에 왕과 사이가 나빠졌고 결국 2014년 왕과 갈라져 DJI 경쟁사 '3D 로보틱스'에 합류했다.

- DJI는 드론의 두뇌 역할을 하는 '플라이트 컨트롤러(Flight Controller)'와 기체 움직임에 관계없이 카메라를 일정한 기울기로 잡아주는 기구인 '짐벌' 분야에서 세계 최고의 기술을 보유하고 있다. 왕타오는 드론이 농업이나 건설, 지도제작 등의 상업적 분야로 응용범위가 확대되는 과정에서도 최고의 경쟁우위를 유지하는 데 노력하고 있다. "기술적 난제에 대한 답을 찾는 속도가 너무 느리다. 그게 성장을 정체시키는 주요 요인"이라고 그는 말한다. "현재에 만족하며 안주할 수 없다"며 지속적인 혁신 노력의 혼을 지금도 불사르고 있다.

1. 中 '청년 드론왕' DJI의 창업자 프랭크왕 창업스토리

https://www.youtube.com/watch?v=L_W22X-wryA (약 4분)

2. 中 '청년 드론왕', 거침없는 행보, 세계시장 70% 장악/YTN

https://www.youtube.com/watch?v=Vvag10uzXKU (약 2분)

자료: 유튜브 채널

5. 창업 기업의 성과

- 2006년 3명의 스타트업(신생 벤처기업)으로 시작한 DJI가 본격적인 매출을 올린 건 2012년부터다. 창업 후 몇 년 동안은 비행 제어기 등의 항공기 부품을 주로 제작, 판매하였으나 그다지 주목받지 못하였다. 하지만 초소형 무인비행기에 카메라를 장착한 제품을 세계에서 처음으로 내놓은 2012년부터 상황이 180도 바뀌었다. 드론은 걸프전 이후 군사 목적으로 개발됐지만 DJI는 이를 상업용, 특히 취미용 제품으로 제작해 새로운 시장을 개척

한 것이다. 2012년 2,600만 달러이던 매출은 2015년 10억 달러로 치솟았다. 2016년 16억, 2017년 27억 달러가 예상된다.[2)]

'다장창신(DJI)' 현황

설립연도	2006년
창업자금	약 3.5억원
매 출 액	약 27억 달러(2017년 추정)
직 원 수	약 12,000명(2017년 말)
사업분야	비행제어기 및 드론 제조 및 판매

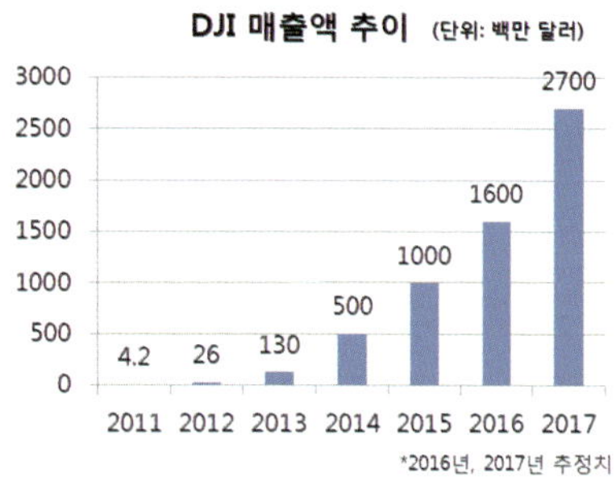

- DJI는 2018년 상반기 현재, 급팽창하는 세계 민간용 드론 시장의 70%를 차지하고 있다. 창업 10년 만에 기업가치는 100억 달러(약 12조원)를 넘었다. 창업자 왕타오 개인도 5조원 정도의 자산가가 되었다. 직원 수는 2006년 친구 2명에서 시작하여 2015년 3,500명, 2017년 말 현재 12,000명에 이르렀다. 이 중 30%는 연구개발직이다. 세계 최고의 민간용 드론 사업체가 된 것이다.

2) "규제 포비아 없는 선전 글로벌 기업의 혁신", 〈이데일리〉, 2018.2.14.

6. 비즈니스 모델과 사업성 분석

- 창업 초기 DJI의 비즈니스 모델은 취미용 및 놀이용 헬리콥터 모형 조립상품과 비행제어 시스템의 부품 제조 및 판매였다. 이후 2012년부터는 카메라가 장착된 드론의 제조 및 판매가 본격적 수익모델이 되었다. 드론 시장의 무궁무진한 잠재력을 확인한 다음에는 농업용 및 화재방재용 등 다양한 용도의 드론을 만들어 전 세계를 대상으로 판매하는 사업 형태가 되었다.

- 2018년 1월 DJI코리아에 따르면 전 세계 1위 드론 제조사인 DJI는 드론의 활용 범위를 다양한 산업군 대상으로 확대 전략을 본격 가동했다고 한다. 현재 드론은 개인 취미용과 영상 촬영 엔터테인먼트 분야에서 주로 쓰이고 있는데 앞으로 DJI는 택배용은 물론, 건설, 보안, 소방, 전력, 환경 등 산업분야에서 드론이 활용되도록 노력할 계획이라고 한다. 장기적으로는 드론 관련한 하드웨어 차원의 플랫폼 구축과 응용사업에 주력할 것으로 보인다.

논점 분석 1 비즈니스 모델

- 창업초기엔 취미용 헬기 모형 조립상품과 비행제어 시스템 부품 제조 및 판매
- 2012년부터 카메라 장착한 '드론' 공급, 이후 농업용 등 다용도 드론 공급, 판매

논점 분석 2 사업성

1) 시장성: DJI의 드론은 민간용 공급, 다양한 수요 증가하고 있음
2) 상품성: 완벽주의 추구로 기술적으로 세계 최고의 선도적 제품 혁신 추구
3) 수익성: 기술우위 근거, 2010년~2013년 3년간 약 80배 매출신장, 2017년 매출 3조원(추정)

● 드론 사업의 사업성을 살펴보자. 우선 시장성은 어떤가? 글로벌 컨설팅 회사인 PwC는 오는 2020년 드론이 창출하는 경제적 가치가 1,270억 달러(약 137조원)에 이를 것으로 전망했다. 효용이 가장 큰 분야는 건설·장비 등 인프라로 452억 달러에 달한다. 각종 사고 발생 시 드론을 이용해 피해 규모를 정확히 측정할 수 있기 때문에 보험 분야에서도 쓰일 수 있으며 기지국 점검 등 통신 분야와 광물탐사가 필요한 광업 분야에서도 활용할 수 있다.[3] 이미 민간용 위주의 드론 판매업체 DJI의 2017년 매출액(추정치)이 27억 달러에 이르렀다는 소식이니 전 산업 분야의 드론시장 규모는 가히 상상하기 어렵다.[4] 현재 활용중인 방송업체 및 영상 촬영용 드론과 농업용 드론 이외에도 소방, 건설, 보안, 전력, 환경, 수색 및 구조, 스포츠, 뉴스 방송, 부동산, 여행, 야생동물 모니터링, 고고학, 측량 및 맵핑, 교육용 등 민간 드론 용도가 무궁무진하다. 드론 택시까지 언급되는 시대이니만큼 앞으로의 드론 시장은 커져갈 수밖에 없을 듯하다.

---

3) "산업 전방위로 영역 넓히는 드론…인텔·DJI '드론 플랫폼'을 잡아라", 〈중앙일보〉, 2018.3.2.
4) "카피캣도 안 되는 한국 드론", 〈서울경제〉, 2018.3.7.

● 다음은 상품성이다. 창업 초기부터 왕타오는 제품의 완벽성을 추구하였다. 그 자신이 어렸을 때 허접한 모형 헬기 조립상품이 별 실수 없이 추락하여 낭패를 보았던 경험을 통해 다짐한 것이었다. 완전하고 안정적인 상품으로 그리고 고객이 손쉽게 조정하는 헬기 모형상품을 만들고 싶었던 것이다. 그러한 욕망이 더해져 드론까지 만든 그이기에 상품의 완벽성 추구는 DJI의 기업 이념이기도 하다. 왕타오 사장의 기술제일주의는 유명하다. 바람에 휙 날아가 버리는 드론 때문에 골치 아팠던 분들에게 바람에 날아가지 않고 하늘에 마치 돌처럼 고요히 떠있는 드론, DJI사의 팬텀이 해결해주고 있다. 바람이나 기타 외부 요인에 의해 기체가 흔들리지 않도록 해주는 짐벌 덕분이다. 세계 최고의 짐벌기술 덕택에 2014년 드론 '팬텀'은 전 세계적으로 40만 대의 판매고를 올리는 기염을 토하기도 했다. 이후로도 내놓는 드론마다 기술성에서 앞서가 DJI는 '드론계의 애플'이라는 수식어까지 얻게 되었다.

● 수익성은 어떤가? 창업 초기엔 근근히 매출이 이어졌지만 카메라가 장착된 '팬텀' 개발과 공급 이후에는 단숨에 세계 최고의 드론 수익업체가 되었다. '팬텀'은 사실 보급형으로 저가 전략으로 가격이 매겨졌다고 알려져 있다. 아무튼 2012년 연매출이 2,600만 달러이었다가 2014년 약 40만 개의 '팬텀'을 팔아 순이익만 1억 2천만 달러라고 밝혔다. 2015년 매출 10억

전 세계 민간 드론 기업 랭킹(2016)	
1	DJI(중국)
2	GoPro
3	3D Robotics
4	Parrot
5	XIRO(중국)
6	AscTec
7	Xaircraft(중국)

자료: 뉴스핌(2016)

달러, 2016년 16억 달러, 2017년 27억 달러로 추산되고 있다. 엄청난 경쟁업체가 난립하고 있는 상황 속에서 세계 민간용 드론 시장의 70%를 차지하고 있는 중국의 DJI는 창업 10년 만에 기업가치는 100억 달러(약 12조원)를 넘었다는 평가이다. 아직 비상장회사라서 재무상황이 비공개이지만 수익성은 가히 세계 제1의 드론업체 수준일 것이라는 데 이견이 없을 듯하다.

7. 창업 성공비결과 경쟁력

- 2006년 창업한 왕타오의 DJI가 어떻게 창업 성공의 길로 점프할 수 있었을까? 그것은 팬텀의 덕택이라 할 수 있다. 물론 그 전까지 단순 헬기모형의 조립상품 제작 판매로 DJI는 창업기업으로서 생존은 가능하였다. 조립의 편리성과 안전성으로 경쟁력이 있었기 때문이다. 비행제어 시스템 부품도 기술성을 인정받아 매출이 이어진 것도 사실이다. 그러나 결정적인 성장의 계기를 만들어준 것은 시대적 시장 니즈와 흐름을 잘 읽어 '팬텀' 시리즈를 개발, 판매했기 때문이라고 할 수 있다.

- 다시 말해 고객들이 단순 비행체 드론을 가지고 카메라를 장착해 사용하는 모습을 보고 시장의 새로운 수요를 발견하였고 DJI의 왕타오는 즉시 많은 사람들의 취미용과 전문가용으로 사용하고자 하는 항공촬영 수요에 맞춘 카메라 장착형 드론 '팬텀'을 개발했다는 점이다. 상품 수령 즉시 조립

과정 없이 바로 사용할 수 있도록 하는 편리성도 완비하였다. 이는 당시 획기적인 시장수요를 불러왔고 마케팅전략으로도 고품질이면서도 저가의 보급형으로 구성하였기에 기가 막힌 성공을 가져온 것이라 볼 수 있다. 기술적 우위와 과감한 보급형의 저가전략을 구사한 배경에는 규모의 경제효과를 노린 전략이 있었다. 중국 시장수요와 해외 수요를 크게 보았기 때문에 가능했던 것이다. 이러한 전략의 수행은 원래 고품질의 고가 전략을 추구하는 DJI로서는 대단한 도전이었다. 왕타오의 기업가적인 기질을 엿볼 수 있는 마케팅 전략이었다.

- 여기에 함께 알고 있어야 할 마케팅 방법이 하나 더 있다. 할리우드 홍보마케팅이라 할 수 있다. 2012년 팬텀을 출시했을 때 DJI는 무작정 미국 할리우드와 실리콘밸리로 달려갔다. 스티브 잡스, 제임스 캐머런 등 유명 인사에게 드론을 그냥 줬다. 드론을 처음 접한 이들은 푹 빠졌고, DJI의 드론은 '빅뱅이론' '사우스파크' '에이전트 오브 실드' 등 많은 영화와 드라마에 나오거나 제작에 쓰이게 됐다. 이는 DJI를 세계 드론의 선두주자로 각인시켰다. 아주 현명한 접근이었고 대성공을 거두게 된 창업기업의 홍보마케팅 전략이었다고 할 수 있겠다.

논점 분석 3 창업 마케팅

기술력 우위 + 빠른 마케팅

- 시대적 니즈를 잘 읽은 다음 완벽한 기술력으로 '팬텀' 출시
- 유명인사를 활용한 홍보마케팅(할리우드 및 실리콘밸리 스타)

● 수많은 드론 경쟁자들 속에서 DJI는 기술적 선도기업이다. 차별화된 경쟁력은 우선 기술력이라 할 수 있다. 그것도 시장의 수요를 잘 읽은 다음 재빨리 신제품을 출시하는 기술적 대응력을 갖추었다는 점이다. 창업 초기부터 비행제어 분야에서 기술을 쌓아온 DJI는 항공 촬영 분야에서 드론이 보편적으로 응용되는 것을 시장에서 확인한 다음, 그동안의 기술력을 바탕으로 2012년 '팬텀 1'을 개발한 것이다. 창업 10년을 맞은 DJI의 홍보이사를 맡고 있는 왕판 역시 DJI 제일의 경쟁우위 요소이자 성공요인으로 가장 먼저 기술 중심주의를 말한다.[5] 2017년 말 전체 사원 중 30%, 본사 직원 2,000명 중 70%가 연구직이다. 그는 "우리는 기술에 미친 회사"라고 말한다. DJI는 칩과 센서 빼놓고 모든 걸 자체 제작한다고 한다. 수백여 개의 특허를 보유하고 있다. 팬텀3 신제품 발표회 때 왕타오 대표가 기술적 완벽성에 불만이 있어 참석하지 않았다는 유명한 이야기가 있다. 팬텀4에는 인공지능(AI)이 적용됐다. 스스로 장애물을 피하고, 특정 사물을 정해놓으면 알아서 쫓아간다. 휴대용인 매빅은 이런 기능을 다 갖추고도 가볍고 작다. 날면서 7㎞까지 이미지를 송출할 수 있다고 한다.

● 저가의 중국산 품질 평가를 듣기 싫어하는 왕타오의 방침으로 평균 5,6개월마다 신제품을 내놓는 DJI의 '혁신 속도'는 5,6년 만에 신제품을 출시하는 경쟁사를 압도할 수밖에 없지 않겠나 싶다.

5) "슈퍼차이나 혁신 기업을 가다-DJI 창업자·CEO 왕타오는", 〈한국경제〉, 2016.11.21.

- 두 번째 경쟁력 요인은 중국판 실리콘밸리인 선전(深圳)의 효과를 누린다는 것이다. 선전의 화창베이(華强北)는 세계에서 가장 큰 전자부품 상가 밀집지역으로 어떤 제품 아이디어가 있으면 순식간에 시제품을 제작할 수 있는 곳. DJI 외에도 화웨이, 텐센트, ZTE, 비야디(BYD), 오포 등이 이곳에 있다. 선전은 세계 드론의 메카이기도 해서 세계 600여 개 드론 회사 가운데 절반인 300여 개가 모여 있다. DJI의 가격 경쟁력 뒤편에는 선전의 하드웨어 산업 사슬이 만든 비용 경쟁력이 있다고 할 수 있는 것이다. 첫 팬텀 드론의 가격(679달러)은 당시 소비자들이 조립해 만드는 비용보다 300달러 정도 쌌다. 아시아의 실리콘밸리로 불리는 선전에선 디자인을 보내면 그날 늦게라도 시제품을 받아볼 수 있을 정도로 기술인력이 넘치고 제품 설계·제조가 신속하다. 선전에는 중국 전체 드론 업체(400여 개사)의 75%인 300여 개사가 드론산업 경쟁 및 가치사슬을 만들고 있다.

- 이외에 과학기술 인재를 중시하고 초봉 때부터 높은 연봉으로 최고의 대우를 해주며 글로벌로 학력과 출신을 따지지 않는 인사정책과 누구나 열심히 하면 인정을 받는 자유로운 조직문화를 가지고 있다는 점도 DJI가 가지는 경쟁력 요소로서 무시하지 못할 성공요인들이다.

논점 분석 4 경쟁력

- 기술혁신 선도 전략
- 완벽한 상품 추구
- 드론 메카 선전에서 누리는 비용 절감 및 기술 경쟁
- 인재중시와 개방적 조직문화

8. 창업자 자세

● 왕타오 대표는 앞에서 소개한 대로 어렸을 때부터 좋아했던 모형 헬기와 비행 제어시스템을 사업으로 연결하는 열정을 보였다. 인생에서 좋아하는 것을 사업으로 이은 것이다. 대학교 졸업 과제로 개발하던 것을 대학원에서까지 갖고 가서 비행 제어기술을 연구했다. 수많은 실패 끝에 결국 기술개발에 성공한 그는 그 이후에도 오로지 하늘을 나는 모형비행체 관련한 기술개발에 몰입하였다. 카메라가 장착된 편리한 조립상품 '팬텀' 드론도 창업 후 6년이 지난 시점에서 연구개발 열정 끝에 나온 제품이었다. 사무실 한 켠에 간이침대를 갖다 놓고 늘 사무실에서 주 80시간 근무로 기술개발에 열의를 다해온 왕타오의 이야기는 업계에서 이미 유명한 사실이다. 그리고 왕타오 사장의 기술에 대한 집착과 그의 고집스러운 목표 달성 노력은 창업 동료들마저 곁을 떠나게 만들기도 했다. 그리고도 그는 좌절하지 않고 기술개발에 전력을 다해 그가 원하는 제품을 만들어 냈다. 자랑할 만한 그의 모습은 아니지만 기술력 완성과 창업 성공에의 열기만은 무서운 수준이라 할 수 있다.

● 팬텀3를 만들고도 흡족하지 않아 신제품 설명회에 참석하지 않았던 DJI 왕타오(프랭크왕) 사장의 기술제일주의 정신과 완벽성. 그의 지치지 않는 열정과 도전으로 혁신제품 팬텀 시리즈를 지속적으로 만들어 내고 있다. 그의 열정은 드론 분야에 있어서만은 기술력으로 어느 누구한테도 뒤지지 않

논점 분석 5 **창업자 자세(도전 · 열정 · 끈기)**

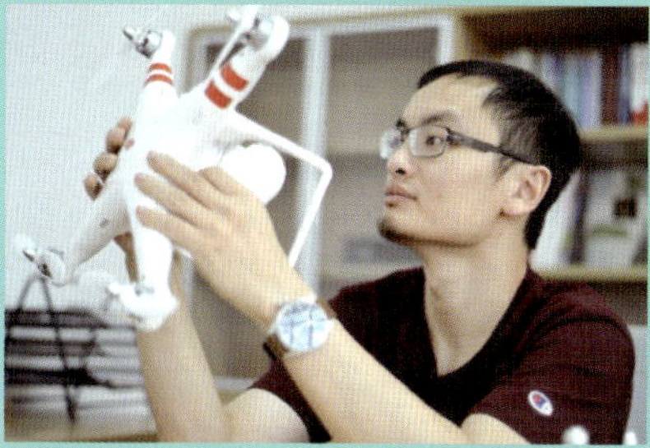

- 좋아하는 과제(무인비행기술) 연구에 몰두 ➡ 수많은 실패 끝에 성공
- 완벽성 추구
- 강한 신념으로 끊임없는 혁신 추진

겠다는 각오인 듯하다. 창업가라기보다 자부심이 강한 기술자 같지만 그는 창업가로서 DJI를 세계 제1의 드론 제조업체로 만들었다. 콜린 권과의 북미경영권 분쟁의 처리부터 팬텀의 보급을 위한 과감한 저가전략의 실행, 유능한 인재 영입 노력, 자유로운 기업문화 만들기 등 그는 단순한 기술자가 아닌 기업가의 역량을 보여준 것이다. 최고 기술력을 기반으로 도전력과 끈기를 혼합해 이룬 것이다.

- DJI 창업자 왕타오의 도전정신은 창업 전 대학시절 때부터 시작되었다. 비행 자동제어 기술개발 과제를 학부과정에서 마무리를 못해 석사과정에까지 연장해 과제 개발을 지속한 그의 도전력이 대단하다. 수많은 실패 끝에 대학원 연구과제를 그는 끝내 성공시킨다. 이를 창업아이템으로 연결하는 도전도 힘든 것이다. 지도교수의 권고가 있었지만 손쉬운 취업의 길을 놔두고 동료를 설득하고 창업의 길로 가는 것은 결코 쉽지 않기 때문이다. 내성적인 성격 소유자가 험난한 창업의 길을 선택한 것이다. 리 저샹 지도교수가 얘기하듯 그는 기업가 기질이 있었던 것 같다. 감히 도전을 한 것이다.

● 그는 기술적으로 진화된 새로운 상품 개발을 위해 지속적인 도전을 한다. 비행제어 시스템 이외에도 팬텀 제품의 완벽한 상품을 만들기 위해 흔들림 없는 촬영 등의 기술 난제들을 연속적으로 도전하여 성공시켜 나간다. 그의 도전력이 밑거름이 되어 DJI는 드론 두뇌역할을 하는 '플라이트 컨트롤러(Flight Controller)'와 촬영카메라를 일정하게 잡아주는 '짐벌' 분야에서 세계 최고의 기술기업이 된 것이다.

● 창업가로서 왕타오 대표의 창의성은 어떤가? 창업아이템은 그가 석사과정에서 완성한 비행제어 시스템의 상품화 사업이었다. 창의적인 창업아이템이라기보다 사용자들이 보다 안전하고 편리하게 제어할 수 있는 조정 시스템의 개선이었다고 할 수 있다. 그러나 그가 시대의 흐름, 즉 항공 촬영을 요구하는 고객의 욕구를 잘 파악하여 이를 새로운 기술로 해결하는 제품을 개발한 것은 충분히 창의적인 것이었다. 초기의 DJI는 '나는 것'에만 주목

논점 분석 5 **창업자 자세(창의성)**

- 시대의 흐름, 고객의 항공 촬영수요를 잘 읽음
- 팬텀 시리즈 지속 개발 ➡ 기술 고급화를 위한 연구와 혁신노력을 경쟁력으로 삼음

을 했지만 사용자들이 드론에 카메라를 연결하기 시작하면서 DJI도 촬영에 관심을 갖기 시작했다고 할 수 있다. 시장이 DJI의 방향성을 만들어줬다는 것이다.[6] 창업에 있어 창의성의 중요성 내지 그 역할은 고객의 수요를 잘 읽고 그에 적절한 상품을 내놓음으로써 원하는 수준 이상 창업 성과를 달성케 하는 동력이 되는 것이다.

〈사례 3〉 논점 정리

1. 2015년 당시 DJI의 기업가치는?

약 11조원(창업 10년 만에)

2. 왕타오가 보인 창업자 자세(열정, 창의성, 도전정신)의 모습은?

완벽주의자로 기술력 높은 혁신제품을 꾸준히 도전적으로 추구

3. DJI가 보여준 사업성(시장성, 상품성, 수익성)은 어떤가?

시장 수요에 잘 맞춘 상품(팬텀)으로 빠른 기간내 급성장

4. DJI의 창업 마케팅과 경쟁력은 어떤 것이라 할 수 있나?

혁신 지속 추구, 기술 선도력, 완벽한 상품 추구

6) "[취재파일] 4차산업혁명 현장을 가다 ② - 글로벌 드론 기업 DJI 편", 〈SBS 뉴스〉, 2017.7.6.

9. 예비창업자들에게의 시사점

- 왕타오 대표는 좋아하는 일을 사업으로 연결해 성공한 창업자가 되었다. 어렸을 때의 모형 헬기의 조정이 취미를 넘어 마니아 수준의 제작 실행자가 되었고 비행조정 기술의 연구개발로 그는 전문가가 되었다. 그 후에도 주 80시간이 넘는 열성으로 드론 분야 제품의 혁신에 몰입하였다. 그의 끈질긴 도전력이 있어 2013년 처음 소비자들에게 선보였던 조립형 초기 모델 드론에서부터 카메라가 장착된 드론, 사방의 장애물을 알아서 피하는 센서가 장착된 카메라 로봇 드론, 또 360° 촬영이 가능한 드론, 농약 살포용 드론까지 4년 동안에만 13개 넘는 모델이 개발, 상용화됐다.[7]

- 그는 그가 좋아하는 것에서 최고가 되고 싶었고 특히 중국산이 낮은 품질의 2류급이라는 평가를 벗어나고 싶었다고 한다. 돈만을 버는 것이 목표가 아니었던 것이다. DJI 회사 이름의 DJ(다지앙)가 '거대한 프런티어'라는 뜻으로, "새로운 세대의 꿈"을 이루고 싶다는 왕타오의 의지를 표현했듯이 그는 중국 청년창업자로서 참으로 멋진 꿈을 꾸었고 실현을 시킨 것이다. 좋아하는 것 외에 아무것도 중요하지 않다는 왕타오 사장.[8] 그는 젊은 창업자들에게 말한다. "세상은 정말 놀라울 정도로 어리석다. 남들보다 조금만 더 똑똑하면 된다"고.

---

7) "[취재파일] 4차산업혁명 현장을 가다 ② - 글로벌 드론 기업 DJI 편", 〈SBS 뉴스〉, 2017.7.6.
8) "스파크, 팬텀3를 만든 주인공, DJI 왕타오(프랭크왕) 사장의 기술제일주의", 〈스마트 국토엑스포〉, 2017.7.28.

젊은 사람들에 당부 사항

참고자료

- "프랭크 왕과 드론 전쟁",〈포브스〉, 2015-07호, 2015.6.23.
- "중국 선전 탐방-③ DJI 드론 내뿜는 강풍에 터지는 '탄성'...제2의 DJI 꿈꾸는 예비창업자 줄이어", 〈조선일보〉, 2016.7.27.
- "'규제 포비아 없는 선전 글로벌 기업 혁신", 〈이데일리〉, 2018.2.14.
- "산업 전 방위로 영역 넓히는 드론…인텔·DJI '드론 플랫폼'을 잡아라", 〈중앙일보〉, 2018.3.2.
- "카피캣도 안 되는 한국 드론", 〈서울경제〉, 2018.3.7.
- "슈퍼차이나 혁신 기업을 가다-DJI 창업자·CEO 왕타오는", 〈한국경제〉, 2016.11.21.
- "[취재파일] 4차산업혁명 현장을 가다 ② - 글로벌 드론 기업 DJI 편", 〈SBS 뉴스〉, 2017.7.6
- ,"스파크, 팬텀3를 만든 주인공, DJI 왕타오(프랭크왕) 사장의 기술제일주의", 〈스마트 국토 엑스포〉, 2017.7.28.
- "중국 업종분석-세계 하늘 뒤덮는 중국 드론산업, 세계드론 10대 중 7대 중국산", 〈뉴스핌〉, 2016.3.14.
- 유튜브, "中 '청년 드론왕' DJI의 창업자 프랭크왕 창업스토리" (https://www.youtube.com/watch?v=L_W22X-wryA)
- 유튜브, "中 '청년 드론왕', 거침없는 행보, 세계시장 70% 장악" (https://www.youtube.com/watch?v=Vvag10uzXKU)

사례 4 '아이리시스' 창업자 한승은 대표

포기하지 않으면 실패 없다

1. 창업 회사 소개

법인명	㈜아이리시스
주소	서울시 구로구 디지털로 272(한신 IT타워 #1201)
창업자 및 대표이사	한승은
창업년도	2012년
사업내용	사람마다 다른 홍채정보를 인식, 보안장치로 활용한 소프트웨어 기기(USB 등) 제조 및 판매
창업성과	2017년말 현재 종업원 38명, 매출액 약 30억원, 흑자전환으로 만족스러운 창업성과를 내고 있음
홈페이지	www.irisys.co.kr
회사제품 소개 동영상	https://www.youtube.com/watch?v=7eWHahPbHoo

창업아이템 소개	회사 주요연혁
● 홍채인식 원천기술 기반으로 소프트웨어 (알고리즘), IR카메라 하드웨어, 암/복호화 특수 소프트웨어의 기술개발 ● 홍채 USB 저장장치, 모바일용 홍채인식 카메라모듈, 스마트폰용 홍채인식 어플리케이션 개발 및 판매	**2012년** 법인설립, 프로그램등록: 홍채인식기술, 벤처기업인증(기술보증기금) **2014년** 한국벤처투자 ㈜투자유치, 스마트폰 홍채인식 기술개발, ㈜아이리시스 상호변경 **2015년** 미국 CES 전시회 출품 **2016년** 산업은행 투자 유치

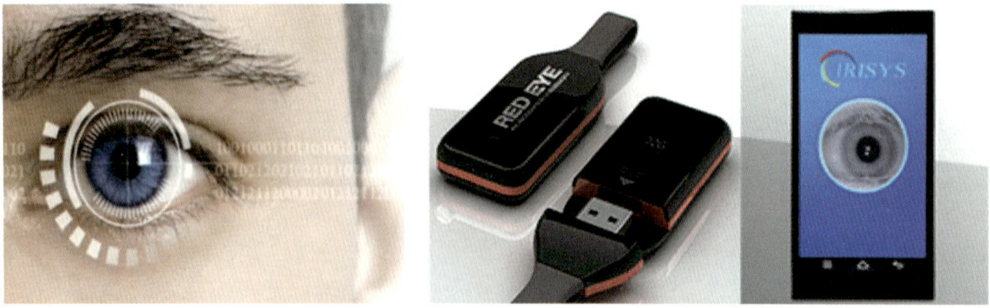

사진: 아이리시스 제공

2. 개인적 특성과 창업동기

- 한승은 대표는 경북 상주시 화서면 하늘 아래 첫 동네라고 할 정도의 오지인 산골마을에서 5남매 중 셋째로 태어났다. 첫 인상은 2018년 46세의 나이답지 않게 젊고 멋쟁이로 보였지만 가만히 보면 고집도 꽤 강할 것 같아 보인다. 많은 노력으로 자수성가했다고 평을 얻었던 아버지는 사과 과수원을 하셨고 원래 사업가적 기질이 있으셨던 것 같았다고 한다. 어린 중학생 시절, 어느 해인가 은행 대출까지 받아 사과농사를 1만 평 넘게 운영하셨다는데 본격적인 수확 전 가을 날씨가 이상한 기후 탓인지 갑자기 서리가 내리는 등 추위가 몰아닥쳐 홀딱 망치게 된 것이었다. 이때부터 집안은 경제적으로 매우 어려워졌고 한승은 대표는 원래 꿈꾸었던 화가의 길을 포기한 채 마음속에는 슬픔과 어두움이 가득했었다고 한다.

- 그런 상황에서 어린 한승은 대표는 특이하게도 사업적 기질을 발휘하게 되었단다. 어떻게 아이디어가 나왔는지 모르지만 자기 본인의 용돈을 스스로 벌어보자는 생각에서 중3 때인가 수박과 참외 등의 과일을 아버지에게 승낙을 받아 직접 재배를 시작한 것이다. 본인이 직접 판매까지 감당하며 성

사진: 아이리시스 제공

공적으로 용돈을 벌었고 고교 졸업 때까지 이어갔다는 것이다. 그는 부모님처럼 자수성가 식으로 대학생활까지 집안 신세를 거의 지지 않고 본인의 노력으로 공부를 마치게 되었다고 한다. 사업가적 승부사 기질과 끈기 같은 것이 이때부터 생긴 듯하다고.

- 상주에서 고등학교까지 마치고 대학생활은 서울로 올라와 시작했다. 경영학을 전공한 한 대표는 졸업하기 전에 대기업 유통분야 계열사에 취업이 되어 6개월 정도 일하던 중 회사가 부도가 나서 어쩔 수 없이 퇴직을 하게 되었다고 한다. 이때 마음속에서 떠오른 생각이 아버지 사과농사 실패로 본인이 어려웠던 것처럼 "왜 나 자신의 문제가 아닌 외부환경의 문제로 인해 나에게 이러한 시련이 오는 걸까?" 하고 고민을 했고 이때부터 자기 본인의 경제생활은 운명적으로 독립을 해야겠다고 다짐을 했다고 한다. 시련은 사람을 단단하게 만드는 법이다.

- 6개월간의 백화점 직원 생활이었지만 이때 중요한 관찰을 하게 된다. 그 당시 백화점 고객들이 서서히 사용을 늘려가던 카드 결제의 매출상황이 증

가일로에 있었던 것에 주목했고 앞으로 현금 대신에 카드 같은 디지털 금융이 중요해질 것이라는 예측을 하게 되었다고 한다. 유통분야 6개월간 회사생활 다음으로 간 곳이 중견급 건설회사였다. 사실 창업자금을 벌려고 들어간 것이다. 2~3년 정도만 다닐 생각이었다. 몇 개월의 시간이 지난 후 그 건설회사 사장님은 한 대표의 능력을 좋게 본 탓인지 당시 29세이었던 한 대표에게 분사식으로 독립시킨 조그마한 자회사의 경영을 맡기는 것이 아닌가? 건설사 사장님의 마음속에는 한 대표가 안 되면 되게 하고 불가능을 가능으로 바꾸는 정주영 현대그룹 창업주처럼 보였던 모양이다. 어려움이 있으면 악착같이 극복해 모든 것을 완결시키는 열혈청년으로 인정해주었기 때문이 아닌가 싶다고 회상한단다.

- 1996년 그때부터 35세가 될 때까지 거의 6년 동안 건설사 사장님의 믿음으로 일찍 창업해 나갈 생각을 유보한 채 조그마한 건설사를 성공적으로 운영해오면서 많은 것을 배울 수가 있었다고 한다. 한마디로 생존하려면 악착같아야 한다는 것을 말이다. 그리고 지금도 한 대표에게 사업적 멘토 역할을 해주고 있는 당시의 건설사 사장님한테 배운 것이 있는데 남들이 다 어려운 시기라고 할 때 오히려 과감해져야 할 필요가 있다는 것이다. 그 분은 실제 그 당시 어렵던 IMF 시절에 남들이 다 사업매물을 내놓을 때 오히려 공격적으로 투자를 늘려가는 적극성을 발휘, 결과적으로 큰 성과를 보았다는 것이다.

- 한편 이즈음 1999년 전후 국내 건설업 경기가 주춤할 때이었는데 산업계 다른 한 편에서는 벤처 붐이 일기 시작했었다. 이때 한승은 대표의 지인 중 한 사람이 벤처기업 투자를 연결해주는 일을 하고 있었는데 한 대표에게 투자를 권하게 되었다고 한다. 이때 한 대표는 그때까지 창업 준비차 목돈을 상당 금액으로 모아놓고 있었는데 당시 창업을 서두를 필요성을 느끼지 못하던 탓에 투자 권유에 설득되었다고 한다. 당시 한 대표가 관심을 두던 투자분야는 2가지였다. 하나는 전기차 배터리 기술분야였고 다른 하나는 생체정보의 인식기술 분야. 한 대표는 생체인식의 정보기술에 투자를 한 것이다. 1억원 정도를 투자했다고 한다.

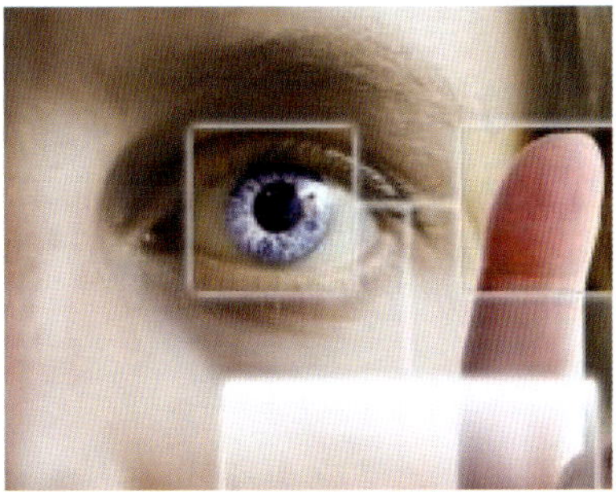

- 투자 후 약 2년쯤 지났을까? 이상하게 투자한 회사 성장에 큰 진전이 없어 의심을 하게 되었고 한 대표는 답답한 마음에, 그리고 예전부터 관심이 있었던 분야이고 당시 건설업계는 부진을 떨치지 못하던 시절이라 과감하게 회사를 정리하고 투자했던 생체정보 인식기술 회사의 영업담당 이사로 들어가게 되었다. 영업이 나름 잘 되는 듯했다. 그런데 고객의 여러 다양한 요구에 주문형 맞춤 상품을 제공하지 못하여 매출 진작을 제대로 할 수 없었다고 한다. 그 이유가 원천기술 없이 수입기술을 갖고 단순히 조립해 판매만 하는 회사의 문제점임을 알고서 한 대표는 회사 성장은 어렵다고 판단, 투자금 회수를 요청하기에 이르렀다. 이때 그 회사 사정은 창업 초기 투자 받은 목돈을 모두 사업추진 자금으로 써버린 다음이었고 간신히 영업

망을 유지한 채 그럭저럭 매출이 유지되어 가는 상황이었던 것. 한승은 대표의 투자금 회수 요청을 받아 줄 수가 없는 회사 상황이었던 것이다. 한동안 회사측과 투자 알선을 한 지인, 그리고 한 대표 간의 갈등은 수그러지지 않았고 결국 한 대표는 해당업체 이사진에게 현재의 (영업판매 담당)회사에 기술을 제공하는 회사를 창업하겠다고 했고 사업구조상 중요한 가치사슬의 업무 협력을 하겠다는 조건 승낙으로 생체 인식 정보의 기술회사를 차리게 된 것이다.

3. 창업과정과 초기 애로사항 극복

- 참으로 겁 없는 창업의 도전이었다. 한승은 대표 본인 자신이 공학도 출신도 아니고 기술을 잘 아는 해당분야 전문가도 아니었다. 단지 생체인식 정보에 호기심과 의욕만 컸던 것. 한마디로 고생을 사서 하게 된 셈이었다. 창업 후 처음으로 한 일은 생체인식 기술을 가진 곳을 탐색하는 것이었다.

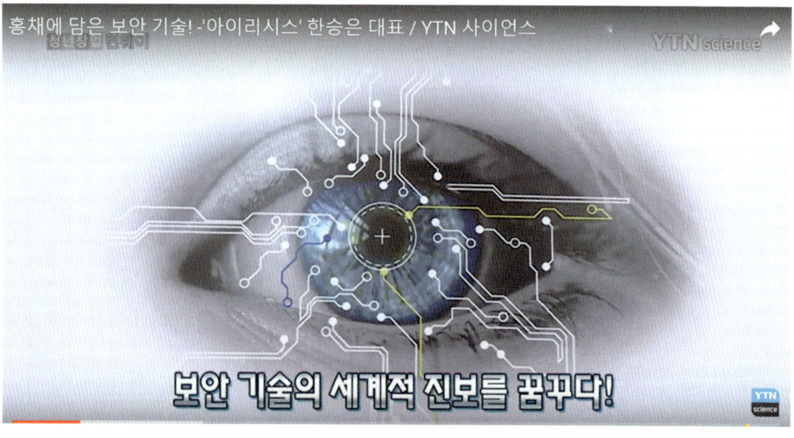

YTN 사이언스 제공

서너 달을 찾아본 결과, 대전 소재의 ETRI(한국전자통신연구원)에서 개발한 생체인식의 원천기술이 있다는 소식을 들었다. 결국 기술이전 계약을 통해 확보, 이를 근간으로 본격적인 응용연구를 하게 되었다. 한 대표 자신이 비기술자인지라 원천기술을 가지고 응용 알고리즘을 개발할 인력이 필요했다. 참으로 힘들게 기술인력을 확보했다고 한다.

- 딱히 고급기술인력을 확보할 자금도 없는지라 약간은 단순 무식하게 블로그를 만들어 해당 기술의 응용 알고리즘을 개발할 인력을 찾는다는 공고를 냈다. '깊고 간절한 마음은 닿지 않는 곳이 없다'고 하지 않았던가? 운이 되는 시점에 있었는지 강원도 지방도시에 거주하는 대학교 1학년 재학 중인 한 학생이 응모를 했고 한 대표는 응용기술 API(어플리케이션 개발)에 1,000만원의 개발비용으로 계약을 체결했다. 개발을 하는 도중에 한 대표는 믿음이 가는 그 친구를 아예 직원으로 영입했다고 한다.

홍채 인식 알고리즘

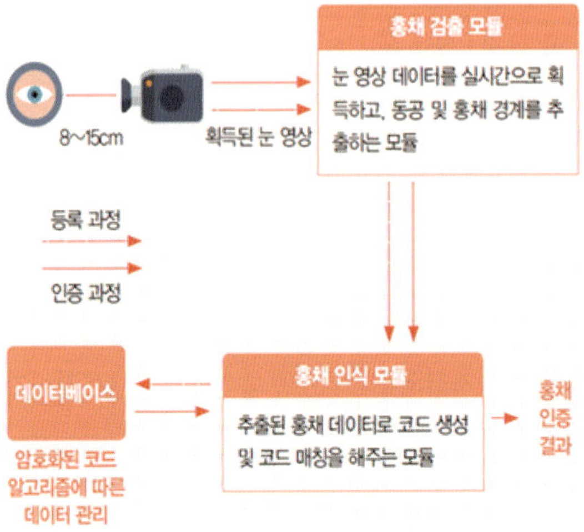

자료: 아이리시스 제공

- 그 후 유사 기술분야의 기술인력 1명을 추가로 영입하여 3명의 창업멤버를 결성해서 본격적인 창업의 길에 들어선 것이었다. 약 6개월간의 개발기간을 통해 목표치의 60~70%까지 응용기술력을 확보할 수 있었고 그리고 2년 가까이 추가 개발을 지속적으로 해온 결과, 기술 목표치의 85%까지를 달성할 수 있었다. 이때의 분명한 기술개발 방향과 목표는 고객 입장의 편리성과 기능성을 생각했고 완성도를 높이는 것이었다. 또 하나의 목표는 기술 응용제품의 가격을 낮추는 것이었다고 한다.

- 홍채 인식 기술자를 쉽게 찾을 수 없는 것이 창업 초기 최고 애로사항이었다. 결국 한 명, 한 명 뽑은 신규직원을 학습시키면서 홍채 인식 분야의 기술자로 키워가는 방법밖에 없었다는 고백이다. 이러한 과정에서 힘들게 6개월, 1년 정도 실전에 도움을 줄 정도가 되면 회사를 그만 두고 나가는 바람에 마음고생이 힘들었다고 한다. 회사의 경쟁력은 결국 사람, 특히 벤처기업에서 기술인력이 가장 중요한 자산인데 '아이리시스'의 고통도 창업 초기 여타 기업처럼 다르지 않았다고 할 수 있겠다. 한 대표는 마음 고생 끝에 소통문화의 실천, 가족적 분위기, 공동체적 의식의 공유로 차츰 이겨냈다고 한다.

- 또 다른 창업 초기 어려움으로 한 대표는 자금 조달을 뽑았다. 생판 모르는 홍채 인식 기술이라는 국내외 신기술 분야에서 조금씩 알아가는, 그렇게 개선되고, 개발되어가는 기술수준을 상품성이 있는 수준까지 끌어올리는 과정에서 계속해서 자금과 시간은 부족하기만 했던 것이다. 워낙 해당기술 분야가 실패 위험성이 높은 분야이기에 투자 받기는 꿈도 못 꾸고 한 대표가 건설사에서 벌어놓았던 돈을 조금씩 조금씩 투입해 10억원가량을 쏟

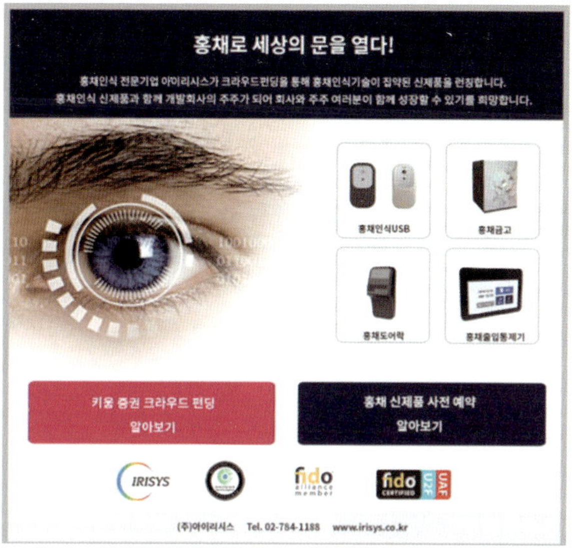

아붓게 되었고 이외에도 중진공 정책자금 10억원 등을 포함해 지금까지 총 20억원 가까이 자금이 투입되었다고 한다. 처음에는 소소한 도전(1~2억원 규모를 생각했다고)의 창업은 이제 어마어마한 투자 사업이 된 것이다.

- 웬만한 창업자 같았으면 벌써 실패를 인정하고 포기했을 텐데 한 대표이기에 고집스럽게 만족스러운 기술 완성 때까지 가다 보니 많은 돈이 들었다는 자백이다. 홍채인식 응용에 필수적인 AP 보드 개발에 5번이나 실패하는 등 개발비용으로 6억가량이 들었다고 하니 그 고집과 끈기가 장난이 아니다. 그는 말한다. "포기하지 않으면 실패가 아니다." 이러한 시행착오 끝에 2015년 10월 드디어 첫 판매가 이루어지게 되었다. 한승은 대표의 창업은 한마디로 '맨 땅에 헤딩하기'였고 새로운 기술분야 시장이라서 말 그대로 '개고생'을 한 셈이다.

홍채 보안기술 창업 특강
'아이리시스' 한승은 대표

https://www.youtube.com/watch?v=iYxV7Gkmls4 (약 25분)

자료와 사진: 유튜브 채널, YTN 사이언스

- 다행스러운 것인지 불행스러운 것인지 모르겠지만 시장의 첫 주문은 해외의 '아마존'이었다. 해외시장에서 긍정적인 반응이 이어졌고 이러한 납품 실적 덕에 지금은 국내의 대기업인 LG전자의 스마트폰 부품으로까지 납품하기에 이르게 되었다.

4 . 창업 기업의 성과

- 한승은 대표는 2012년 '㈜아이락월드'라는 회사이름으로 창업해서 2014년 이름을 새롭게 '아이리시스'로 바꾸었다. 원천기술을 한국정보통신연구원(ETRI)로부터 이전 받은 후 어렵게 기술인력을 영입해 숱한 시행착오와 많

은 투자금액을 들여 응용기술을 개발하였다. 포기하지 않고 고집과 끈기 끝에 2015년 드디어 상업화에 성공, 제품 판매를 시작하였다. 해외 시장에 먼저 진출하여 좋은 반응을 얻었고 국내에서도 인정받게 되었다. 2017년 말 현재 직원은 38명, 매출액은 2017년 말 기준 30억원 규모로 성장했다. 창업 5년 만의 성적이다. 국내의 대기업인 LG전자에 스마트폰 부품 납품에 이어 2019년 코스닥에 상장할 예정이라고 한다.

'아이리시스' 현황

설립연도	2012년
사원수	38명(2017년 기준)
자본금	20억원(창업자금 약 1억원)
매출액	약 30억원(2017년 말)
업종분야	전기, 전자, 제어
주요사업	홍채인식 보안시스템

사진: 아이리시스 제공

5. 비즈니스 모델과 사업성 분석

● '아이리시스'의 비즈니스 모델은 첨단과학기술 분야의 사업이라 할 수 있다. 홍채라는 생체의 모습에는 거의 변함이 없는 고정된 패턴이 있는데 사람마다 각기 다른 약 40여 가지의 식별 패턴을 가지고 있다고 한다. '아이리시스'은 본인 인증의 방법으로 이를 활용하는 보안기술을 고객이 사용하기 편한 하드웨어로 만들어 판매하고 있다. 생체정보를 분실해도 위조와 복제 등 타인 사용이 불가능하도록 암호화와 복호화를 한 다음 이를 하드웨어에 저장해 사용토록 하고 있다. 분실 염려도 없다. 이런 차별화된 경쟁력을 가진 제품 판매업이라 할 수 있다. 본인만이 사용하고 신속한 인증이 가능한 제품의 연구개발력과 품질관리만 유지되면 새로운 핀테크 시대에 각광을 받을 것으로 보인다.

● 그렇다면 '아이리시스'은 어떤 사업성을 가지고 있는가? 우선 시장성 측면에서 보자. 글로벌 시장조사기관인 트랙티카(Tractica)에 따르면 글로벌 생체인증 시장은 2015년 20억 달러에서 약 25.3%씩의 연평균 성장률을 보이

논점 분석 1 비즈니스 모델

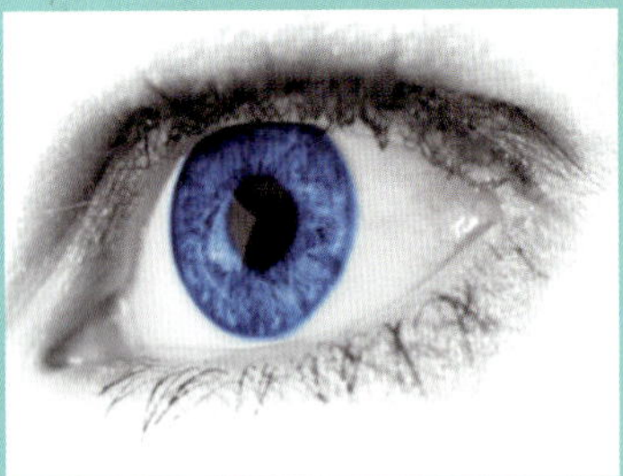

- 사람마다 각기 다른 홍채 패턴을 활용, 본인 여부를 확인하는 보안 솔루션
- 관련 하드웨어 제조 및 판매

며 2024년에는 149억 달러에 이를 것이라는 전망이다.[1] 국내 생체인증 제품 매출액 규모는 연평균 9.2%씩 증가해 2018년에는 4,147억원 규모로 추정되고 있다. 2015년 한국과학기술정보연구원(KISTI)은 국내 생체인식 시장 규모를 2014년 2,310억원에서 매년 14.6%씩 성장해 2020년에는 4,916억원 규모로 커질 것으로 예측하기도 했다.[2] 이 중 홍채인식 시장규모는 전체 생체인식 시장 중 17% 정도로 커질 것이라는 전망이다.

자료: 한국과학기술정보연구원

- 문재인 대통령이 공약으로 내건 공인인증서 폐지 건에 대해 최근 2018년 1월 24일 정부가 폐지 계획을 발표하면서 대체기술인 간편 송금, 블록체인, 생체인증 등이 주목받고 있다. 카카오페이는 블록체인 기반인 사설인증 서비스를 도입해, 6개월 만에 20만 명의 가입자를 끌어 모은 바 있고 지문 생체인증 서비스를 도입한 삼성페이와 LG페이는 위조나 해킹이 어렵다는 점에서 주목받고 있다. 아직 논란의 여지가 있으나, 액티브X를 없애고 전자서명과 본인인증 절차를 쉽게 접근할 수 있게 한다는 측면에서 볼 때 생체인증은 각광받을 주요 분야로 평가받고 있는 것이다.

- 현재 생체인식은 지문, 홍채, 얼굴 등을 이용하고 있는데 홍채의 경우 인간마다 각기 다른 40가지의 식별 패턴이 있어 지문 인식보다 정교해 위조나

1) "[창간 12주년 기획 1부]⑤생체인증 시대 성큼…시급해진 정보보호 규제 정비", 〈디지털데일리〉, 2017.5.23.
2) "전 세계로 나가는 대한민국 홍채인식기술", 〈디지털타임스〉, 2017.3.9.

논점 분석 2 **사업성**

1) 시장성: 보안수요는 핀테크 진전과 함께 커져 가고 있음
2) 상품성: 독창적 기술로 초소형 홍채인식 저장장치(LOCKIT) 등 인기
3) 수익성: 2015년 약 7억, 2017년 약 30억 매출

변조가 어려워 보안성이 높다고 알려져 있다. 약 5억 명 중 한 명꼴로 유사한 패턴을 가지고 있다고 한다. 위조 및 변조의 위험성이 없다면 홍채인식의 보안기술의 시장성은 양호하다고 할 수 있을 것이다.

● 다음으로 상품성을 보자. '아이리시스'는 독창적인 기술개발로 고객들의 사용 편의성을 위해 초소형 홍채인식 저장장치(lockit, 보안 USB)를 만들었다. 고객들이 이것을 가지고 다니면서 본인만이 사용하는 금고, 도어록 등에 본인 인증을 쉽게 할 수 있게 한 포터블 제품이다. 분실에 대비, 암호화로 된 소프트웨어가 장착되어 있다. 이러한 상품뿐만 아니라 스마트폰의 인증에 사용되는 홍채인식 방식의 본인 인증 소프트웨어 등은 LG전자와 같은 대기업 스마트폰 제조업체에 납품되는 수준이다. '아이리시스' 홍채인식기술은 암호화·복호화 알고리즘을 적용해 개인 홍채 원본을 서버나 디바이스에 저장하지 않고 암호화된 홍채키 값만으로 개인인증이 진행되는 구조다. 만일에 발생할 수 있는 홍채 정보 해킹이나 분실 시에도 개인정보를 복호화 할 수 없는 알고리즘을 구현한다. '아이리시스' 홍채인증 알고리즘은 다양한 특허 취득과 함께 국제생체인증표준인 파이도(FIDO) U2F(Universal

2nd Factor)와 UAF(Universal Authentication Framework) 인증을 지난해 12월 획득했다. 앞으로는 상품성의 경쟁력만 문제가 될 것이라는 생각이다.

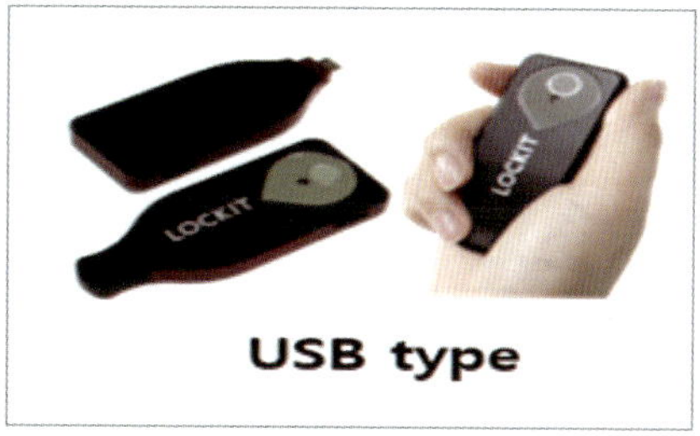

- 수익성은 지금까지보다 앞으로 더 좋아질 것으로 보인다. 2012년 창업하여 홍채인식 USB 제품으로 2015년과 2016년 매출이 각각 7억 8,000만원과 26억원으로 성장했다. 2017년은 신규 제품 라인업을 통해 매출을 약 30억원 기록했다. 현재 국내와 해외 고객 물량을 확보하고 있어 향후 큰 폭의 외형 확장이 예상된다.

6. 창업 마케팅과 경쟁력

- 창업 기업이 만든 기술제품은 정말 처음에 판매하기가 힘이 들기 마련이다. 고객 입장에서 신제품인 창업기업의 제품을 써본 경험이 없기에 두렵고 불확실하고 위험성조차 느끼기 때문이다. 하이테크 신제품은 더욱 그렇다. 소위 FUD 현상이다. 두려움(fear), 불확실성(uncertainty), 사용의 위험성(danger)이다. 가격이 비싼 신제품을 처음으로 사용하는 부담을 갖고 과감하게 사용하는 고객층은 결국 일반인(B2C)이라기보다 기업체 고객(B2B)이랄 수 있다. 기업 운영상 신제품이 가지고 있는 기능이 필요할 경우, 과감성은 여러 번의 시험 절차를 통해 검증되고 결국 사업성 차원에서 채택될 수 있는 것이기 때문이다. '아이리시스'는 처음부터 해외시장의

논점 분석 3 **창업 마케팅**

경제사절단 참가로 신뢰 확보

- 처음부터 해외시장(B2B)겨냥
- 중동 금융결제 시장 타기팅
- 대통령 외교의 경제사절단 참가로 기술적 신뢰 확보

B2B 수요층을 겨냥해 공략했다. 사실 국내시장에도 B2B 시장은 있었지만 새로운 보안기술을 적용하는 신제품이기에 각종 규정 및 법적 절차가 복잡하고 이를 해결하기 위한 설득이 어렵다. 그래서 '아이리시스' 역시 첫 개척시장으로 이러한 법적 절차가 복잡하지 않은 중동 금융결제 시장을 타기팅하였다. 현명한 것은 창업기업으로 제품에 대한 신뢰성 확보가 문제인데 정부 지원으로 이루어지는 대통령 정상외교 차원의 해외순방 경제사절단 일원으로 참가해 기술적 신뢰를 확보하였다는 것이다. 창업 마케팅의 성공적 입지는 창업가의 열정과 창의성으로 만들어짐을 알 수 있다. 벤처기업 인증 기업으로서 어느 정도 열의만 있으면 참가의 길은 열려 있는 것이다.

- 2012년 창업한 '아이리시스'의 차별화된 경쟁력은 무엇인가? 사실 생체정보를 가지고 이를 보안기술로 활용, 사업을 전개하고 있는 기업들이 전 세계적으로 보면 최근 들어 적지 않다고 한다. 국내에만도 '파워로직스', '이리언스', '아이리스아디' 등 여러 업체가 있다고 한다. 그러나 '아이리시스'의 차별적 경쟁력은 아무래도 항상 고객의 입장에서 사용의 편의성을 최대한 고려하는 정신이라고 하겠다. 세계 최초 이동형의 작은 USB 형태로 만

논점 분석 4 **경쟁력**

- 보안 해킹을 방지하기 위해 경쟁사와 달리 생체정보 저장 없이 암호화 방법 선택
- 항상 구매자 입장에서 제품 개발 및 개선

든 'LOCKIT' 등에서 보듯이 보안 해킹을 방지하기 위해 경쟁사와 달리 생체정보의 저장 없이 수시 암호화하는 방법을 선택해 외부유출 염려를 해결했다는 점이다. 항상 고객의 불편사항과 애로사항을 해결하기 위해 기술개발 노력을 다하고 있다는 사실이 의미 있는 경쟁력이라고 하겠다.

7. 창업자 자세

- 한승은 대표의 창업 열정은 한마디로 "포기를 하지 않으면 실패가 없다"는 그의 말로 대신할 수 있다. 창업 과정에서 보여준 기술개발 열의와 지구력은 알아줘야 할 정도가 아니라 정말 독할 정도라고 할 수 있다. 창업에서 끈기는 기본적 요소라 할 수 있다. 창업을 추진하다 보면 어려움은 필연적으로 오기 마련이다. '아이리시스'의 경우, 그 정도가 창업 초기 마음가짐이나 창업자금 준비 규모에 비해 예상을 훨씬 초월하는 정도인데도 포기하지 않고 끝까지 기술개발의 승부수를 보았다는 것은 대단하다고 하지 않을 수 없다.

논점 분석 5 창업자 자세(도전 · 열정 · 끈기)

- 완전 비전문가 입장에서 어릴 적 호기심으로 무모할 정도의 연구 도전
- 확신을 갖고 포기 없이 고집과 끈기로 개발 성공

- 그는 공학도도 과학자도 아니다. 어렸을 적부터 그는 자수성가의 기질을 터득했고 시골에서 자란 탓인지 위기가 왔어도 포기 않고 오기와 끈기로 극복한 것을 보면 그의 사업열정은 참으로 남다른 점이 있다. 정부의 경제사절단에 악착같이 참여해 세계시장을 먼저 노크해 성공적 성과를 맛본 것도 그의 진취적인 열정이 있었기에 가능했던 것으로 판단된다.

- 한 대표는 앞에서도 언급했지만 홍채정보 인식기술의 비전문가로서 무모하게 도전했다. 그는 경영학을 공부했고 유통회사와 건설회사에서 근무한 적이 있지만 공학도 출신도 아니고 기술회사에 근무한 적도 없다. 그는 어렸을 적 공상과학 영화에서 본 '인체 눈'을 가지고 보안장치를 해결하는 영화장면을 본 적이 있다고 했다. 그것이 개발 계기가 되었다고 한다. 호기심이 사업으로 연계된 것이다. 그리고 유통회사 근무 시절 디지털 금융거래가 활성화될 것이라고 판단하였고 결국 평소부터 관심이 많던 생체인식의 보안기술 사업에 전념하게 된 것이다. 고집과 끈기를 가지고 비전문가이지만 응용기술 개발에 전력을 다했다. 앞의 사례 2의 '시드물' 민중기 대표처럼 비전문가이니까 무모했고 끝까지 도전했는지 모른다. 사업은 역시 이러한 도전이 끈기와 오기를 만나면 성과를 보게 마련이다.

논점 분석 5 **창업자 자세(창의성)**

핀테크 시대 흐름 파악

- 디지털 결제, 인터넷 은행 등 핀테크 증가 예측
- 보안문제 해결할 홍채를 핵심사업 아이템으로 개발

- 한 대표의 창의성은 일단 미래 금융거래에서 카드와 같은 디지털 화폐가 활성화될 것으로 내다보았고 여기서 온라인상의 보안기술이 필요할 것으로 보았다는 것에서 찾을 수 있겠다. 다시 말해 핀테크(Fin Tech)[3)]가 향후 금융거래에서 크게 중요해질 것으로 보았다는 것이다. 그리고 이런 판단을 창업아이템에 결부시켜 어려움을 극복하며 응용기술의 개발에 성공, 창업의 성과를 보았다는 점이다.

- 그리고 전 세계적으로 새로운 보안기술 분야인 홍채인식 기술을 USB(이동형 디지털 저장장치)에 담아 자유롭게 개인 휴대용으로 활용할 수 있도록 만든 데에서도 찾을 수 있다. 첨단의 보안성에 고객의 사용 편의성을 결합했다는 점이다. 이러한 창의적 제품의 개발 아이디어를 한승은 대표가 냈다는 것은 미래에 있을 고객의 보안성 요구와 편의성 요구를 잘 읽어 냈기에 가능했던 것이리라. 그 결과 고생 끝에 높은 수준의 차별화 우위를 가질 수 있는 B2B 판매용 기술제품을 만들어 낼 수 있었던 것이다.

---

3) 금융(financial)과 기술(technique)의 합성어로, 정보기술(IT)을 기반으로 한 새로운 형태의 금융 기술을 말한다.

- 한 대표에게 사업에 있어 사회적 가치, 즉 공익적 가치를 중시하는 것이 필요하냐고 물었다. 그는 다음 이야기를 전한다. 2015년 첫 상품이 드디어 출시되었을 때이다. 사업 성공으로 큰돈을 번 캐나다 거주의 교포 2세가 300억원 투자 의사와 함께 지분 60%를 요구하는 것이었다. 부대조건은 '아이리시스' 본사를 캐나다로 옮기고 한 대표에게 캐나다로 이민해 오라는 것이다.

- 이때 한승은 대표가 많은 생각 끝에 결론을 내린 것은 애국심이었다. 평상시 '유한양행'의 유일한 설립자를 존경해온 한 대표는 생각하기를 본인이 가꾼 ㈜아이리시스가 캐나다 기업이 되면 앞으로 한국의 소비자들은 외국 회사로부터 해당 제품을 수입하게 될 것이고 이로 인해 경제적 부의 창출은 우리나라의 몫이 아닌 캐나다의 몫이 된다는 것을 용납하고 싶지 않았다는 것이다.

- 한 대표는 말한다. 그 자신이 창업을 한 후 이끌어 오면서 후일을 생각했는데 유한양행처럼 한 대표가 가지고 있는 지분 중 80%를 사회에 환원해 ㈜아이리시스 회사를 사회적 자산으로 기부, 후손들에게 존경받는 공익적 회사가 되도록 한다는 것이다. 이것이 미래의 계획이라 한다.

- 이런 계획과 현재의 회사운영 방식은 연계되어 있다. 그의 회사 운영철학으로 일찌감치 회사의 주주총회에서부터 의견 제시와 수렴방식이 지분

과 관계없이 민주적으로 이루어지고 있다. 소통, 책임감, 민주적 의사결정을 중시하면서 이미 공기업처럼 운영하고 있다는 것이다. '아이리시스'는 2019년에 코스닥에 상장할 계획을 갖고 준비해 나가고 있다고 한다.

〈사례 4〉 논점 정리

1. 한승은 대표의 사업열정을 알 수 있는 것은?

보안기술의 비전문가 입장에서 무모할 정도로 포기 없이 기술도입과 자체개발에 매진하여 성공시킴

2. '아이리시스'에서 판매하는 상품 종류는?

크게 보안솔루션(소프트웨어)과 이를 활용한 하드웨어

3. 한승은 대표의 성공적인 마케팅 정신은?

항상 고객(사용자)입장에서 고민하고 제품을 개발함

4. '아이리시스'가 고객 의혹을 해결한 방법은?

대통령 경제사절단에 꾸준히 참가

8. 예비창업자들과 정부에 당부 사항

- 한 대표는 예비창업자들에게 당부한다. 초기에 창업자금에 매달리지 말라고 한다. 창업은 단기간에 승부가 나는 것이 아니기에 장기적 플랜으로 창업 운영 내지 유지전략을 짜야 한다는 것이다. 적어도 창업 후 3~5년이 죽음의 계곡이 될 수 있기에 장거리 경주를 각오하라는 것. 그래서 정부의 창업지원정책도 개선되어야 하는데 특히 ICT 창업 기업에게는 3년 이상 장기적 지원책으로 나서야 한다는 것이다. 그것도 가능성을 보인 기업을 찾아 선택적이고도 집중적으로 지원하는 것이 중요하다는 지적이다.

- 그리고 창업자에게는 창업 전문 멘토와 전문가 멘토그룹이 있어야 한다고 조언한다. 동종 분야의 창업 선배기업과 커플링을 맺어 수시로 도움을 받는 것이 굉장히 유익하다는 것이다. 정부지원책으로 스타트업 기업과 선배기업을 커플링으로 묶어 도움을 주고받게 하는 멘토링 시스템을 만들어 주는 것도 필요하다는 것이다.

- 마지막으로 하고픈 말을 전한다. 창업을 생각해본 적이 있다면 본인이 진짜 좋아하는 분야의 아이템을 찾아 죽기 살기로 추진해 보라는 것이다. 죽기 살기로 덤빌 만큼의 창업아이템이 아니면 창업하지 말라는 말도 잊지 않는다. 창업은 절실한 마음이 있어야 성공적인 성과를 낼 수 있다고 말한다. 강한 집념의 소유자가 되어야 창업의 성과를 낼 수 있다는 것. 그 집념으로 안 되는 방법도 되게끔 만들고 되게끔 하기 위해 여러 가지 별의별 방법을 다 시도해서 그 결과 일정한 성과를 얻을 수 있다는 것이다.

예비창업자와 정부에 당부 사항

- 창업은 장기적 플랜으로 짜야 한다.
- 창업 전문 멘토와 전문가 멘토그룹이 있어야 한다.
- 진짜 좋아하는 아이템을 찾아 죽기 살기로 해보라.
- 정부의 창업지원은 ICT 창업 기업의 경우 3년 이상 장기적 지원책으로 나서야 한다. 가능성을 보인 기업을 찾아 선택과 집중전략으로 지원하는 것이 중요하다.

인터뷰 외 참고자료

- "KT 지원 스타트업 아이리시스, 베트남서 54억원 수출 성과", 〈뉴스핌〉, 2017.7.28.
- "아이리시스, 홍채 신제품 크라우드펀딩 통해 론칭", 〈전자신문〉, 2017.6.21.
- "홍채인증 아이리시스, 글로벌 온라인 생체인증 표준 획득", 〈매일경제〉, 2016.12.5.
- "[창간 12주년 기획 1부] ⑤ 생체인증 시대 성큼… 시급해진 정보보호 규제 정비", 〈디지털데일리〉, 2017.5.23.
- "[아주초대석] 이순형 대표 "희생 강요하는 보안 안돼…생체인증시대 열린다." 〈아주뉴스〉, 2017.3.8.
- "전 세계로 나가는 대한민국 홍채인식기술", 〈디지털타임스〉, 2017.3.9.

사례 5 '베이비앙' 창업자 최영 대표

여린 유아용품의 명품은 강인함이 만든다

1. 창업 회사 소개

법인명	㈜펀비즈
주소	서울시 금천구 가산동 60-3(대륭포스트타워 5차 805호)
창업자 및 대표이사	최영
창업년도	2006년
사업내용	친환경 영·유아용 천기저귀 제조, 판매. 실버용품 상품까지 사업 확대
창업성과	2017년 말 종업원 16명, 2017년 말 매출액 약 30억원
홈페이지	www.funbiz.co.kr
회사제품 소개 동영상	https://www.youtube.com/watch?v=zlTNnywpM7A

창업 소개	회사 주요연혁
● 2007년 친환경 영·유아용 천기저귀 제품 개발 시작 ● '베이비앙' 쇼핑몰 운영 중(www.babyan.co.kr) ● 국내 60여 개 쇼핑몰에 입점. 롯데마트 등 10여 개 오프라인 매장 입점. ● 중국, 일본, 대만, 홍콩, 싱가포르 등 진출	**2006년** 창업 **2007년** 천기저귀 상품 개발 **2010년** 천기저귀 100만 장 판매 **2007년** ㈜펀비즈 법인 설립 **2014년** 대한민국 브랜드 파워 대상 선정 **2015년** 중국 북경역점(1호점) 오픈

2. 개인적 특성과 창업동기

- 연약한 유아용 기저귀와 의류를 만드는 최영 대표는 어찌 보면 첫눈에 여장부답다는 느낌을 준다. 그러나 말투 하나하나에 세심함과 미소를 띤 긍정적 기운을 전해주는 듯하다. 어렸을 적 본인의 성격과 창업과 관련 있을 인간적 특성에 대해 물었다. 부산 출신인 최 대표는 초등학교 교사인 아버지와 전업주부였던 어머니 사이에서 네 자매 중 막내로 태어났지만 응석보다는 아들 못지않은 딸 노릇을 하며 성장했다고 한다. 3대 독자인 부친은 아들이 없어 아쉬웠을 법도 했지만, 자식들에 대한 교육열은 남달랐다고. 초등학교 시절 자녀들 교육을 위해 어머니는 아버지와 떨어져 서울로 4자녀를 데리고 오셨고 여기서 작은 식당을 하시면서 자녀들 학비를 보태시는 억척을 보이셨다고 한다. 중학생 사춘기 시절 학교에서 집으로 돌아오면 엄마가 없는 집이 싫어 의정부 동두천에 사시는 이모집에 자주 갔다고 한다. 동갑인 이종사촌과 가깝기도 하고 전업주부인 이모가 살갑게 잘 해주셨는데 장사 때문에 시간을 못 내는 엄마의 정을 대신해 주셨다고 회상한다.

- 돌이켜 보건대 과감하게 도전하는 엄마의 사업가적 기질과 한번 약속하면 무슨 일이 있어도 약속을 지키는 이모의 습관을 자연스럽게 배웠지 않았나 생각한다고. 고등학교 들어가서는 아예 동두천으로 전학을 갔고 졸업 후에는 당시 중국과 무역업을 하시던 이모부의 영향으로 대학진학을 중국으로

했고 여기서 단신으로 5년 동안 대학생활을 하였다. 젊은 시절 막내딸 답지 않게 억척스러운 독립생활을 맛보는 것을 넘어 즐기기까지 되지 않았을까 싶다. 창업 실행에 밑바탕이 되는 개인적 기질과 능력이 최영 대표의 경우 어떻게 채워졌는가를 짐작할 수 있다.

- 최 대표는 본인의 기질에 대해 남들과 비교해 특별한 것 없이 노력파에 가깝다고 한다. 방향이 정해지면 꾸준히 노력하는 스타일이고 어려움이 있더라도 피하지 않고 정면 돌파하는 성격이라고. 마음 단련이 비교적 잘 되어있는 편이고 긍정적인 편이라 문제 상황이 생기면 "이 또한 지나가리라" 내지는 "어떤 해결방법이 있을 거야" 하며 자기최면식 긍정적 마음으로 해결하고 있다고 소개한다. 사업가로서 긍정 마인드와 꾸준한 노력, 인내만한 덕목이 또 있으랴. 믿음이 가는 사업가라는 생각이 들었다.

- 최 대표에게 '펀비즈'의 창업은 처음이 아니다. 중국에서 유학을 하던 중 20대 초반에 간단한 비즈니스를 한번 시작했다가 소리 소문 없이 실패를 경험하였다고 한다. 대학졸업 후 얻은 첫 직장이 IMF 시절인 1998년 부도를 맞아 실직도 맛보았다고. 그 후 모바일 컨텐츠 회사에 입사해서 해외영업파트에서 나름대로 안정된 직장생활을 하였다. 비교적 편안한 중견기업에서 진급만을 걱정하면 되는 직장인의 위치에서 그녀는 과감하게 본인 인생의 주인의식을 찾게 된다. 나이 30살을 맞이하여 "내 인생 이렇게 남이 만들어 준 직장에서 평범한 삶으로 살아가야 하는가? 여성이더라도." 그녀

는 인생 주인의식을 다시 찾은 것이다. 회사생활 중 30대를 맞아 당당하게 인생도전 차원으로 제2의 창업을 결심하게 된다.

- 그녀는 10여 년간 다니던 회사를 관두고 창업아이템 고민으로 수개월 시간을 보냈는데 50~60가지 아이템에 대해 사전 시장조사를 하면서 탐색을 하였다고 한다. 그러던 중 '일회용 기저귀처럼 편리한 천 기저귀를 만들 수 없을까' 하며 가졌던 아이디어가 떠올랐다. 본인이 딸만 넷인 집의 막내 입장에서 어릴 때부터 어린 조카들의 기저귀를 직접 힘들게 갈아봤기 때문이다. 시대적 추세, 즉 웰빙 붐에 맞는 편리한 친환경 천기저귀를 그 옛날 본인이 겪은 경험에서 생각해 낸 것이다. 마침내 '천기저귀'라는 아이템을 정한 뒤엔 파워포인트로 58쪽짜리 사업계획서를 만들 정도로 철저하게 창업을 준비했다고 한다. 자기 인생의 주인의식을 찾아 창업을 결심했고 철저하게 준비한 최 대표, 그녀는 본인이 그저 평범한 사람이라 말한다. 그러나 자기 인생의 주인공으로서 누구나 무엇인가 창업을 해보아야지라고 생각할 수 있지만 자기 인생의 주권자로서 그 실천이 쉽지 않음을 우리 모두는 알기 있기에 최 대표는 평범인이 아닌 비범인이라 할 것이다.

3. 창업과정과 초기 애로사항 극복

- 최영 대표는 새롭게 '펀비즈' 창업을 하면서 3가지 어려움을 가지고 출발하였다고 한다. 돈도 없고, 사무실도 없고, 사람도 없었던 것이다. 창업자금으로 퇴직금 400만원이 다였다고. 100만원은 사무실 집기 등으로, 300만원은 천기저귀 원단을 구입하였다. 지인의 부도난 사무실에서 시작을 했다고 한다.

- 섬유에 대해서 전혀 모르는 상황에서 어떻게 해야 할지 몰랐다. 당장 재료로 쓰이는 원단을 고르는 방법부터 배우기 시작했다. 또 재단 가위질도 낯설게 시작하며 재봉틀을 배우고 직접 제작에도 뛰어들었다.

거래처 확보에도 본인 나설 수밖에. 원단은 무엇보다 심혈을 기울이는 분야. 아무리 친환경 원단이라도 최 대표는 입고 후 즉시 원단을 직접 세탁했다. 유아 피부에 직접 닿는 관계로 제아무리 친환경 원단이라도 혹시 모를 피부 트러블 발생물질이 묻어 있을 수 있기 때문이었다. 이런 식으로 무형광, 무나염, 무자극 원단으로만 천기저귀 생산을 하고 있다고 한다.

- 정말 철저히 준비했지만 최 대표는 창업 6개월간은 매출을 1,000만원도 제대로 올리지 못했다. 하지만 "창업은 끈기다!"라는 생각으로 인터넷 카페, 소비자 박람회 등 온·오프라인 가리지 않고 꾸준히 홍보에 매진했다고 한다. 창업 초기 첫 번째 고난이 왔는데 '네이버' 공간에서 사이버 홍보를 너

무 열심히 하다 보니 본의 아니게 규정을 어기게 되었고 이로 인해 아이디 정지까지 당하는 곤경에 처한 일이 생겼다고 한다. 아무튼 열심히 뎀비고 달렸는데 그 정성의 열매는 의외로 온라인에서가 아니라 오프라인의 박람회에서 나타났다. 2007년 참가한 서울베이비엑스포에서 3~4일 만에 1,000만원이 넘는 매출을 올렸던 것이다.

● 최 대표는 그해 5월 정식으로 '베이비앙'이라는 브랜드를 출시하고 '펀비즈'를 설립했다. 창업 초기와 달리 당시는 원활한 물량 공급을 위해 디자인 작업을 한국에서 하고 생산은 중국에서 하고 있었는데 '베이비앙' 천기저귀가 입소문을 타기 시작하자 경쟁사에서 원단과 생산 자체가 중국산이라며 아기에게 좋지 않다는 비방을 하기 시작했다. 제2의 시련이 온 것이다. 최 대표는 이 위기를 기회로 삼았다. 디자인은 물론 원단 제작부터 제품 마감까지 모든 공정을 메이드인코리아, 즉 자체 생산하기로 결심했다. 그리고 자체 세탁방식 도입으로 국내에서는 처음으로 무형광 천기저귀를 온전하게 사용하게 된 것이다.

● 위기는 기회가 될 수 있다고 했던가? 2008년 KBS1 '소비자고발' 프로에서 형광물질을 사용하는 천기저귀 업체들을 고발하는 방송을 했는데 '베이비앙'이 유일하게 무형광 천기저귀를 사용하는 착한 중소기업으로 소개됐고 이 덕분에 엄마들 사이에서 '베이비앙'은 믿을 수 있다는 인식이 자리 잡기 시작한 것이다. 정말 하늘은 스스로 돕는 자를 돕는다. '친환경 제품을 만들겠다'는 최 대표의 사업 열정이 만들어낸 행운이리라.

● 그렇게 한동안 잘 나갔다가 세 번째 어려움이 닥쳤다. 직원 8명으로 사업을 운영하고 있을 때였다. 기대했던 매출이 잘 안 나온 적이 있어서 전체 직원회의를 하면서 싫은 소리를 한 적이 있었는데 당시 팀장이 중심이 되

친환경 유아용품 창업 특강

'㈜펀비즈' 최영 대표

https://www.youtube.com/watch?v=DY7WPwnw7jl (약 24분)

자료와 사진: 유튜브 채널, YTN 사이언스

어 전원 사직서를 제출한 것이었다. 퇴직 만류가 안 통하자 최 대표는 또 한 번의 시련을 예감하고 새롭게 다시 시작하기로 마음을 먹고 전원 사퇴 수리를 했다고 한다. 최영 대표의 사업 성공에는 어떤 비결이 있는 걸까? 그것은 아마도 끝없는 시련을 극복하는 긍정마인드가 아닌가 싶다.

4. 창업 기업의 성과

- 최영 대표는 2006년 창업해서 참으로 많은 시련을 겪었고 2017년 말 현재 직원 16명, 매출액 30억원에 달하는 기업을 일구었다. 2017년 기준 8년 연속 흑자기업으로 아직까지 직원들의 월급이 밀린 적이 없다고 한다. 2009년 우수여성벤처기업인상 '중소기업청장상' 수상, 2010년 천기저귀 최초 벤처기업 인증 획득, 2014년 '2014 대한민국 브랜드 파워 대상' 선정, 2015년 중국 '베이비앙' 북경역점(1호점) 오픈, 2017년 머니투데이 주최 '소비자가 뽑은 서비스고객만족 대상 유아동 부문' 수상에 이르기까지 눈부신 성

사진: YTN 사이언스 제공

장의 궤적을 만들어 왔다. 천기저귀 및 그 제조방법과 흡수용품에 관한 특허와 수많은 디자인 등록을 통한 지적재산권의 보유도 상당하다. 여릿한 유아용품을 명품화한 강인한 의지의 소유자, 최영 대표가 이룬 대단한 창업 성과이다.

- 현재 중국을 포함해 대만, 싱가포르, 홍콩, 일본 등에 진출해 있고 베트남이나 몽골, 라오스 등으로 영역 확대 중이라 한다. 조만간 총 매출 50억원을 달성한다는 목표도 세워 놓았다. 이제는 영유아 시장뿐만 아니라 실버시장까지 본격 진출하면서 명실공히 출산용품과 실버용품을 아우르는 '저출산 고령화 전문기업'으로 발돋움한다는 계획이다.

- 아직까지 외부투자를 단 한 번도 받지 않은 기업. 회사가 위기가 오고 모든 것이 없어져 또다시 시작하는 상황이 오더라도 부채는 0이 되어야 다시 일어날 수 있다는 생각을 하고 있는 최 대표. 그녀의 '펀비즈'는 지금도 성장을 하고 있는, 도전정신이 왕성한 멋진 여성기업임에 틀림없다.

'㈜펀비즈' 창업 성과

창업연도	2006년
사원수	16명(2017년 말 기준)
자본금	3억원(창업자금 400만원)
매출액	약 30억원(2017년 말 기준)
업종분야	섬유·의류·패션
주요사업	천기저귀, 출산유아용품 생산, 유통, 판매, 수출

5. 비즈니스 모델과 사업성 분석

- '㈜펀비즈' 창업의 비즈니스 모델은 천기저귀의 제조와 판매이었다. 출산 후 영유아의 기저귀는 그 옛날 무명천 기저귀 시절에서 1회성 종이기저귀로 변모해 왔다. 그런데 이로 인한 환경 파괴와 자원낭비를 염려하는 목소리가 있었고 유아의 피부에 안 좋은 유해물질이 1회용 종이 기저귀 제조에 사용된다는 방송보도가 적지 않게 되면서 다시 친환경 원단 사용과 자원 재활용이 가능한, 천기저귀 상품이 출현한 것이다. 현명한 엄마들의 웰빙 선호 바람의 덕분이다.

- '㈜펀비즈'는 '베이비앙' 브랜드의 천기저귀를 필두로 친환경 기능성 영유아 의류 브랜드를 계속해서 출시했다. 전용 쇼핑몰 운영을 통해서 경쟁사에 비해 다소 비싼 상품들이었지만 성공적으로 판매를 이루어냈다. 비즈니스 모델의 핵심 내용은 친환경 기능성(흡수성, 방수성, 건조성)을 높인 제품인 데다가 시대가 요구하는 편의성(1회성 기저귀처럼)과 패션 디자인을 가미한 상품이라는 것이다. 이것은 그동안 찾기 힘들었던 상품이기에 환경을 생각하는 웰빙시대에 딱 떨어져 적중했던 것이다.

논점 분석 1 **비즈니스 모델**

- 천기저귀 등 유아용품 제조 판매
- 친환경 기능성+패션성
- 오프라인 점포와 온라인 쇼핑몰 운영

- 천기저귀 및 친환경 기능성 영유아 용품의 사업성은 어떤가? 우선 시장성 측면에서 따져보자. 관련 업계에서는 육아용품 시장규모가 2018년 한 해 약 4조원이 넘고 이 중 1회용 기저귀 시장은 약 6,000억원이 넘는다고 한다. 문제는 웰빙 추세의 흐름에 따라 엄마들이 화학물질을 사용할 수밖에 없는 1회용 기저귀에서 점차 천기저귀 상품 쪽으로 선호도를 옮기고 있다는 것이다. 최 대표가 파악한 정보로는 이미 천기저귀 판매업체가 40여 개가 된다는 것이다. 미국에는 천기저귀 인기에 힘입어 천기저귀 수거, 세탁, 배달을 해주는 업체가 가맹점 사업으로 인기가 있다는 것이다. 영유아의 피부건강과 환경을 고려한 천기저귀 시장은 커져가고 있는 것이다.

- ㈜펀비즈가 만든 제품의 상품성은 앞에서 소개한 바와 같이 3가지 특성을 가진 것으로 설명할 수 있다. 우선 친환경성이다. 원단이 무형광, 무나염, 무자극의 천연 천으로서 유기농의 고급순면 재질이다.

두 번째는 원하는 흡수성과 필요한 방수성과 세탁 후 건조성이 적절히 발휘하는 기능성, 그리고 1회용 기저귀처럼 탈착용이 용이하도록 편리성을 고려했다. 마지막으로 요즘의 엄마들이 좋아할 만한 색상과 디자인으로 패션성을 가미하고 있는 것이다. 소위 차별성이 있는 경쟁력을 가지고 있는 상품인 것이다. 디자인 설계부터 제조, 생산 전 공정을 국내에서 본사가 직접 책임을 지고 아웃소싱이나 위탁 없이 수행하고 있어 신뢰성을 확보하고 있는 제품이라는 점이다.

● 창업아이템의 수익성은 지금까지 실적으로 본다면 고부가가치의 고수익 상품이라고 보다 미래지향적 친환경 제품의 판매수익성을 보인다고 할 수 있겠다. 2006년 창업해서 10년 정도 지난 2016년 말 기준으로 24억원, 2017년 말 기준으로 약 30억원의 매출액 실적을 올렸다. 직원 16명으로 말이다. 점차로 취급 아이템을 실버용품까지 확대하고 있고 사업다각화로 중국고객 대상의 역직구몰도 운영하고 있어 점차로 수익은 확대될 것으로 보인다. 목표한 대로 아시아 시장의 진출이 더욱 확대, 성공한다면 그리고 기능성과 품질 개선이 지속적으로 뒷받침된다면 큰 발전이 있을 것으로 보인다.

6. 창업 마케팅과 경쟁력

● 시기적으로 환경을 중시하고 웰빙 바람이 있던 시절에 출현한 천기저귀, 그것만으로 판매가 이루어지는 것은 아니다. 시대적 수요가 있을 것으로 보고 선택한 ㈜펀비즈의 창업아이템은 당시의 보편화된 1회용 종이기저귀 사용자들에게는 새롭고 낯선 상품이다. 하이테크 기술제품은 아니지만 신제품이기에 제품을 써본 경험이 없는 고객에게는 다소 망설여지고 불확실하고 세탁의 불편함조차 느껴지기 때문이다. 그래서 최 대표는 불편하지 않고 기능성이 좋은 친환경성 제품임을 홍보했다. 환경에 관심 많은 주부들을 대상으로 꾸준하게 온라인과 오프라인의 별의별 방법으로 홍보활동을 했다. 홍보를 '네이버'에서 너무 과하게 하다가 ID사용 영구 제명까지 당했었다. 신뢰를 주려고 안전성에 집중 관리를 했고 소비자와 직거래를 했다. 다소 더디더라도 인터넷 쇼핑몰을 꾸려 소비자에게 직접 판매함으로

논점 분석 3 **창업 마케팅**

신뢰 확보 마케팅

- 온라인, 오프라인 홍보
- 엄마들이 믿도록 안전관리 집중(자체생산)
- 유아용품 박람회 참가
- 행운: 2008년 KBS '소비자고발'에서 '베이비앙'상품 무형광 상품으로 증명

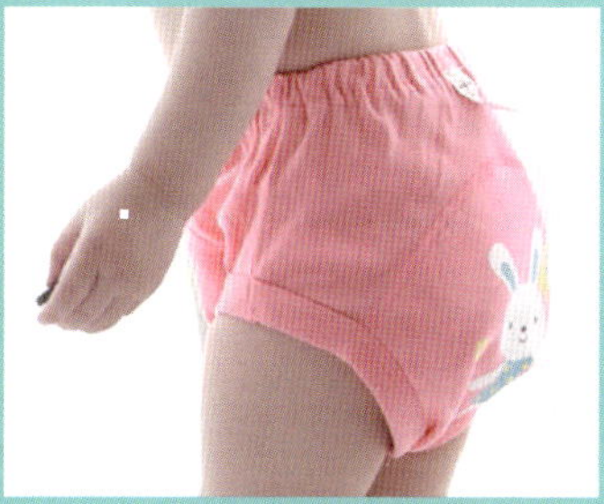

써 생산에서 유통, A/S까지 일체화해 소비자 욕구에 맞도록 대응력을 높인 것이었다. 또 주부 체험단을 통한 신제품 마케팅도 강화했다. '베이비앙'이란 브랜드를 개발해 주부들에게 친숙하도록 했다. 또 천기저귀의 경제성도 적극 홍보했다. 보통 생후 24개월까지의 유아를 기준으로 일회용 기저귀 사용은 300만원가량 비용을 쓰지만 천기저귀를 사용하면 50~60만원으로 대폭 줄일 수 있다는 점을 알렸다.

- ㈜펀비즈의 '베이비앙' 브랜드 상품은 B2C 상품이다. 일반인 소비자들을 대상으로 판매해야 하는 상품이기에 초기 마케팅의 어려움은 당연한 것이라 각오해야 했다. 영세한 벤처기업의 제품 판매는 신뢰성 확보가 핵심인데 ㈜펀비즈의 천기저귀의 신제품의 경우 최 대표의 지구력, 즉 꾸준한 홍보활동과 열정의 투영으로 한 번 사용해볼까 하는 브랜드로 눈에 익숙하도록 만드는 것이었다. 오래 보면 신뢰는 쌓이게 되는 이치이다. 없는 신뢰라도 오래 보이면 천천히 발생한다는 말이다. 창업 마케팅의 성공 원칙은 결국 창업가의 열정과 지구력임을 알 수 있다.

- ㈜펀비즈의 차별적 경쟁력은 무엇인가? 우선 앞서 소개한 바와 같이 창업 초기 원활한 물량공급을 위해 중국 위탁 생산으로 판매했던 적이 있었는데 경쟁사들로부터 중국산이라며 흑선전과 비방이 생기면서 최 대표가 과감하게 바꾼 자체생산 방식(디자인은 물론 원단 제작부터 제품 마감까지 모든 공정)이 경쟁력이 되었다. 이는 2008년 당시 이영돈 PD가 담당했던 KBS1 '소비자고발' 프로에서 형광물질을 사용하는 천기저귀 업체들을 고발하는 내용의 방송을 했는데 '베이비앙'이 유일하게 무형광 천기저귀를 사용하는 착한 중소기업이라고 소개되는 행운을 만든 '베이비앙'의 진정한 차별화된 경쟁력으로 자리 잡기 시작한 것이다.

- 진정한 친환경 제품으로 품질의 최우수 수준을 지향하고 있다는 사실이 '베이비앙'의 차별화된 경쟁력이라 할 수 있다. 재활용이 가능한 천기저귀로서 흡수성, 방수성, 건조성의 우수한 기능성을 추구하고 여기에 엄마들의 취향에 맞춰 어여쁜 디자인을 가미한 제품을 만들고 있다는 것이다. 그래서 판매력도 증명되는바, 국내에서는 프리미엄 천기저귀 판매 1위 기업이 된 것이다.

논점 분석 4 경쟁력

- 친환경 원단 및 안전성, 기능성 강화+패션화
- 신뢰 확보차원의 자체 생산과 판매망 구축
- 스토리텔링의 브랜드화
- 지속적 제품개발 노력

- 제품 개발력도 대단하다. 전통적인 천기저귀 형태에서 현대적 편리성이 수반되는 디자인으로 개발하고 접고 갤 필요 없는 땅콩 모양의 일명 '땅콩 기저귀'도 출시했다. 아기 엉덩이에 맞게 패드 형태로 개발하고 고급 면소재를 사용했다. 또 야외에서도 사용하기 편한 커버 일체형 기저귀도 개발했다. 기저귀와 방수커버를 일체화해 팬티 형태로 만들었고 기저귀 안감을 스웨이드 기법을 이용해 2~3회 배뇨에도 사용할 수 있도록 했다.

- 그리고 재미있는 이야기를 담은 스토리텔링의 브랜드를 만들어 내면서 최 대표가 강조하는 것이 따로 있다. "아이를 대상으로 하는 산업은 한 치의 실수가 있으면 안 된다. 조그마한 실수로 시장에서 바로 퇴출될 수 있다." 이러한 이유 때문에 생산에서 유통까지 여러 단계를 거치면 주부들의 니즈 파악은 물론, 만에 하나라도 있을 고객 불만 해결을 위해 간접적인 유통경로의 판매처에 맡기는 것이 아니고 직거래로서 소비자를 만난다고 한다. 고객에게 믿음을 주는 것이 최 대표가 말하는 ㈜펀비즈의 경쟁력이라는 설명이다. 앞으로 지속적인 혁신 노력이 관건이 될 것이다.

7. 창업자 자세

- 최영 대표의 모습에서 필자는 부드러움 속에 강인함이 묻혀 있고 강함 속에 부드러움이 넘실되고 있음을 보았다. 30대를 맞아 평범한 직장생활을 청산하고 창업을 실행해 당당

히 유리천장을 뚫은 최 대표, 그녀의 열정을 우리는 어떻게 보아야 할까? 그녀는 디지털 콘텐츠 공급회사에서 중국에 처음으로 컬러링 벨소리 출시를 성공시킨 주역으로 잘 나가는 팀장이었다. 능력을 인정받아 승진 걱정만 하면 되는 직장인이었던 그녀는 후배에게 기회를 주고 본인 자신은 시련의 창업 전선에서 자신을 실험하는 용기를 보였다. 창업을 하려 다니던 회사를 그만둘 때는 창업아이템도 없었다. 참으로 대담하다. 회사를 그만두고 서너 달 동안 창업아이템을 찾느라 인터넷 검색을 했다. 직장 생활에서의 꼼꼼함으로 그녀는 창업계획서를 60페이지 가깝게 작성하고 철저하게 검토를 했다고 한다. 창업 열정은 철저한 준비에서부터. 맞는 소리이다. 최 대표의 사업 열정은 개인적 가치, 즉 인생의 주인으로서 마음껏 능력을 발휘하고 소신껏 멋있게 살아 보려는 욕망, 그것을 독립된 경제생활에서부터 그리고 하고 싶은 사업가가 되는 길에서 찾은 듯하다. 대학시절 어설픈 상태의 창업을 실패하고서도 그녀는 다시 제2의 창업을 실행한 것이다. 창업아이템은 시대적 흐름을 중시해 선정한 친환경의 천기저귀 제조, 판매업이다. 의류 봉제를 배워가면서 봉제 기술자 직원들을 리드했다. 그리고 고객들의 중국산 불신을 극복하여 디자인부터 모든 과정을 직영으로 돌리고 신뢰를 확보

논점 분석 5 **창업자 자세(도전 · 열정 · 끈기)**

- 안정적 직장에서 고난의 창업에 도전
- 창업 준비노력, 사업계획서(58쪽) 작성할 정도로 신중
- 어려움 있을 때마다 포기 없이 창업정신으로 극복
- 8명 직원 일괄사표도 감당

한 열정을 보였다. 8명 직원들의 일괄 사퇴로 회사가 좌초할 위기에 빠져서도 그녀는 위축이나 절망하지 않고 다시 새 출발을 하는 용기를 불태웠다.

- 유리천장은 그냥 깨지는 것이 아님을 알아야 할 것이다. 그냥 주어지는 것은 없다는 것이다. 갖가지 어려움이 닥쳐도 마음속으로 스트레스를 즐기자는 자신감과 여유로 매번의 시련을 극복했다는 그녀. 의류에는 아무것도 모르는 무뢰한으로 출발, 봉제기술자가 되고 디자인을 직접 하는 도전정신은 그녀의 지구력과 만나 만족스러운 성과를 맛보게 만든 요인이 된 것이다. 그녀의 포기를 모르는 도전의 열정은 계속될 것으로 보인다.

- ㈜펀비즈 최영 대표의 창의성은 일단 창업아이템 선정에서 찾을 수 있다. 시대 흐름에서 친환경의 웰빙 모드 소비행태를 보았고 이에 맞는 영유아의 기저귀로 다시 복고풍의 천기저귀를 발견했다는 것이다. 이는 우리 한국만의 경향은 아니었고 전 세계적인 새로운 동향이었던 것. 탈착용은 1회용 기저귀처럼 편리한 기저귀 말이다. 민감한 영유아의 피부에 유해하지 않고 1회용 종이기저귀 같은 편리성을 제공한다면 사업성은 충분하다고 본 것은 최 대표의 창의적 혜안이라 할 수 있다. 점차로 디자인 및 기술적 노력

논점 분석 5 창업자 자세(창의성)

웰빙, 친환경 시대 파악

- 일회용 기저귀처럼 편리한 천기저귀 착안
- 친환경 재료 천기저귀로 '땅콩기저귀' 등을 디자인 및 직접 제조

성과로 탈착용 작업이 개선된 '땅콩기저귀' 등을 출시했다. 지속적으로 사업영역도 넓혀가면서 실버를 위한 기저귀 사업에도 진출하는 창의적인 진취성까지 보이고 있다. 앞으로 세탁의 불편함을 개선하는 사업적 노력, 예컨대 미국처럼 천기저귀 전용 세탁편의점 사업체와 연합하는 등의 시도가 있게 되면 사업군 전체가 바람직한 친환경 신사업 카테고리로 편성될 수 있을 것으로 보인다.

- 대표의 멋있는 창업자 자세의 또 다른 면을 보고 싶어 사업가로서 사회적 기여와 애정이 사업유지에 필요하냐고 물었다. "'펀비즈'의 경우 친환경적 가치 고집을 위해 다른 대안을 많이 포기를 했었다"고 한다. 사회적 애정은 기업 가치 형성에 매우 중요하다는 설명이다. 사업가로서 사회적 가치를 지키기 위해 "이익이 더 나는 방법도 포기했었고 손실이 적게 나는 방법이 있었어도 그것이 친환경 정신에 배치되면 과감히 배척했었다"고 한다. 최 대표에게도 사회적 가치 고려는 있었다. 멋진 사업가로 가기 위한 사전적 기준으로 올바른 창업자 자세가 되어 있음을 확인한 셈이다.

〈사례 5〉 논점 정리

1. **최영 대표의 열정과 도전정신을 알 수 있는 것은?**
   창업 전 충분한 시장조사와 사업계획서 작성
   전 직원 일괄사표 감내하고 봉제기술 배워 극복, 재추진
2. **'베이비앙'에서 판매하는 상품의 차별성은?**
   친환경 기능성과 색상, 디자인 면에서 패션성을 가미한 점
3. **최영 대표의 창업가치, 즉 공익성은?**
   일회용 기저귀(쓰레기) 해결에 일조하는 재활용 천기저귀
4. **'베이비앙'이 초기 판매 어려움을 해결한 마케팅은?**
   출산유아용품 박람회 참가

8. 예비창업자들과 정부에 당부 사항

- 최 대표는 후배 청년들에게 3가지 정도를 당부하였다. 우선 쉽게 포기하지 말라는 것이다. 좀 더 깊게 생각해서 결정한 어떤 일에 힘들고 아프더라도 진정하고 단단한 의지를 갖고 이겨내라고 말한다. 결국 된다는 것이다. 그리고 자기 인생의 참된 주인공으로서 자기주인 의식을 꼭 가졌으면 좋겠다고 말한다. 하나뿐인 인생에서 주인의식을 잃어버린 채 살아가는 젊은이들을 많이 보곤 한단다. 하기야 최영 대표가 직원으로 채용했던 젊은이가 얼마나 많았겠는가. 마지막으로 우리나라의 경우, 여성의 사회 참여가 더욱

활발했으면 좋겠다고 했더니 여성들이 유리천장을 깨야 국가 경제 발전에도 많은 도움이 될 것임을 확신한다는 답이다. 동감하는 바이다. 많은 여성들이 스스로 하나밖에 없는 인생의 주인공으로써 보다 더 적극적으로 사회참여와 개발에 나서야 한다는 것은 이 시대에 정말 필요한 지적 같다.

- 덧붙여 여성 예비창업자들에게 최영 대표는 말한다. 여성본인이 스스로 변하고 나서야 다가올 수 있는 지원도 나타나게 되는 것이고 세상도 다르게 보일 것이라고 말한다. 역시 긍정적 마인드 보유가 필요하다는 말이다. 그리고 사업은 고통의 연속에서 수많은 스트레스를 즐길 마음의 여유와 자세, 능력이 갖춰져 있지 않으면 곤란하다고. 이런 것들을 즐길 마음이 필요하다고 말한다.

- 마지막으로 창업자가 가질 자세 중 하나는 회사의 대표, 즉 상급자 위치로서가 아니라 최하위 말단 사원의 의식으로 모든 막일을 처리할 수 있고 낮은 자세로 모든 일에 임해야 한다는 것이다. 예비 창업자들에게는 이러한 정신 자세가 정말 필요하다고 말한다. 그리고 최 대표는 정부가 제공하는 예비 여성창업자들을 위한 창업교육과 지원을 적극적으로 활용할 것도 권했다. 그러면서도 정부 지원금에 지나치게 의존하는 것은 항상 경계해야 한다고 당부했다. "사장이 됐을 때 내가 번 돈으로 임직원들에게 급여를 주고, 그들의 생계를 책임질 수 있는지 생각해봐야 합니다. 그 정도 무게감과 책임감 없이 사업을 시작해선 안 되죠"라고 말한다.

- 그리고 정부에 최 대표는 적극적인 출산 대책을 요구했다. 작금의 심각한 출산 현황을 알고 있기에 유아용 기저귀와 의류를 만드는 '펀비즈' 입장에서 본 정부 건의책이다. "10년 가까이 출산율이 떨어지고 있는데 OECD 국가들 중 최하위를 기록하고 있는 것이 우리나라의 실정이다. 유아용 의류 판매업체의 요구이기 전에 사회 전체가 고민하고 해결을 같이 찾아야 할 과제이다. 몇 년 전부터 다시 출산율이 회복되고 있는 프랑스와 덴마크와 같이 여성들의 일과 가정이 병행할 수 있도록 해주거나 임신만 증명되면 3년간 정부에서 유아용품을 무료 지급하는 덴마크 같은 선진국가를 벤치마킹해서 지원해줄 것을 요청하고 싶다"고 말한다.

- 창업지원 정책과 관련해서는 최영 대표는 다소 비판적인 의견을 내놓는다. 많은 정책들이 현실의 실전 상황과는 잘 안 맞는다는 것이다. "너무나 데이터, 성과, 실적 위주로 이루어지고 창업지원 자금을 나누어주는 정책들이다보니 현실과는 안 맞는 전형적인 탁상행정적인 지원들뿐"이라는 지적이다. 또한 예비창업자들에게 정부가 정부 지원금, 다시 말해 자기 돈이 아닌 남의 돈으로 창업을 쉽게 해볼 수 있도록 유도하는 것 자체도 문제라는 것이다. 창업이 어디 자기희생 없이 가능한 것인가? 진정으로 역량 있는 소수의 창업자를 뽑지 않고 많은 대상자들을 뽑아 골고루 지원하는 것은 진정한 창업지원책이 아니라는 소리이다. 어느 정도 경쟁력을 갖춘 스타트업 기업을 선발해 추가 지원을 하는 방법이 더 효율적이라고 주장한다. 사례 4의 한승은 대표와 같은 맥락의 의견이다.

- 아직까지도 정부에서 제대로 못하고 있는 일 중 하나는 사업을 하다보면 곳곳에 많은 규제책이 보인다는 것이다. 많은 규제들이 있어 창업 초기의

기업들이 성장하는 데에 걸림돌이 되고 있단다. 창업을 권장하면서도 고압적 세무행정은 어떠한가? 그리고 회사주소 변경 하나 하는 데도 변경 등기까지 해야 하는 등 창업기업들에게 방해꾼이 되고 있는 나라는 또 어디인가? 우리나라 창업지원책은 정말 근본적으로 개혁되어야 한다.

예비창업자와 정부에 당부 사항

- 창업을 했으면 쉽게 포기하지 말라.
- 자기 인생의 참된 주인공으로 주인 의식을 가지라.
- 본인 스스로 변하고 나서야 지원도 나타난다.
- 최하위 말단사원처럼 낮은 자세로 임해야 한다.
- 출산대책으로 임산부에게 유아용품 무료지원이 필요하다.
- 경쟁력 가진 스타트업에게 선택과 집중전략 지원이 필요하다.

인터뷰 외 참고자료

- "국내 친환경 천기저귀 브랜드 1위 기업, "해외시장 공략에도 나서...친환경 위생 종합 브랜드로 성장", 〈디지털밸리뉴스〉, 2013.2.26.
- "[#그녀의_창업을_응원해] 〈4〉 퇴직금 400만원으로 시작해 매출 30억 기업 키운 사연", 〈서울경제〉, 2016.12.5.
- "기저귀 독성물질 논란 이후…엄마들 더 깐깐해졌다." 〈MBN뉴스〉, 2017.2.20.
- "〈창업이 희망이다〉 친환경 에코 베이비를 위한 천기저귀 세탁·배달 서비스…환경을 생각하는 착한 비즈니스", 〈헤럴드경제〉, 2014.11.28.

사례 6 '인포그래픽웍스' 창업자 송정수 대표

조용한 상형문자 혁명을 꿈꾸다

1. 창업 회사 소개

법인명	㈜인포그래픽웍스
주소	서울시 마포구 서교동 395-21(겐트하우스 3층)
창업자 및 대표이사	송정수
창업년도	2011년
사업내용	인포그래픽 디자인(콘텐츠 디자인, 데이터 시각화, 기업홍보)
창업성과	2017년 현재 종업원 12명이 안정적인 매출을 올리면서 만족스런 창업성과를 내고 있음
홈페이지	infographicworks.com

창업 요약	회사 주요연혁
• 2011년 국내 최초 인포그래픽 전문 회사로 창업, 데이터 시각화 혁신을 이루고 고객니즈에 맞는 미디어콘텐츠 제공 • 인포그래픽: Information+Graphic의 합성어로 일러스트 등으로 정보를 쉽게 설명하는 새로운 전달 방법	**2011년** 인포그래픽웍스 설립 **2012년** 전자신문 등 제휴 **2014년** 제2회 대한민국 인포그래픽 대상 수상(행정자치부) **2015년** 삼성전자 공식블로그 제작사 선정 **2016년** 한국은행, 금융위원회, KDI 등의 주문 제작

2. 창업자의 개인적 특성과 창업동기

- 인터뷰 때문에 만난 송 대표에 대한 첫 인상은 아주 얌전한 사람이구나 하는 그런 것이었다. 내성적인 성격의 소유자로 보이면서 아주 독특한 개성을 가진 듯한 이미지이었다. 송 대표가 태어난 곳은 부산이었지만 자라난 곳은 양산시이다. 그곳에서 평범하게 초등학교 시절을 보냈다. 한 반에 학생수가 4,50명 되는 학교에서 10등 정도의 중상위 수준을 유지하는 성실한 학생이었다고 한다. 그러다가 중학생 시기부터 좀 달라졌는데 사춘기 시절부터는 소위 괴짜(geek)적인 냄새를 품기면서 뛰고 노는 것을 좋아하는 보통의 학생들과 달리 혼자서 창의적인 색다른 활동을 좋아하는 학생이었다고 말한다. 음악과 미술, 조립작업 등을 혼자서 즐겼고 사색과 탐구를 무척이나 좋아했다고. 기억하건대 중학교 2학년 시절부터 약 4년간은 밤마다 거의 잠을 샐 정도로 본인의 방에서 혼자서 만화를 보거나 성인용 장남감 조립하기, PC게임 즐기기, 그림 그리기, 음악듣기, 음악과 미술서적 읽기 등이 너무 재미가 있어 왜 많은 사람들이 이렇게 재미있는 것을 놔두고 잠을 자나?라고 의문을 할 정도로 꽤나 열심히 혼자만의 취미생활을 즐겼다고 소개한다. 고등학교 3학년, 대학입학을 준비할 시기가 될 때까지 이러한 괴짜생활은 지속되었다고 한다.

- 아들이 둘인 집의 막내아들인 송 대표는 무척이나 고집이 센 편이었다. 아버지는 엄한 편이었는데 말 잘 듣는 형이 모범생이었던 것

사진: '세상 바꾸는 시간 15분' 제공

에 비해 송 대표는 아버지 뜻대로 하지 않는 참 말을 듣지 않는 학생이었다고. 아버지가 가라는 대학 전공은 쳐다보지 않고 만화작가를 희망하면서 미술대학에 진학하고자 미술학원을 다녔다고 한다. 고교 3학년 시절 서울 소재 세종대학교 만화학과 진학을 목표로 준비했는데 수능성적이 뜻대로 잘 안 나와 원하는 곳은 못 가고 영남대 미술대학에 진학, 당시엔 경쟁이 다소 낮았던 산업디자인 쪽으로 전공을 정했다고 한다. 고교시절 미술학원 선생님이 "만화작가가 되려고 꼭 만화학과에 가야만 하는 것은 아니다"라고 하신 말씀도 전공 결정에 영향을 미쳤다고 말한다.

● 영남대 산업디자인과 재학 시절을 어떻게 보냈냐고 물었다. 송 대표는 3D 디자인 설계 작업에 상당히 만족했던 것이 기억나고 1, 2학년 때는 학점에 신경을 거의 쓰지 않고 하고 싶은 많은 것들을 신나게 즐겼다고 한다. 유명한 만화가의 문하생으로 들어가 만화 그리기를 배웠고 음악밴드도 결성해 음악활동도 꽤 했다고 한다. 그러다가 2학년 마치고 군 입대를 했고 제대 후 3학년으로 복학한 다음에는 학과공부에 충실해 원하는 학점을 얻을 수 있었다. 송 대표는 이렇듯 다양한 활동들을 인생 경험 차원이라기보다 호기심이 발동하면 정말 지겹도록 하는 그런 성격 때문에 했다고 한다. 송 대표는 한마디로 호기심이 많고 고집과 개성 역시 강해서 미국의 실리콘밸리의 괴짜 창업자들처럼 벤처창업자가 되기에 일단은 충분한 적성을 가진 듯하다.

자료: ㈜인포그래픽웍스 제공

● 지금은 뉴스나 책자에서 흔히 볼 수 있는 '인포그래픽'이 우리나라에 정착한 것은 2013년 즈음이다. 송정수 대표는 이보다 2년 앞선 2011년 말 '인포그래픽웍스'를 설립했다. 송 대표를 한국의 인포그래픽 전도사라고 불러도 과언은 아닌 셈이다. 인포그래픽이란 정보(information)와 도형(graphic)의 합성어로 복잡하고 다양한 데이터와 통계수치 절차와 결과를 일러스트, 사진, 도형, 표, 그래프 등으로 명확하게 설명하는 새로운 정보전달 방법이다. 최근에 도입된 정보표현 및 전달 방법이라고 할 수 있는 것이다.

● 송 대표는 '인포그래픽웍스' 창업 전에 한국GM의 디자인센터에 근무했다. 4년간의 회사생활을 한 그는 미래지향적 인생 개척에 뜻을 두고 종종 접하던 해외언론의 시각정보 제공에 흥미를 느꼈고 창업아이템으로 도전하기로 한 것이다. 그는 직장생활을 하면서도 창업에 관심이 많아 창업가들과 자주 만났다고 한다. 다양한 사람들과 만나며 그가 느낀 점은 창업가들과

회사에서 만난 동료들과는 사용하는 '언어'가 달랐다는 것이다. "창업한 사람들은 대개 우리 회사가 앞으로 세상을 어떻게 바꿀지 등 미래에 대해 이야기를 하는데, 직장인들은 상사나 회사에 대한 불만 등 과거에 초점이 맞춰져 있었어요"라고 술회한다. 주체적인 인생을 살아가는 주인공들의 언어와 직장에 매인 사람들의 언어는 다를 수밖에.

● 본격적인 창업아이템으로 인포그래픽에 관심을 갖게 된 것은 해외 언론을 접하면서였다고 한다. 뉴욕타임스나 BBC 등 해외 매체에서 단순히 기사에 사진을 배열하는 것이 아니라, 기사 내용이 시각적 이미지와 어우러지는 모습을 보고 '인포그래픽'이라는 개념을 알게 됐다고. 지금은 기사나 온라인 게시물, 팸플릿, 책자에서 흔히 볼 수 있게 됐지만 2010년까지만 해도 '네이버'에서 인포그래픽을 검색하면 아무것도 찾을 수 없었다고 말한다. 송 대표는 2010년 당시 '인포그래픽' 관련 전문서적이 없어서 외국에서 제작된 사례들을 찾아보면서 공부했다고 한다. 어느 정도 자신이 생긴 이후 최종적으로 언론사에 근무하는 지인들에게 창업의지에 관한 자문을 구했는데 다들 긍정적인 반응이어서 과감하게 창업에 도전하기로 했다고 설명한다. 그때가 2011년 말이다.

3. 창업 초기 애로사항 극복과 성공비결

- 창업 초기 새로운 창업아이템의 시장 개척이 무엇보다 어려웠다고 한다. 인포그래픽이라는 개념이 국내 처음 도입하면서 낮은 인지도와 수익성 창출의 어려움을 겪으면서 이를 극복해 나가는 것이 정말 힘이 들었다는 것이다. 창업아이템의 상품성 자체가 국내에서는 도입 초기라서 완벽한 수준으로 상품성을 높이는 일에도 많은 고생이 있었다고 한다. 아무런 도움 받을 데 없는 상황 속에서 혼자서 관련 정보와 기교들을 탐색하면서 터득해, 한 단계 한 단계 발전시켜 나갔다고 한다. 신규 아이템의 초기고객 확보가 힘든 것은 당연한 일. 이를 위해 국내 신상품(인포그래픽)의 상품 존재와 그 가치, 즉 쉽게 납득시키는 효능을 홍보하기 위해 많은 언론사와 협업(무료 제공)을 추진했고 이를 기반으로 대학, 언론사, 정부기관, 대기업 등 B2B 영업에 치중한 것이 잘 적중했던 것 같다고 한다. 언론사에 '㈜인포그래픽웍스' 회사명을 노출시키는 조건으로 무료의 인포그래픽을 제공했고 이후 점차 알려진 다음에는 서서히 고객 창출과 함께 수익이 개선되었다는 것이다.

- '㈜인포그래픽웍스'의 주 고객은 기업이나 공공기관, 언론사 등이다. 설립 초기에 언론사들과 협업 차원으로 만들어낸 인포그래픽 제공으로 점차 기업고객이 늘어났고 '㈜인포그래픽웍스'는 인포그래픽의 단순 제작뿐 아니라 마케팅과 홍보 프로젝트에 참여해 인포그래픽 컨설팅 및 제작까지 의뢰

받고 있다고 한다.

- 인포그래픽의 최대 장점은 다양한 미디어에서 활용할 수 있다는 점이다. 웹, 인쇄물, 방송, 동영상, 애플리케이션 등 적용 범위가 넓다. 최근에는 렌즈업체의 신제품 론칭쇼에서 매장 전체를 인포그래픽으로 꾸미기도 했다고 한다. 기업의 블로그나 소셜네트워크서비스(SNS) 채널에 콘텐츠를 싣는 작업에서부터 업무 프로세스나 조직도를 인포그래픽으로 꾸미는 사례까지 다양하다는 것이다. 송 대표는 "인포그래픽 분야 창업의 진입장벽이 낮다는 지적도 많지만 우리는 정보를 가공하고 해석한 다음, 활용하는 방법까지 제시하는 방법으로 차별화하고 있다"고 말한다.

- 창업과정에서 얻은 경험을 물었다. 일희일비해서는 안 될 것 같다고 말한다. 창업 후 사업을 진행하다 보면 갖가지 어려움이 닥치고 또한 재미있고 신나는 일도 발생한다고 한다. 이러한 일들이 지속적으로 반복되는 것이 창업과정에서의 일상이라고 한다. 또한 일어날 일들은 항시 불확실성이 따르고, 이런 생활을 잘 극복해 나가려면 결국 긍정적인 마인드가 필요한 것 같다고 말한다. 예컨대 힘든 일이 생겼을 때 너무 고민하지 말고 평상시의 생활처럼 아무렇지 않게 지내다보면 자연스럽게 그 고민거리가 해결되더란다. 당장 해결하려 덤비지 말고 하나하나 평상심으로 처리하는 것이 극복방법이라는 것이다. 너무 민감하게 받아들이지 말라는 충언이다. 스트레스 관리 차원에서

도 평상심 유지는 아주 중요한 것이라고 믿는다. 사실 창업자의 길에 들어서면 한 달 한 달이 경제적 위협으로 다가오는 법이다. 송 대표는 인생 가치관 때문인지 '굶어죽지는 않는다'는 긍정적 마인드가 항상 마음속 깊이 있는 듯해 경제적 불안(돈 문제)에 대해 크게 걱정하지 않는다고 한다.

- 성장 비결을 물었다. 2가지를 뽑아 말한다. 우선 업계 추세를 잘 읽었던 것 같다고 한다. 그리고 실행력을 가졌기에 가능했던 것 같다고. 추세 파악은 어느 정도 창의력 발휘가 나름대로 준비되어 있지 않았나 생각된다. 그의 실행력은 어려서부터 부모님의 강권을 이겨낼 정도의 고집으로 일관해 왔기에 가능한 능력 같다(?)고 말한다. 송 대표 본인은 평생직장 같은 안정적인 인생 스타일은 결코 선호하지 않는다고 단호하게 말한다. 그래서 본

21세기 상형문자를 꿈꾸다
'인포그래픽웍스' 송정수 대표

https://www.youtube.com/watch?v=NJrXqUAYWBs (약 24분)

자료와 사진: 유튜브 채널, YTN 사이언스

인은 "아마 '네이버' 포털 같이 크게 성공, 성장했어도 다른 사업이나 일들을 또 도전했을 것 같다"고 말한다. 남의 입장, 남의 시선을 별로 의식하지 않는 진정한 괴짜인 듯싶다. 계속되는 도전이 아직도 좋다고 한다.

- 매출액에 대해서는 언급을 피한다. 다만 직원 12명이 만족할 만한 수입을 얻고 있다고 한다. 인포그래픽웍스는 교육 분야로도 확장하겠다는 계획이다. 수학이나 과학 등 학생들이 어려워하는 분야에 인포그래픽을 접목해 이해도를 높일 수 있을 것으로 보고 있다. 송 대표는 "인포그래픽을 적용할 수 있는 새로운 영역을 계속 찾아 나가면서 자체적으로 수익을 창출해 낼 수 있는 콘텐츠를 늘릴 것"이라고 말한다.

4. 창업 기업의 성과

- 국내 최초의 인포그래픽 전문디자인 회사로 정보 시각화(data visualization) 혁신을 이루고 최상의 미디어 콘텐츠를 제공하는 '㈜인포그래픽웍스'는 2011년 12월 창업하여 2018년 2월 현재 7년차를 맞아 적자 없이 16명의 직원이 안정된 매출을 유지하고 있다. 삼성전자를 비롯하여 SK에너지, 현대카드 등의 대기업군과 고용노동부 등의 정부부처, 하나은행, 농협 등의 금융기관, 언론사를 주요고객으로 삼고 있다. 최근에는 수학이나 과학 등 학생들이 어려워하는 학습 분야 등 인포그래픽을 적용할 새로

'㈜인포그래픽웍스' 성과	
설립연도	2011년(법인 2013년)
사원수	16명(2017년 말 기준)
창업자금	300만원
주요사업	인포그래픽 제작 제공 안정적 매출 유지

운 영역을 계속 찾아 나가면서 도약의 기회를 넓혀가고 있는 중이다. 인포그래픽 분야 전문서적까지 출간하면서 송정수 대표는 명실공히 국내의 인포그래픽 선도자로서 그 역할을 다하고 있다.

5. 비즈니스 모델과 사업성 분석

- '㈜인포그래픽웍스'의 비즈니스 모델은 새로운 미디어 전달기법인 인포그래픽을 이용한 디자인 서비스의 판매라고 할 수 있다. 일러스트, 사진, 도형, 표, 그래프 등을 활용하여 복잡하고 다양한 데이터와 통계수치를 보다 쉽게 설명하는 새로운 정보전달 방법이다. 정보가 있는 이미지를 만들어내고 이를 고객에게 판매하는 것이다. 편집기술로도 해석할 수 있다. 이는 미국과 캐나다에서 널리 사용되고 있으며, 우리나라에서도 이러한 인포그래픽을 활용한 다양한 마케팅 활동이 최근 증가하고 있다. 우리나라에서 이슈가 된 것은 사상 처음으로 온라인 취임식을 한 박원순 서울시장이 취임연설에서 서울시 예산안을 한눈에 보기 좋게 만들어 주목을 받은 것이 확

논점 분석 1 **비즈니스 모델**

- 정보와 데이터의 시각화 디자인 서비스 판매
- 비주얼 콘텐츠, IT & Media 콘텐츠 제공, 데이터 제공
- 교육, 강의, 컨설팅, SNS 운영 등 확장

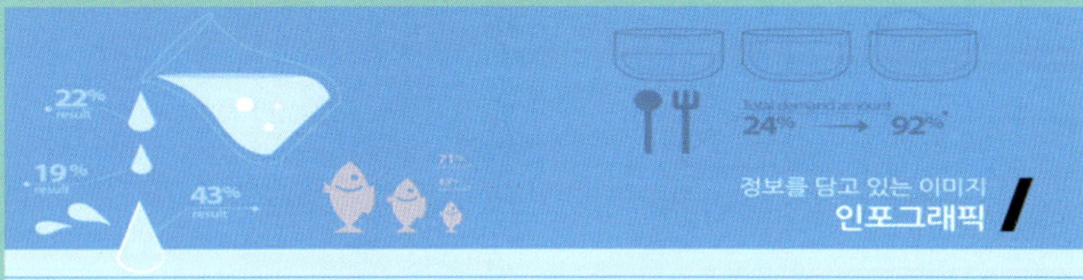

산 계기가 되었다는 평가이다.

- 대통령 후보로 '오바마'와 '롬니'가 붙었던 지난 2012년 미국 대선에서는 오바마 대통령 캠프에서 온라인 선거 비용으로만 약 3,000억원을 썼다는 것인데 그중 인포그래픽이 큰 비중을 차지했다는 것이다. 오바마 진영에서 내놓은 대표적인 인포그래픽 중 하나가 '롬니가 대통령이 되면 당신이 살고 있는 주의 세금이 이만큼 올라갈 것이다'라는 것이었다. 단순 예상치일 뿐이었는데 효과가 좋았다는 것이다. 그래프나 표 자체가 가지는 신뢰성 때문이다. 이것이 SNS의 파급력과 만나 엄청난 홍보 효과를 불러왔다는 얘기이다.

- ㈜인포그래픽웍스의 창업아이템 사업성을 보자. 우선 시장성 측면이다. 작금의 시대는 그야말로 매일 매일 홍수와 같은 많은 정보가 쏟아지는 정보 과잉시대. 엄청난 정보 속에 살고 있는 만큼 사람들은 정보를 직접 읽고 해석하는 데 시간이 많이 걸린다. 어려워하기도 한다. 따라서 공공기관이나 기업에서 인포그래픽을 선호할 수밖에 없는 것이다. 인포그래픽 디

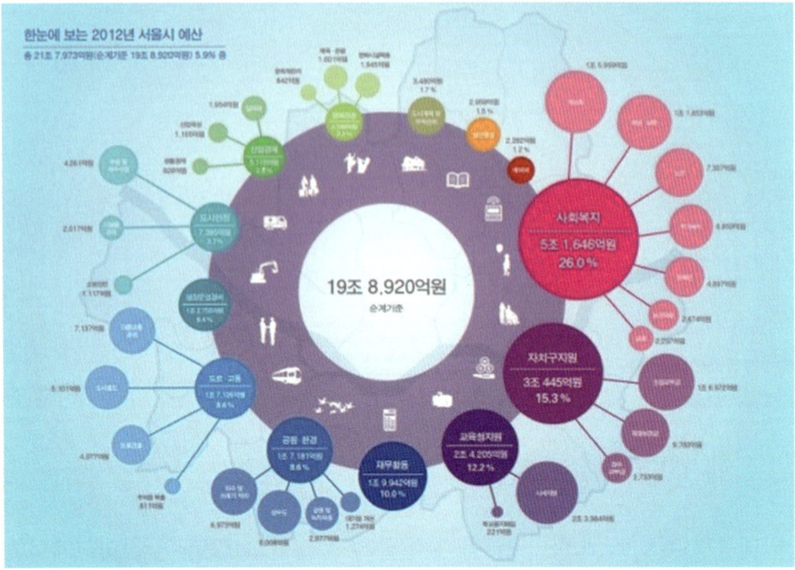

자료: ㈜인포그래픽웍스 제공

2012년 서울시 예산을 보기 쉽게 만든 인포그래픽

자이너 직업이 한국고용정보원의 직업사전에 2016년 '신직업'의 하나로 등재될 정도로 앞으로 수요도 많아질 것이라는 전망이다.[1] 요컨대 지식 정보사회의 진전에 따라 압축된 정보의 효율적 전달방법으로 인포그래픽 활용은 무궁무진하다고 봐야 할 것이다.

- 다음은 상품성이다. 국내 최초 인포그래픽 전문디자인 회사로 출발한 '㈜인포그래픽웍스'가 제공하는 상품은 정보 시각화(data visualization)의 형태로 표출되는 최상의 미디어 콘텐츠라고 할 수 있다. 2011년 12월 창업하여 제공하기 시작한 ㈜인포그래픽웍스의 인포그래픽은 적어도 국내에서는 독창적이다. 그동안 쌓은 실적으로도 고품질의 시각디자인 상품임

1) "직업혁명의 시대-탐험가·연애코치·수유전문가 서비스 고도화 따라 新직업 속속 등장", 〈매경이코노미〉, 2018.9.21.

논점 분석 2 사업성

1) 시장성

정보제공 및 가공 수요는 지식정보 사회의 진전에 따라 무궁무진

2) 상품성

국내 최초의 인포그래픽 회사이고, 최상 품질 노력과 컨설팅 서비스 상품화

3) 수익성

낮은 진입장벽에 고수익 곤란하나 직원 16명 인건비 이상 확보

을 증명 받고 있다(www.infographicworks.com에서 확인 가능). 멋진 인포그래픽을 만들려면 단순한 시각적 디자인 기술만으로 안 된다. 충분한 경험과 지식을 가진 디자이너가 자료분석 능력을 발휘해 의뢰고객이 대상고객에게 전달하고자 하는 핵심을 잡아내야 한다. 그리고 대상고객에게 효과적으로 소통되도록 비주얼 형태로 스토리텔링을 만들어 전달해야 한다. 쉽게 말하면 감성과 지성의 능력을 겸비한 인재가 필요한 분야인 것이다. ㈜인포그래픽웍스 상품성에 관해서는 항시 고객들 입장에서 정보 이해의 편의성과 최상의 품질을 위해 노력해 왔고 국내에서 처음으로 인포그래픽의 시장을 키워온 당사자이기에 믿을 수 있다는 판단이다.

- 문제는 수익성이다. 창업의 진입장벽이 낮은 만큼 어느 정도 시각디자인 기술을 터득한 사람은 누구나 인포그래픽 디자인 서비스 사업에 참여할 수 있기 때문이다. 품질 정도가 문제일 뿐이다. ㈜인포그래픽웍스는 창업 후 지금까지 직원수를 꾸준하게 늘려왔고 2018년 2월 현재 16명의 직원

사진: 인포그래픽웍스 제공

인포그래픽 예시

이 안정적인 수입을 만들어내고 있다. 인건비 수입 이외의 고수익을 얻기는 어려운 사업이라고도 평할 수 있다. 경쟁자들이 많기에 그렇다. 그러나 국내 최초의 인포그래픽 전문 디자인 회사이고 실적에서 알 수 있듯이 많은 대기업군을 비롯한 기관 고객들과 지속적 거래를 유지하고 있기에 구체적제시는 안하지만 원하는 인건비 이상의 수익을 걷어들이고 있다는 응답이다.

6. 창업 마케팅과 경쟁력

- ㈜인포그래픽웍스가 내놓은 상품, 즉 정보의 시각화 디자인 서비스도 그 당시 신제품이었다. 제품도 아닌 무형의 서비스인 창업 상품을 돈을 주고 사겠다는 고객 찾기가 당연히 어려운 것이다. 창업 상품의 홍보가 그래서 중요하다. ㈜인포그랙픽웍스는 막연하게 일반 대중을 대상으로 하는 광고나 홍보전략이 아닌 전략적 관점에서 중단기적 예비고객층이면서도 넓은 홍보효과를 가져올 수 있는 언론 미디어 게재를 통한 방법으로 하였다. 언론사들과 업무제휴를 맺는 것이다. 물론 제휴기간에는 무료 제공이었다. 언론사에 무료제공하면서 '㈜인포그래픽웍스의 서비스 제공'이라는 표기가 되도록 하는 방법이었다.

- 이렇게 언론사의 주요 신문에 표출된 인포그래픽의 효과는 생각보다 큰 것이었고 다른 언론사의 러브콜을 받아가면서 이러한 신문 홍보를 기반으로 대기업, 은행, 대학, 정부기관 등을 대상으로 B2B 영업을 해나갈 수 있게 된 것이다. 스타트업 초기의 홍보 어려움을 이렇게 해결한 것이다. 창업 초기 어려웠던 수익 달성은 점차로 인지도의 확산과 함께 좋아졌고 직원수도 점차 늘어나기 시작한 것이다. 서비스 상품은 무엇보다 신뢰 확보와 인지도 제고가 가치 생성의 조건이고 핵심이라는 것을 확인시키는 ㈜인포그래픽웍스만의 방법이었다. 창업 초기 새로운 서비스를 판매하는 창업 마케팅의 노하우를 송 대표가 창의성과 과감한 도전성, 그리고 끈기로 이루어진다는 것을 보여준 사례라고 할 만하다.

논점 분석 3 창업 마케팅

언론사 제휴와 B2B 영업

- 국내 신상품(인포그래픽)의 상품 존재와 그 가치를 홍보하기 위해 많은 언론사와 협업 추진(무료 제공)
- 대학, 언론사, 정부기관, 대기업 등 B2B 영업에 치중

● 2011년 창업한 '㈜인포그래픽웍스'의 차별화된 경쟁력은 무엇인가? 창업의 진입장벽이 품질 말고는 사실상 별로 없는 인포그래픽 업계는 벌써 성장기 단계라고 할 수 있다. 꽤나 알려졌고 그 유용성 때문에 많은 기업과 기관에서는 상당부분 일반적으로 활용하고 있는 상황이다. ㈜인포그래픽웍스가 국내에서는 처음으로 사업화를 시작한 업체이지만 현재의 성장기 단계에서 많은 경쟁사를 치열하게 싸우고 있기도 하다. 주된 경쟁 상대는 대기업 계열의 광고기획사들이라고 한다. 이들과의 차별화는 최상의 상품(디자인 서비스)을 제공하고 종합적 측면에서 고객업체를 위해 마케팅 차원의 컨설팅 서비스를 제공하는 것이라는 설명이다. 한마디로 ㈜인포그래픽웍스는 고품질화(고급화)전략으로 승부하고 있는 것이다. 선도업체라는 자부심을 갖고 말이다. 인포그래픽이 단순한 시각 디자인 기술에서 승부 나는 것이 아니고 정보 이해와 분석력, 스토리텔링 등의 커뮤니케이션 능력 등이 종합적으로 나타나는 분야이기에 최상의 창의적 전문가 집단임을 자부하며 고급화 전략을 지향하는 것이리라.

논점 분석 4 **경쟁력**

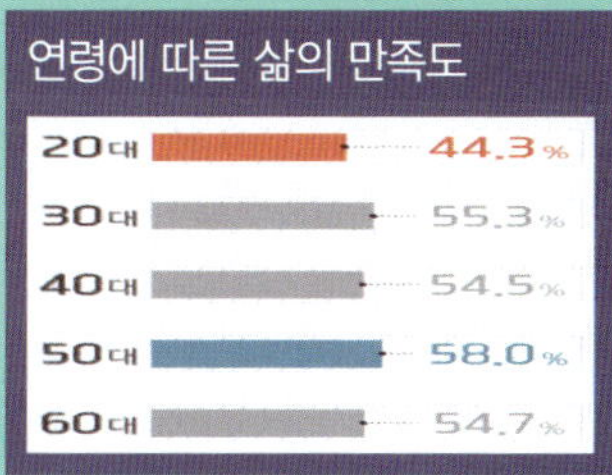

고급화 전략과 컨설팅 제공

- 차별화는 최상의 상품(디자인 서비스), 즉 고급화 전략으로 승부
- 마케팅 컨설팅 서비스를 포함해 제공

● 이 같은 지향점을 갖고 ㈜인포그래픽웍스는 비주얼 콘텐츠와 데이터 제공은 물론, 교육, 강의, 컨설팅, SNS 운영 등에도 적극적으로 진출을 시도하고 있다. 인포그래픽의 선도기업(first mover)인 만큼 해당 시장의 크기를 키워 가면서 적어도 국내에서는 앞서 나가겠다는 전략인 셈이다. 고품질과 컨설팅 서비스를 기반으로 말이다.

7. 창업자 자세(Entrepreneurship)

● 송정수 대표는 필자가 보기엔 괴짜 같은 개인적 성격으로 창의성과 독립심의 발로로 창업에 도전한 것으로 보인다. 그는 필자와의 인터뷰에서뿐만 아니라 많은 언론사와의 인터뷰에서 밝혔듯이 무난한 회사생활 4년차에 자기 인생의 주인공으로서 긍정적인 삶의 메이커로서 의미 있는 일을 재미있게 해보고 싶어서 창업을 결심했다고 한다. 그의 적성과 전공에 딱 맞는 '인포그래픽'이라는 새로운 분야를 접하면서 길을 찾은 것이다.

● 대학에서 산업디자인을 전공한 후 대기업 한국GM에서 직장인으로서 무

논점 분석 5 창업자 자세(도전 · 열정 · 끈기)

- 무난한 대기업 직장인 생활 청산
  ➡ 창업 도전
- 인생의 주체적 주인공으로 살 길 찾기
- 인포그래픽 황무지 상황 속에서 개척자적 창업 도전

난한 회사생활을 4년째로 하던 중이었다. 직장의 안정성을 즐기던지 아니면 어떤 변화 내지 인생의 의미를 생각하며 결혼 등 이벤트적 행사를 치룰 세월이 되었을 때 그는 진한 인생의 주인공이 되기로 한 것이다. 송 대표는 회사원 시절 인생의 진지한 얘기를 하길 좋아했는데, 청년 창업CEO들과 만났을 때 나누는 이야기가 다르더라는 것이다. '과거'를 이야기하는 직장인들에 비해 '미래'를 이야기하는 그들에게 매력을 느껴 창업에 대한 욕심이 생겼고 때마침 인포그래픽의 미래를 낙관하고 있던 터라, 그는 벤처CEO들과 같은 미래를 창조하는 긍정적 인생의 주인공으로 살기 위해 창업을 실행한 것이다. 인포그래픽의 황무지 상황 속에서 개척자적 창업을 국내에서 300만원으로 시작한 것이다. 자기 인생을 진정 사랑한 주인공으로서 그의 열정이 창업도전으로 나타난 것이다. 국내에서 최초의 인포그래픽 전문업체를 만든 것이다. 도움 받을 데 없는 척박한 환경 속에서 혼자서 탐색하면서 터득, 기술력을 발전시켜 나갔고 서비스 상품력을 높여나갔다. 완벽한 상품력이 처음부터 있었던 것이 아니고 창업 후 지속적으로 진전시켜 나갔던 것이다. 처음 도입된 국내에서 인포그래픽에 대한 낮은 인지도 때문에 적은 수요와 낮은 수익성에 많은 고생을 해야만 했고 그는 그러한 어려움을 극복해 나갔다.

- 정보 홍수시대 현대인에게 텍스트 정보는 짧은 시간에 읽기도 힘들고 집중도도 떨어진다. 송 대표는 인포그래픽을 활용하면 핵심 정보를 빠르게 전달할 수 있다는 확신을 했고 그는 끈기를 갖고 사업을 이어갔다. 시장을 넓히려 그는 공급시장도 넓게 하고자 하였다. 그는《빅데이터 시대 비즈니스 마케팅을 위한 인포그래픽 기획과 실전 전략》이라는 인포그래픽 관련 책도 냈다. 인포그래픽의 개념과 활용 범위를 잘 모르는 사람들에게 인포그래픽의 기획부터 제작 과정까지를 알려주는 개론서다. 인포그래픽 분야 국내의 최초의 창업자답게 큰 역할을 하고자 한 것이다.

- 송정수 대표의 사업 추진 창의성은 사실 대단한 것은 아니다. 첨단기술 제품의 최초 기술개발 같은 것이 아니기 때문이다. 이미 선진국에서 선을 보인 정보 시각화 디자인의 사업화를 국내에서 시작한 것일 뿐이다. 그러나 정보나 데이터의 홍수 속에 효율적인 정보 설득 방법으로 인포그래픽의 유용성과 사업성을 스스로 발견했다. 그리고 이것의 국내 비즈니스 가능성을 확인하였다. 언론사를 비롯하여 주변의 수요층을 대상으로 검증한 것이다.

- 그는 단순 디자인 기술에 승부를 거는 것이 아니고 종합적 정보 이해와 분

논점 분석 5 **창업자 자세(창의성)**

정보 홍수 속 사업성 확인

- 정보, 데이터 홍수 속에 효율적인 전달 방법으로 인포그래픽스 유용성 발견
- 국내 사업성 확인

석, 마케팅 기획, 커뮤니케이션, 스토리텔링 등의 감성과 지성의 종합적 능력으로 결론이 날 수 있는 분야이기에 그는 도전을 하였다. 디자인 서비스 품질의 창의성에 그는 자신이 있었던 것이다. 그는 또한 정보 취득과 이해의 어려움이 있는 정보 취약층을 위한 사회적 가치(공익성)에도 기여하는 점을 사업 추진의 목표로 삼기도 하였다. 이러한 공익적 가치의 고려는 창업 추진의 어려움을 극복하는 데 많은 힘이 되기에 간과해선 안 되는 요소이기도 한다.

- 송정수 대표에게 사회적 가치, 다시 말해 공익적 기여 내지 배려가 창업과 사업 유지에 있어 중요한가를 물었다. 그는 기업 운영에서 사회적 미션을 세우고 사회적 기여나 서비스를 제공하는 작업이 중요한 요소임을 인정한다. 어느 정도 규모가 되면 주변의 기업들을 보더라도 사회적 공익활동은 필수적 요소이구나 하는 생각이 든다는 것이다. 실패한 기업을 봤을 때 그 원인을 파악해보면 사회적 가치를 무시한 결과로 나타난 것을 확인할 수 있다는 말이다. 장수기업이 되려면 사회적 공익성의 발휘는 필수적인 것 같다고 말한다. 점차 기업의 사회적 역할이 중요해지는 시대라고 느끼지만

논점 분석 5 창업자 자세(사회적 가치 배려)

- 기업의 사회적 기여 활동이 중요함을 평상시 인식
- 정보취득과 이해의 어려움이 사람들을 위한 사회적 가치(공익성)에 기여하는 점을 긍지로 간직

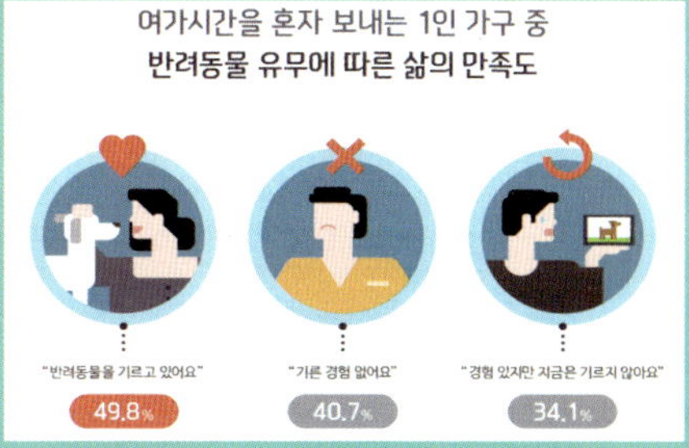

그러나 일단 생존하고 나서 중장기적으로 기업의 사회적 미션을 추구해야 바람직한 선순환이 될 것이라고 송 대표는 덧붙인다.

- ㈜인포그래픽웍스는 지식정보 시대에 있어 정보 이해의 어려움을 겪는 정보 취약자층에 쉬운 정보전달의 역할을 하고 있다는 자긍심이 있다는 것이고 이것을 국내 최초로 시작하였다고 한다. 앞으로도 이러한 공익적 관점에서 교육콘텐츠의 인포그래픽 작업화를 추구하고 있는데 그 범위를 확대시켜 나갈 계획이라 한다.

〈사례 6〉 논점 정리

1. 송정수 대표의 창의성과 도전정신을 알 수 있는 것은?

정보화 시대 이미지 정보(인포그래픽)의 효용을 발견
사회적 공익성(정보취약층 기여) 확보, 국내 신사업 개척

2. '인포그래픽웍스'의 상품 전망은?

지식정보화 발전에 따라 이미지화는 긍정적
문제는 경쟁력

3. 송 대표가 초기 인지도를 높이기 위해 사용한 마케팅은?

언론사와 협업. 자사의 회사명을 널리 알린 제휴마케팅

4. 송정수 대표의 창업사례를 통해 배울 수 있는 점은?

인포그래픽의 시대적 의미 파악과 창업 도전(긍정) 가치

8 . 예비창업자들과 정부에 당부 사항

● 예비창업자들에게 권하고 싶은 말을 요청했다. 송 대표는 말한다. "창업이란 실행을 해야 이루어지는 것이다." 창업을 생각만 하고 고민하느라 1, 2년 보내지 말고 시작은 쉬운 것이니 창업 실행 후 적어도 1, 2년 진행해보는 것이 중요하다는 것이다. 경험 차원에서라도 해보는 것이 무엇보다 중요하다고 생각한단다. 걱정할 것 없다. 정신적 피해를 볼 만큼 큰 돈을 가지고 하는 것이 아닌 만큼 창업을 생각해본 나이에 그냥 해보라는 충고이

다. "28세 때 창업했다가 실패하면 많이 배운 상태에서 그다음 29살이 될 뿐이다"라고 말한다. 창업은 빠를수록 좋다고 권고한다. "대학 재학 중에 1년 정도 휴학을 하고선 창업을 해보는 것도 좋은 방법이다"고 말한다.

- 송 대표는 청춘시절의 해외 배낭여행 경험과 같이 정말 젊을 때 창업을 해 보는 것이 좋은 경험이 될 것으로 생각한단다. 송 대표는 자신도 창업한 것을 결코 후회하지 않으며 사업하는 것이 재미있다고 말한다. 그리고 덧붙인다. "아마도 나를 포함해 많은 창업 CEO들은 미래 걱정을 직장인들보다는 덜 하는 것 같다"고 한다. 아마 불확실성 관리에 단련이 되어서 그런 것 아닌가 싶다. 언제 짤릴지 모르는 직장인, 안정된 직장이라 하더라도 승진 등에 스트레스를 가진 월급쟁이보다는 아마도 정신건강 관리를 더 많이 더 잘 해왔기 때문이리라.

- 그리고 정부의 창업지원 정책에 대해서도 한마디 지적한다. 양적 지원보다는 질적인 지원이 필요한 시기라고 송 대표는 말한다. 무슨 말인가? 우리나라 정부에서 지원하는 약 1조원 가까이 되는 창업지원 예산이 잘못된 방향과 방법으로 집행되고 있다는 생각이란다. 예비 창업자 몇 명, 창업 기업 몇 개를 실적으로 내세우면서 자금을 지원하는 방식보다 실질적으로 지원이 필요한, 제대로 경쟁력을 증명한 창업자 내지 스타트업을 선정해서 집중, 지원하는 것이 필요하다는 말이다. 객관적 심사와 평가를 통해 자금지원을 결정한다고 하지만 양적인 실적과 선거를 위한 정책적 배려 위주로 진행하거나 이론 전문 평가자의 심사문제로 잘못된 자금 결정이 이루어지고 있다는 소회이다. 송 대표는 말한다. 세계적인 페이스북, 구글, 삼성과 같이 될 수 있는 스타기업을 키우는 것이 중요하다는 것이다. 그러려면 소

수의 1, 2개의 기업을 잘 선정해서 그 기업이 제대로 클 수 있도록 실질적인 도움을 지속적으로 주는 것이 절대적으로 필요하다는 의견이다. 모델적 성공기업이 될 창업기업을 만드는 창업지원책이 되어야 한다고 힘주어 말한다.

예비창업자와 정부에 당부 사항

- 창업은 실행해야 이루어지는 것이다. 빨리 해볼수록 좋다.
- 창업 뜻이 있다면 적은 돈으로 실행하라. 28세 실패하면 많이 배운 후 29세가 될 뿐이다.
- 정부 창업지원정책은 양적 지원보다 질적인 지원 차원에서 세계적 성공기업을 만들기 위한 선택과 집중 지원이 중요하다.

인터뷰 외 참고자료

- "직업혁명의 시대-탐험가·연애코치·수유전문가 서비스 고도화 따라 新직업 속속 등장", 〈매경이코노미〉, 2018.9.21.
- "송정수 대표 '인포그래픽은 정보 에센스'", 〈매일경제〉, 2014.4.14.

사례 7 '석봉토스트' 창업자 김석봉 대표

희망 전도사가 된 토스트 노점상 이야기

1. 창업 회사 소개

대표이사 | 김석봉

법인명 ㈜석봉토스트

주소 경기도 고양시 일산동구 하늘마을로 158(C동 301호)

창업자 및 대표이사 김석봉

창업년도 1997년

사업내용 노점상(구운 토스트 및 샌드위치 판매), 가맹점 사업

창업성과 2017년 말 현재 전국 104개 가맹점을 내고 식자재 소스 공급 판매로 안정적인 사업본부 운영 중

홈페이지 http://sukbong.com

회사소개	회사 연혁
• 1997년 노점상 창업, 길거리 장사의 장애를 극복, 맛과 서비스, 청결, 그리고 웰빙 먹거리 제품개발에 힘써 3년 만에 연수입 1억원 달성 • 무교동 5대 명물 선정, TV 방송 등 각종 언론과 여행가이드북에도 소개. 세계 최초 토스트 가맹 사업을 시작	1997. 03 노점상 창업(스낵카) 07 샌드위치 5종류, 토스트 8종류 개발 2004. 08 가맹사업본부 설립 2005. 11 카놀라유로 교체 2006. 09 법인 전환 2017. 12 가맹점 104개 운영

2. 성장 배경과 창업

● 김석봉 대표의 고향은 전북 정읍 내장산 인근이다. 6남 2녀 중 네 번째로 태어난 김 대표는 집안이 어려워 초등학교 졸업 후 중학교 진학을 못하고 10대 중반부터 경기도 성남시로 올라와 형들과 어렵게 돈벌이 도시생활을 했다. 그 당시 부모님은 단풍으로 유명한 내장산 등산객들을 상대로 하는 매점을 운영하고 계셨는데 김 대표는 도시에서의 돈벌이 생활 중 시간이 좀 나면 내려가 부모님을 도와 드리곤 하였다. 등산객에게 팔려는 물건을 시내에서 구매해 산속까지 직접 운송하느라 꽤나 고생을 했다고 한다. 매장 위치가 인적이 드문 산속이라 이곳까지 지게로 음료수 박스 3개 이상을 실어 나르는 날이면 어깨통이며 발바닥이 트이는 고통이 정말 장난이 아니었단다. 이렇게 생고생을 해 산속으로 가지고 온 상품을 좀 비싸게 받을 만도 한데 매장 주인 아버지의 장사철학은 '물건 값에 바가지 씌우지 마라', '사람을 속이지 말라', '고객을 가족처럼 대하라'는 것이었다고 한다. 그것이 특이한 아버님의 고집이었던 것으로 기억한단다. 한번은 등산고객이 매점을 이용하고 돈지갑을 깜박 놓고 갔다고 한다. 아무런 연락처가 없어서 '어떻게 돌려줘야 하나?' 고민하는 아버님이 결국 어렵게 매점까지 다시 와서 돈지갑을 간신히 찾아간 고객이 '감사하다'는 말 한마디 없이 돌아갔다

고 하는데 섭섭함을 토로하는 아들(김 대표)에게 '잊어버린 사람의 안타까움'을 생각해야 한다며 상대방에 대한 배려심, 그리고 정직한 자세가 인간에게 가장 중요하다고 말씀을 해주셨다고 소개한다.

나중에 나이가 들어 생각하니 어릴 적부터 이러한 아버님의 마음가짐을 배웠던 것 같고 지금의 회사 경영자의 자세를 갖게 되는데 많은 영향을 미친 것 같다는 뒷얘기이다.

- 가정형편이 안 좋아 중학교 진학도 못한 채 14세 때 형님이 일하고 있는 경기도 성남시로 올라와 보조일꾼으로 돈벌이를 시작해 거의 15년간, 30대 초까지 '아이스케끼' 장사, 정비공장, 세차장, 건설잡부 등 안 해 본 것이 없을 정도로 다양한 막일을 해보았다고 한다. 용접공에서 과일행상까지 소위 밑바닥을 확실하게 순례하였다. 그중에서 용접과 판금작업은 꽤 오래한 일이라 일가견이 있다고 자신한다. 이렇듯 일찍이 사회에 진출해 많은 고생을 해오면서 느낀 결론은 '많이 배우지 못해서 인정도 못 받고 떠돌이 식으로 고생을 할 수밖에 없는 것이구나'라는 판단이었단다. 그래서 어떻게든 절실하게 더 배워야겠다는 원을 갖게 되었다고 한다. 또 한 가지, 어려운 잡일을 할 때 느꼈던 사실은 막일꾼의 동료로써 일을 같이 했던 사람들 대부분이 사회 부적응자, 자포자기의 절망에 빠진 사람들이어서 하루 벌어 하루 먹고 마시고 쓰고 마는 정말 사회적 구제가 필요한 사람들이라는 점이고 나중에 어느 정도 성공하면 이들을 위한 일들을 해봐야겠다는 생각도 하게 되었단다. 김 대표는 현재 이들을 구제하는 문제와 관련해 별도의 책을 쓸 준비를 하고 있다고 한다.

- 김 대표는 그 후 어렵게 고졸 검정고시까지 마치면서 결혼을 하게 되었다. 유치원 교사, 어린이집 교사를 거쳐 어린이 놀이방을 운영하던 아내

덕분에 방통대까지 졸업하게 된 김석봉 대표. 그는 마침내 마음의 준비 없이 가정경제 책임자로서 고난의 창업의 길에 들어서게 된다. 당시가 1997년 IMF 직전이었는데 그때까지 가장 역할을 했던 아내가 단돈 200만원을 주면서 가정을 책임지라는 것이었다. 돈을 벌어오라는 것. 단돈 200만원으로는 노점상을 생각할 수밖에 없었고 그래서 시작한 것이 토스트를 구워 파는 이동식 토스트 노점상이었단다.

- 그런데 막상 거리로 나가 장사를 하려니 얼굴을 어떻게 관리해야 할 줄 모르겠고 창피함 속에 열리지 않은 마음으로 억지 장사꾼 흉내를 냈었고 그는 날마다 안 팔리는 토스트만 바라보다가 낙담과 실의에 빠진 채 집에 돌아온 날이 대부분이었다고 한다.

- 그러나 어찌할까. 집에 돌아와 며칠간 고민해보니 이래서는 안 되겠다고 결심을 했다고 한다. 결심한 내용은 '노점상이지만 프로가 되어보자'라는 것. 프로가 되자고 마음먹은 후 그는 우선 여느 호텔 주방장처럼 멋진 복장으로 바꿔 입었고 그간 늦게 배운 학업 과정에서 터득한, 많은 성공한 사람들의 습관 중의 하나인 '메모하기'를 실천하기로 해 두툼한 메모장을 준비하였단다. 언제 어디서나 생각날 때마다 어떻게 고객을 만족시킬 수 있는가, 최고의 토스트 구이 명장이 되기 위한 과제들은 무엇인가를 메모하고 적어도 일주일 내에 해결할 것을 각오하고 실천하였다고 한다.

● 이외에도 웃는 연습을 아침마다 실행하면서 노점에 오는 고객들에게 항상 웃음을 전해주었고 고객만족을 위해 웃음부터 시작하여 맛있는 토스트 제공까지 정말 최선을 다했다고 한다. 웃음과 긍정적인 기운을 전하고자 과거에 사용했던 표현들을 바꾸기 시작했다. 예컨대 '아주 더운 날씨'이면 '오늘 엄청 따뜻하시죠'라는 식이다. 어떻게 표현해야 고객이 기분이 좋아질까를 고민해본 후 적절한 말과 표현을 만들어 냈다. 시간이 날 때마다 관련 도서를 읽어 참고했다고도 한다. 이렇게 새로운 각오를 하고선 서너 달 노력한 결과, 드디어 손님이 점점 늘어 오전 6시~11시까지 운영하는 시간 동안 열댓 명에서 시작하여 몇 달이 지나니 거의 300명 가까이로 늘었고 매출액은 껑충 늘게 되었다고 전한다.

3. 가맹점 사업 운영과 강조 사항

● 장사가 잘 되기 시작하자 어느새 많은 사람들이 찾아와 분점을 내달라고 하였다. 당시가 IMF 상황에 있었던지라 직장을 잃고 생활이 어려워진 사람들이 적은 자본으로 이거라도 해보자는 생각에 몰려온 사람들이었다. 많은 날은 하루에 열 명이 넘을 정도로 분점 신청 열기가 생긴 것이다. 김 대표는 여러 날 끝에 가맹점 사업계획을 구상하게 되었고 2003년경부터 김 대표만의 가맹사업 방식으로 내주기 시작하였다. 나라 경제도 어렵고 이 사업을 하려는 사람들 대부분이 어려운 사람들이라

'희망을 굽는 아름다운 사람들'이라는 모토를 가지고 보통 1,000~3,000만 원씩 받는 가맹비를 받지 않고 또 로열티도 포기하고 오로지 최소 마진을 붙인 소스만을 공급, 판매하는 방식이었다.

- 그것이 지금까지 20년간 유지해온 '석봉 토스트'만의 애정 어린 사업방식이 된 것이다. 이러한 경영방식 때문에 어느 때는 전체 가맹점 매출액은 양호한 상태인데도 본사 수입이 시원찮아 부채를 지게 되는 상황도 있었단다. 김 대표는 가맹점을 수십 개 내준 본사 대표임에도 오랫동안 소형차 '마티즈'를 타고 다니다가 얼마 전에서야 '카니발'로 바꾸어 가맹점 지도교육 차원에서 타고 다닌다고 한다. 많은 가맹점주들은 BMW, 벤츠를 몰고 다니는 상황에도 본사는 그저 건실한 운영만을 바랄 뿐이라고 말한다.

- 김 대표가 강조하는 것이 있다. 가맹을 희망하는 예비창업자들 앞에서 창업 전 반드시 실시하는 창업 노하우 특강에서 꼭 설파하고 있단다. ① 남을 배려하라, ② 이웃을 도우라는 충언과 함께 예비가맹점주에게 재료구입에서부터 토스트 굽기 실습과 테스트까지를 반드시 직접 챙겨서 해보도록 한다는 것이다. 여기다가 고객들에게 친절 서비스를 전하는 요령까지 직접 지도한다고 한다. 이것이 김 대표 스스로를 소극적 자세에서 적극적 자세로 바뀌게 만든 창업정신이라고 한다.

- 그런 김 대표는 1997년 창업 후 어찌나 열심히 일했었든지 안타깝게도

2002년 말 위암판정을 받고 만다. 여러 가지 일을 무리다 싶을 정도로 했고 식사 건너뛰는 것을 아무렇지 않게 여기는 등 몸을 혹사시키다보니 생긴 결과였다. 위 대부분을 절제하게 된 김 대표는 몇 달이 지나서야 회복, 그 후에도 참으로 정성껏 일을 했고 지금의 상황을 만들어 놓은 것이다. 2017년 말 현재, 전국에 가맹점 104개를 둔 사업본부 ㈜석봉토스트를 말이다.

- 그의 사업 태도에는 특별한 것이 있다. 사회적 봉사를 의무적으로 여긴다는 것이다. 무교동에서 스낵 트럭으로 노점상을 할 때, 노숙자들이 들락날락 토스트를 얻어가곤 했는데 김 대표는 음료수까지 챙겨 보냈다고 한다. 물론 공짜. 새벽 4시에 집을 나서 오전 장사를 마치고 나면 오후엔 봉사활

사람들에게 희망을 구워주다
'석봉토스트' 김석봉 대표

https://www.youtube.com//watch?v=8D7U65vLDCE (약 24분)
자료와 사진: 유튜브 채널, YTN 사이언스

동에 나선다. 그날 남은 재료가 있으면 그것으로 만든 토스트는 당연히 인근 노숙자 몫. 어느 날은 오후엔 아예 작심하고 양로원, 고아원 등을 순회한다. 어려운 시절 배워 놓았던 인형극 공연까지 혼자 하면서, 봉사 활동을 즐기곤 하였다고 한다. 혼자서는 살아 갈 수도 돈을 벌 수도 없는 것이기에 남들을 위한 일은 반드시 필요하다고 생각한단다.

4. 창업 기업의 성과

- 단돈 200만원으로 창업한 트럭 스낵차 형태의 노점상, 석봉토스트는 개당 1,500원짜리 토스트와 샌드위치류를 만들어 팔아 3년 만에 연수입 1억원의 성과를 이룬다. 가맹사업을 시작한 2004년부터는 웰빙 먹거리로서 세계 최초의 토스트 가맹사업으로서 경쟁력을 갖춘 패스트푸드 가맹본부가 되었고 2017년 말 현재 전국에 104개의 가맹점을 운영하는 업체로서 안정적인 매출 성과를 내고 있다.

'석봉토스트' 창업성과	
설립연도	1997년, 3년 후 연 1억원 매출 달성
가맹점수	104개(2017년 말)
창업자금	200만원
사업분야	토스트 노점상 (이후 가맹사업 본부)

- 그의 성공스토리는 노점상 당시 각종 언론에 알려져 명동에서 5대 명물로 선정되고 유명인사가 되어 각종 기관과 대기업 등에 유명강사가 되었다. 많은 사람들에게 희망을 전하는 단행본, 〈석봉토스트, 연봉 1억원 신화〉를 내기도 했다. 무엇보다 그의 성공 스토리와 함께 그의 꾸준한 사회봉사 활

동이 알려져 사회적 기여를 해오던 ㈜오뚜기로부터 소스를 10년 이상 무상 지원받은 사례가 언론에 소개되기도 하였다.

5. 비즈니스 모델과 사업성 분석

- '㈜석봉토스트'의 비즈니스 모델은 가맹점 사업 개시 전에는 노점상에서 토스트를 구워 아침식사 대용으로 팔아 수익을 남기는 것이었다. 가맹점 사업의 개시 이후에는 가맹점을 희망하는 예비 점주들이 원하는 점포 형태, 즉 무점포의 노점상, 독립점포형, 아니면 대형마트나 백화점 등의 판매코너에 점포를 개설해주고 가맹본부로서 소스 공급을 하면서 이에 대한 판매 수익을 올리는 것이라 할 수 있다. 앞에서 언급되었듯이 가맹비나 로열티를 받고 있지 않으며 주로 토스트나 샌드위치의 음식 소스 판매의 수익으로 본부의 수입이 발생하는 구조이다.

- 석봉토스트의 사업성을 살펴보자 우선 시장성은 어떤가? 노점상의 경우 단순하게 아침을 거르면서 출근하는 직장인들의 아침식사 대용 먹거리로 길거리의 수요는 지속적이라 봐야 할 것이다. 직장인들이 많은 거리에서 말

논점 분석 1 비즈니스 모델

- 노점상에서 토스트를 구워 아침식사용 판매
- 가맹 사업 후 가맹본부로서 가맹점들에 소스 공급 판매

논점 분석 2 사업성

1) 시장성: 햄버거와 같은 패스트푸드 먹거리. 직장인 등 패스트푸드 수요자 많음

2) 상품성: 웰빙식자재 사용, 최초 토스트가맹사업

3) 수익성: 노점상 내지 소점포에서 높은 판매 회전율, 안정적

이다. 현대식 패스트푸드 점포 분위기에서도 아침 대용이든 간식거리이든 먹거리 수요는 걱정할 필요가 없을 것이다. 가맹점 사업을 개시한 이후에는 여타 패스트푸드와 같은 경쟁대열에서 수조원대 패스트푸드 시장규모가 있으니 시장성은 아무 문제가 없는 것이다. 작금의 석봉토스트 아이템은 커피 등의 음료류와 함께 간식거리 카페가 되었기에 시장성은 무궁무진하다고 하겠다.

- 다음은 상품성이다. 먼저 창업 초기 상품성을 따져보자. 노점상에서 팔던 토스트는 처음에는 앞에서 설명한 대로 별 볼 일 없었던 것이 사실이다. 이런 탓에 장사가 잘 안되었던 것이다. 물론 장사하는 방법도 몰랐다. 그러다가 인생 새 출발 차원에서 시작, 국내 최고의 토스트 장인이 되겠다는 각오에서 연구에 연구를 다해 웰빙토스트를 만들었을 때의 상품성은 달리 평가해야 할 필요가 있다. 개량된 토스트는 야채, 소스 등 천연재료의 식자재를 사용했고 가급적 건강을 생각하여 만든 것이기에 그렇다. 1억원의 매출을 만들어준 상품성이다. 가맹점 사업을 개시해서는 토스트에 사용하는 마가린 대신에 카놀라유를 사용하고 샌드위치 등의 출시로 보다 친환경적 식자

재 사용 비율을 높여갔다. 웰빙 시대에 맞는 간식거리를 본격적으로 만들어 낸 것이다. 저가로 공급하는 패스트푸드 상품으로 특이한 점은 세계에서 찾아보기 힘든 형태, 즉 한쪽 면은 토스트로 굽고 다른 면으로 야채 등으로 내용물을 감싸서 기존의 샌드위치처럼 만든, 구운 맛을 내는 별미의 샌드위치 상품을 출시한 것이다. 차별화된 경쟁력을 갖춘 것이다.

- 수익성은 대단하지 않지만 노점상 형태의 매출액 규모로는 시간당 어떤 먹거리 판매보다 적지 않고 소점포 형태로 학생들을 겨냥한 곳이면 저가의 상품으로 충분한 매출을 올리고 있는 것이다. 주로 테이크아웃 형태로 매출이 이루어져 임대료의 부담이 적은 점포도 가능한 것이다. 주머니 사정이 좋지 않은 중고생들 대상의 먹거리로는 경쟁력이 있고 박리다매식의 판매량이 많아 전국적으로 100개 이상 가맹점이 출점하고 있다. 학교 앞에서 학생들과 지속적 거래를 유지하면서 매출을 안정적으로 이끌어 가고 있다.

6. 창업 마케팅과 경쟁력

- 김석봉 대표가 노점상으로 토스트를 구워 팔 때 앞서 말한 대로 처음에는 얼굴을 어떻게 관리해야 할 줄 몰랐고 창피함 속에서 열리지 않은 마음으로 억지 장사꾼 흉내를 냈던 것이다. 그 당시 무교동 코오롱 빌딩 앞자리

에는 여러 노점상이 장사를 하고 있어 동지 의식에서 덜 창피스러울 수 있었으나 장사 초짜인 김 대표는 무엇인가에 위축되어 있었고 자신감이 없었다. 장사는 당연히 빵점. 그러한 시간이 한 달 가까이 흘렀고 그러다가 그는 인생의 절실함을 깨달은 후 마음을 새롭게 다지게 된다. 자신과의 싸움에서 그는 이겨냈고 그 결과 자기 확신, 긍정마인드를 갖게 되어 부끄럼을 극복하게 된 것이다. 이는 내면의 정신적인 과정으로 생의 절실함을 직시하고 얻은 현실적인 깨우침이라 보여진다.

- 이후 그는 손님을 불러들이기 위한 본격적인 노력을 시도하게 된다. 토스트 구이 노점상의 실전마케팅이 개시된 것이다. 우선 장사의 비전부터 가졌다. 토스트만큼은 국내 최고의 장인이 되겠다는 각오를 했다. 이를 위해 제품면에서는 웰빙토스트 전략으로 신선한 재료와 친환경 식자재 사용, 맛의 업그레이드를 위한 지속적인 시도로 치즈 토스트 등 젊은 고객들도 찾을 만한 샌드위치 형태의 위생적 토스트 상품을 개발했다. 그리고 가격은 1,500원으로 서민들의 주머니 사정을 감안해 저가격을 유지했다. 그는 또 호텔주방장 유니폼으로 손님들의 호기심을 유도했으며 손님들이 즐거운

마음으로 들어와서 먹을 수 있도록 재미있는 유머성 인사말의 개발과 톤이 살짝 높은 음성으로 손님들 마음을 즐겁게 해주었다. 위생적 관리도 중시해 포장지를 별도 개발, 고급 패스트푸드 음식 못지않게 보이게 했다. 음식 만드는 손으로 잔돈을 거슬러 주는 불편과 비위생적 모습을 해결하고자 손님들이 스스로 계산통에서 잔돈을 가져가게 하는 세심함도 관리 대상으로 삼았다.

- 이러한 새로운 변신은 사실 그가 야간으로 대학졸업까지 공부해 얻은 여러 지식과 정보, 그가 느끼고 경험한 것들에서 나타난 것이라 볼 수 있다. 그중에서 그가 우선 내세우는 것은 메모하기인데 그 효과를 톡톡히 보았다고 말한다. 모든 아이디어와 좋은 정보, 시도해야 사항들을 꼼꼼하게 그의 메모장에 기록하여 이를 1주일 내에 실행하는 그의 굳은 의지력이 있었다는 것이다. 그의 노점상 장사 초기 애로는 이렇게 그의 무서운 집념과 각오, 개인적 정신 개혁과 멋들어진 장사방법의 혁신으로 극복된 것이다.

논점 분석 3 **창업 마케팅**

자기 극복과 혁신 노력

- 자기 확신, 긍정마인드, 극기로 부끄럼 극복
- 창업 초기 고객만족 위해 유니폼 착용, 웃음 전달, 신선재료 사용 등 혁신 시도를 지속함

● 김 대표는 토스트 노점상 창업 후 3개월간 고생만 하다 실패를 맛보았다. 그는 실패원인을 분석했다. 고정관념 속 주먹구구식이어서 상권특성 분석과 상품전략의 부재는 물론, 프로

정신이 없었다는 것을 알아냈다. 처음에 장사를 시작했던 녹번역과 홍제역에서의 실패 원인으로 주변 상권 특성에 대한 이해가 없었던 것도 있었다. 녹번역과 홍제역은 유동인구는 많은 곳이었지만, 행인의 발길에 차이는 곳에서 마음 놓고 빵을 먹을 수 없었던 것이다. 그래서 직장인이 많고 편하게 거리에서 먹을 수도 있고 테이크아웃으로 사무실로 가지고 가기 쉬운 무교동으로 장소를 옮긴 것이다. 그리고 남들과 같이 구워 파는 방식, 즉 빵을 굽고 달걀을 부치고 설탕을 뿌려 만드는, 기존의 토스트에 문제가 있었음을 알았다. 그래서 그는 상품전략상 웰빙토스트로 전환하여 신선한 재료와 친환경 식자재를 사용하기 시작하였다. 최고의 맛을 내기 위한 나름대로 상품개선 노력을 한 것이다. 메뉴도 늘렸다. 치즈 토스트 등 젊은 손님들이 좋아하는 메뉴와 소스 등을 하나둘 과감하게 개발해 나간 것이다.

● 앞으로도 유지될 수 있는 석봉토스트의 차별화된 경쟁력은 무엇일까? 우선 김 대표의 정신적인 자신감과 혁신 마인드라고 할 수 있다. 소극적인 자세에서 적극적인 자세로 탈바꿈한 그는 철저한 계획를 수립하였다. 그래서 나온 것이 유니폼 마련과 건강한 웰빙토스트 상품전략이었다. 김 대표는 위기를 기회로 삼아 기왕 할 거면 제대로 프로답게 하기 위해 호텔 주

방장 유니폼을 마련해서 입고 확실한 국내 최고의 토스트 장인이 되겠다는 마음을 먹었다. 비록 노점상이지만 사람들의 건강을 지켜주고 싶었던 작은 마음으로 조미료 없이 신선한 야채로 맛을 낸 담백하고 영양가 있는 웰빙 토스트를 만들어 낸 것이다. 단돈 1,500원짜리를 드셔도 건강을 책임질 수 있다는 자부심으로 꾸준한 상품 혁신을 한 것이다.

- 그리고 그는 철저한 위생관리와 신선한 재료를 이용한 메뉴 개발을 지속적으로 했다. "재료는 무조건 좋은 것을 사용했어요. 재료를 남겨 다음날 다시 사용하는 법이 없었으며 남는 재료는 장사를 마치고 복지단체 봉사활동을 나가서 토스트를 만들어 주었죠." 김 사장은 토스트 맛에 있어서 상당한 자부심을 가지고 있다. 고객에게 정직하기 위해 늘 최상의 재료만 사용을 했고, 길거리 음식이 지저분하다는 인식을 벗어 던지기 위해 철저한 위생 관리를 했다. 그런 부분은 이제 본사 사장으로서 점주들에게 가장 강조하는 부분이란다. 웰빙 토스트를 만들기 위해 계란도 일반란이 아닌 값비싼 영양란을 사용했고 마가린 대신 카놀라유를 사용했다. 김석봉 대표는 현재 메뉴에 만족하는 손님들이 많아도 끊임없이 메뉴를 연구하고 개발했다. 계란 말고 다른 재료는 없느냐는 질문에 치즈, 햄 등 다양한 재료를 추가하기도 했다. 그는 달콤한 맛의 열대과일소스 외에 11가지 재료를 사용한 매콤소스를 개발하기도 했다.

● 이외에도 최상의 고객서비스 제공 노력을 지속한다는 것이다. 그는 가맹점주들에게 미소마케팅을 강조한다. 그는 노점상 시절 반가운 표정과 상냥한 미소가 자연스러워지도록 매일 거울을 보며 3개월간이나 연습했다고 한다. 고객들이 기분이 좋도록 재미있는 말을 연구해 만들어 내기도 했다. 토스트를 판매하는 무교동 상권 특성상 외국인 관광객이 많아지자 그는 영어, 불어, 일본어, 중국어 등 4개 국어 인사말을 준비해 외국 손님들을 맞았다. 어떤 재료를 사용하고 있는지 외국어로 기재한 외국인 전용 메뉴판도 준비했다. 이러한 뜻밖의 서비스에 감동한 외국인 관광객들을 통해 그의 트럭 스낵카는 꼭 들러야 하는 명동 맛집으로 가이드북에 소개되기도 했다. 한 마디로 그는 고객 마음을 헤아린 진정한 마케팅의 고수가 된 것이고 이것이 석봉토스트의 지속력 있는 경쟁력이라 할 수 있겠다.

논점 분석 4 경쟁력

- 혁신마인드, 자부심 갖고 운영
- 지속적인 상품 개발 및 고객감동 노력 추진
- 위생적 이미지, 유니폼, 천연재료 및 소스 사용, 친절 제공

● 다음은 김 대표가 석봉토스트 가맹점들에게 말하는 성공비결이다.

1. 미소로 손님의 마음을 잡아라
2. 세상에서 가장 청결한 포장마차로 만들어라
3. '유동인구=명당'이란 고정관념을 버려라
4. 친절서비스는 장사의 첫인상을 결정한다
5. 물건을 팔지 말고 情을 팔아라
6. 나만의 메뉴로 입맛을 잡아라

7. 창업자 자세

● 김석봉 대표는 창업에 특별한 열정이 있어서라기보다 생계형 창업자로서 창업에 도전하였다. 그러나 국내 최고의 토스트 장인이 되겠다는 각오로 생각을 바꾼 다음에는 자신감이 넘치는 행복한 사업가로 새롭게 거듭나게 되었다. 멋진 유니폼을 입고 국내 최고의 토스트 맛을 내려는 노력을 다해 왔다. 노점상으로 욕을 먹어가면서도 사업에 자신감을 갖고 그는 철저

논점 분석 5 창업자 자세(도전 · 열정 · 끈기)

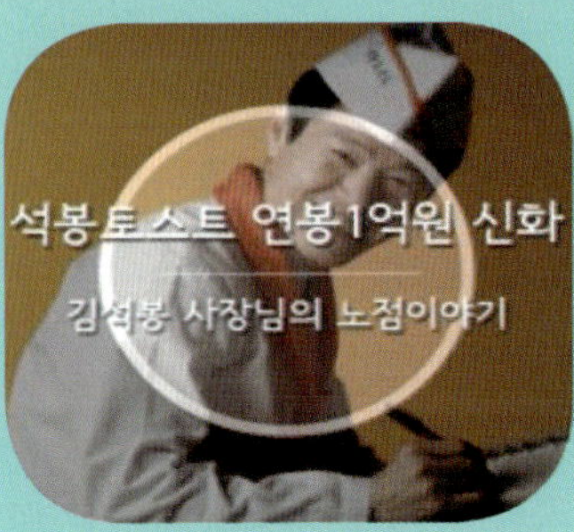

- 생계 차원에서 단돈 200만원으로 시작. 자신감 무장한 후 새롭게 출발(유니폼, 웃음 전달, 좋은 식재료 사용 등)
- 긍정적 인생살기, 봉사로 오후 보내기
- 위암선고, 75% 위 절제 후 재기

한 위생관리와 신선한 야채 사용은 물론, 웃음 전도사 역할까지 해가면서 저가의 맛있는 토스트를 제공했다. 그리고 오후에는 어려운 이웃을 찾아가 봉사활동을 지속적으로 해왔다. 처음에는 세금을 안 내는 미안함 때문에 시작한 것이라 하는데 그는 정말 어려운 사람 돕는 일에 보람을 느낀 듯하다. 필자가 보기엔 그는 부활을 한 것이다. 부활로 생긴 그의 열정으로 사업에 대해 새롭게 접근해 도약을 이루어냈고 그 자신이 고객들과 이웃들을 행복하게 만드는 행복전도사가 된 것이다.

● 원래부터 약했던 몸을 보살피지 못하고 정작 본인은 밥도 거른 채 무리를 한 결과, 그는 2002년 연말 안타깝게 위암 선고를 받았다. 75%를 절제한 수술 후 3개월 만에 그는 다시 억척스럽게 장사에 복귀하였다. 긍정적인 인생 살기가 거짓이 아니었고 그는 결국 프랜차이즈 사업으로 성공의 맛을 보게 된다. 김 대표의 삶에 대한 열정과 끈기는 사업에만 발휘된 것이 아니고 어려운 이웃에게까지 발휘해 지금까지 꾸준히 사회봉사를 하고 있다고 한다. 필자의 관점으로는 그는 장사꾼이 아니고 기업가이다. 고객들에게 행복을 팔았고 시간과 여유가 나는 대로 어려운 사람들을 찾아가 돕는 일을 당연시 하는 그의 사고방식 때문이다. 그는 어려운 사람들, 제3의 사람들 모두 때문에 그의 사업이 존재하고 이윤을 얻을 수 있는 것이라 생각하고 있다. 번 돈의 일부를 기부하는 행위 자체도 그는 전달자이고 고객들이 기부하는 것이라고 여긴다고 한다. 생계형의 노점상으로 시작하였지만 그는 진정한 열정과 혁신성, 도전정신, 그리고 사회적 봉사를 실천해온 진정한 창업자 자세의 소유자가 아닌가 싶다.

● 김석봉 대표의 도전은 사실 노점상으로 창피함 속에서 장사를 시작한 데서

부터이다. 아무나 할 수 있는 것은 아니다. 그는 새로운 각오 이후 긍지와 자부심을 갖고 새출발을 하였다고 했다. 여기서 우리가 꼭 본받아야 할 것이 있다. 새 각오 이후 정성을 다해 그의 계획들을 메모장에 적어 실천해나갔다는 자세이다. 김 대표의 메모습관은 '한국 프랭클린플래너'에서 선정한 '플래너 잘 쓰는 20명의 CEO'에 꼽힐 정도로 수준급이다. 그의 도전 정신은 계속되고 있다. 특히 장애인복지관, 천사원 등을 직접 방문해 수행하는 그의 사회봉사활동은 제2회 '봉사부자상'을 수상할 정도로 남다르다. 그가 말한 대로 밑바닥에서 고생하는 어려운 사람들을 위한 사회봉사의 사업 도전이 앞으로도 계속되기를 기대해본다.

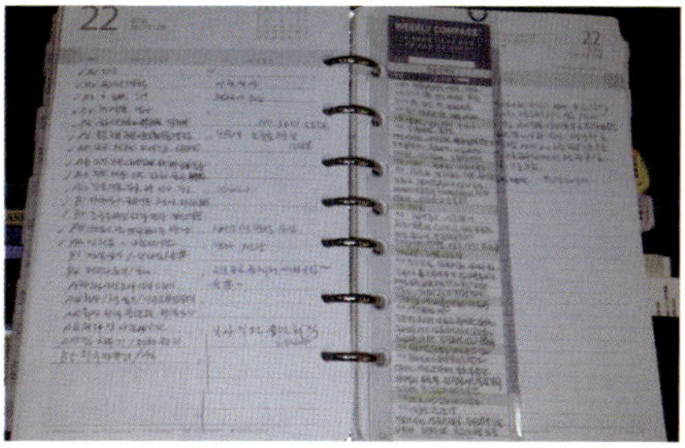

- 김석봉 대표의 창의성은 어떤가? 창업 당시의 토스트 아이템은 기존의 모양이기에 창의적이라 하긴 무리이다. 하지만 실패를 맛본 이후 그가 무교동 노점에서 출시한 토스트는 설탕과 조미료 대신 영양란, 치즈, 햄 등의 최고급 친환경 재료와 신선한 야채, 새롭게 만든 소스의 사용으로 만들어진 웰빙 토스트이기에 혁신적이라 할 만하다. 누구나 만들 수 있는 것이지만 손님들의 건강을 생각하고 맛의 수준을 한층 높인 것이기에 그렇다. 치즈 등 새로운 재료를 사용하는 신메뉴의 개

발을 꾸준히 해온 그의 창의성은 사업을 성장시키는 힘으로 발휘되었다. 3년 만에 연 1억원의 수입을 가능하게 만든 원동력이라 할 수 있다. 아무리 그가 친절하고 미소마케팅으로 손님을 행복하게 해주었다고 해도 음식은 맛이 중요하기에 그렇다. 맛이 없으면 손님은 오지 않는 법. 무엇보다 그가 어느 유명한 패스트푸드 못지않은 훌륭한 먹거리로서 토스트 가치에 대해 자부심을 가졌고 위생, 입맛, 건강 등 모든 측면에서 자신 있는 새로운 패스트푸드를 만들어냈다는 점을 인정해야 할 것 같다.

- 요컨대 김 대표는 그가 만든 자칭 웰빙 토스트를 가지고 햄버거 못지 않은 새로운 패스트푸드로 다양화시켰고 이를 커피류 등의 식음료 사업과 접합해 근사한 먹거리 카페 프랜차이즈 사업으로 만들었다. 창의성에 자신감이 더해진 결과이다. 큰 욕심 없이 취약계층이 큰 돈 없이 소자본으로 창업할 수 있도록 가맹조건을 완화한 것도 마음씨 착한 창의성의 발로라고 하겠다. 그의 끊임없는 상품 개발과 사업형태의 발전은 혁신 마인드를 실천한 결과로서 그의 사회적 애정 쌓기와 더불어 예비창업자들이 본 받아야 할 내용이라 할 것이다.

논점 분석 5 창업자 자세(창의성)

- 웰빙 토스트로 업그레이드
- 햄버거 못지않게 새로운 패스트푸드 사업화
- 식음료 사업과 접합해 먹거리카페 사업 변신

- 필자가 김석봉 대표에게 물었다. 사업추진과 유지에서 공익성 내지 사회적 가치를 고려해야 하는지를. 그는 대답했다. "예전에는 몰랐는데 지금은 사업이라는 것을 사회 전체의 일원, 구성원으로서 이끌어야지, 혼자 자기 이득을 추구하는 방법만으로 해서는 안 된다"라는 것이다. 크게 볼 때 사회적 기여 부분이 없으면 자본주의 사회 전체가 깨지게 되는 것이고 해당사업 자체도, 기업도 장기적으로 존립하기 어렵다는 주장이다. 김 대표의 진정한 창업자 자세(entrepreneurship)의 일면을 보여주는 말이 틀림없다. 앞에서 소개되었지만 김 대표는 창업 초기부터 노점상의 입장이지만 어려운 사람들에게 토스트를 무료로 제공하는 등 고생하던 시절을 생각하면서 꾸준하게 봉사를 해왔다. 토스트를 굽는 노점상도 오전 6시부터 11시까지 노점상으로 장사를 한 후 오후에는 사회봉사와 공부를 하기 좋은 비즈니스 형태이기에 택했다고 하는 김 대표. 그는 예수를 닮아가는 성인급인가 하는 생각이 든다.

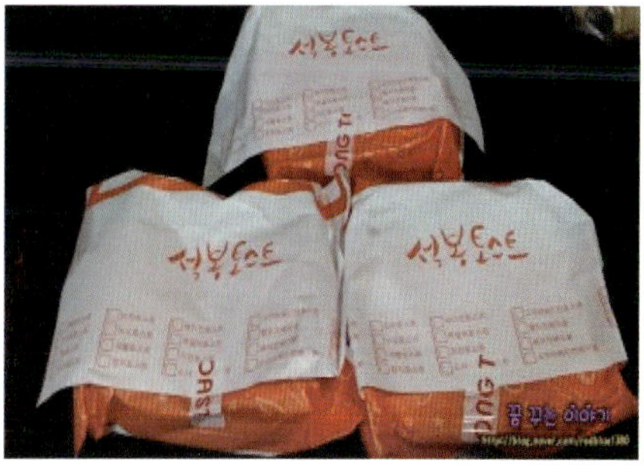

- 그가 불법 사업형태인 노점상을 할 때 겪은 이야기 하나. 인근 상가 업주나 행인들의 신고로 여러 번 단속에 걸려 벌금을 물기도 했던 김석봉 대표는 어느 날 즉결심판에 넘어가 재판장 앞에서 최후진술을 할 기회를 얻었다. 그는 일단 자신의 노점이 불법이라는 것을 인정한 뒤 "시청 부근이라 외국인들도 많아 청결과 위생관리에 최선을 다한 결과, 무교동 5대 명물로 인정되고 있으며 일본의 여행가이드 북에도 올라 있다"고 해명차원에서 설명

했다고 한다. 이에 판사는 "그 마음 잃지 말고 더 열심히 일하라"며 벌금 8만원을 부과했다고 한다. 김석봉 대표는 그날 "비록 불법 노점상이지만 나도 이 사회를 구성하는 아름답고 단단한 그물코라는 사실을 법원이 인정해 준 것 같아 가슴이 벅찼다"고 말했다. 그는 분명한 이 사회의 일원으로서 그리고 맛있고 값싼 먹거리를 제공하여 사회의 많은 소비자들을 행복하게 해주는, 그야말로 고객가치와 사회적 가치를 제대로 업그레이드시켜 주는 기업가임에 틀림없다. 그 자신의 말로 사업가는 사회적 기여를 해야 한다는 것이다. 그는 사회적 가치 배려를 창업자가 가져야 할 요건 중 하나로 인식하고 있었다.

〈사례 7〉 논점 정리

1. 김석봉 대표의 열정과 도전정신을 알 수 있는 것은?

욕 먹어가면서 노점상 운영, 위암수술 3주 후 재기, 극기. 지속적인 소스 개발, 최초로 토스트 가맹점 사업 진행

2. '석봉 토스트'가 창업아이템으로서 갖는 공익성은?

소자본 창업으로 새로운 희망을 꿈꾸는 분들에게 기회 제공

3. 김 대표가 초기 매출 부진을 극복한 방법은?

천연재료와 소스 개발, 유니폼, 위생관리, 웃음제공 등

4. 김석봉 대표의 창업사례를 통해 배울 수 있는 점은?

노점상의 용기, 자신감, 그리고 노점이지만 고객만족 경영으로 창업에 성공한 점

8. 예비창업자들에 당부 사항

- 김 대표는 젊은이들에게 전한다. 노점상 사업이었지만 '석봉토스트'라는 브랜드로 가맹점 사업을 전개해 관련 종사자들과 가족을 포함하여 적어도 1,000명 이상의 사람들이 비교적 부족하지 않게 생활해 나갈 수 있도록 만든 사업이었다는 점에서 자긍심을 가지고 있다고. 그래서 나름의 경험과 소신을 가지고 말을 하고 싶다고 한다. 지금도 기회가 있을 때마다 다니는 특강에서 강조하곤 한단다. 특히 청년들에게 어떤 사업을 창업하든 하지 않든 분명히 말해주고 싶단다. 높게 보고 멀리 봐라. 오랫동안 참고 관심 분야에 꾸준히 집중해서 열심히 하다보면 더 많은 성과를 낼 수 있다고. 꾸준히 노력을 하다보면 성공하는 습관을 만들게 되고 더불어 현재의 수준도 높아지고 어느덧 멋있는 사람이 되어 있을 것이라고. 그리고 그는 덧붙인다. 세상은 넓으니 해외로 눈을 뜨라는 것이다. 할 일들이 너무 많다는 사실을 알았으면 좋겠다는 요청이다. 필자도 항시 강조하는 말이다. 고마운 말들뿐이다.

예비창업자들에 당부 사항
• 높게 보고 멀리 봐라. 오랫동안 참고 관심분야에서 꾸준히 집중해서 열심히 하다보면 원하는 성과를 낼 수 있다. • 꾸준한 노력으로 성공하는 습관을 만들라. • 세상은 넓으니 해외로 눈을 뜨라. 할 일이 너무 많다.

인터뷰 외 참고자료

- 김석봉, 석봉토스트, 연봉 1억원 신화, 넥서스 출판사. 2004.
- "'믿음—나눔의 토스트맨 "희망을 팝니다" 길거리 스낵카 연 1억 매출 김석봉 사장,'" 〈국민일보〉, 2005.1.13.
- "사람들에게 희망을 구워주다 – 석봉토스트 김석봉 대표", 〈YTN 사이언스〉, 청년창업런웨이, 유튜브(https://www.youtube.com/watch?v=8D7U65vLDCE).
- 회사 홈페이지(http://sukbong.com)

사례 8 **'리니어블' 창업자 문석민 대표**

가족사랑과 IT가 만나 회사는 커지고

1. 창업 회사 소개

법인명	리니어블 주식회사
주소	서울시 성동구 뚝섬로1 나길 5(성수동1가, 헤이그라운드 4층)
창업자 및 대표이사	문석민
창업년도	2014년
사업내용	스마트 밴드(H/W)와 애플리케이션(S/W) 구성의 미아방지기
창업성과	2018년 8월 현재 직원 23명이 새로운 도약을 위해 노력 중
홈페이지	http://www.lineable.net

창업 소개	회사 주요연혁
● 2014년 '아이들을 지키자'는 가치를 가지고 창업해, 스마트밴드와 애플리케이션(스마트폰)으로 구성된 미아방지 서비스 제공 ● 2014년 해외 크라우딩펀딩 플랫폼에서 첫 번째 제품인 리니어블 밴드를 선보인 후 국내에서 제품을 정식 출시하였고 일본, 중국, 미국, 영국 등 해외에 진출 중	**2014. 11** 해외 크라우드 펀딩 플랫폼 '인디고고'에서 펀딩 성공(약 4천만원 투자 유치) **2015. 06** 국내 출시, 판매 **2018. 06** LoRa 원천기술 보유업체인 미국 Semtech로부터 2백만 달러 투자 유치

2. 창업자 개인적 특성과 창업동기

- 첫 인상이 차분해보이는 멋진 몸매의 훈남 이미지 문석민 대표(39세)는 제주도 출신이다. 아버지는 일본으로 해초류 상품을 수출하는 사업가. 어렸을 때부터 아버지로부터 사업가적 마인드를 배웠는지 모르지만 고교 생활 때부터(본격적으로는 대학 입학부터) 경제적 독립을 시작하였다고 한다. 비교적 과묵한 성격의 문 대표는 고등학교 시절에 게임을 무척 좋아해서인지 게임업체를 창업해보겠다는 꿈도 가져봤다고 하고 실제 돈벌이로 청바지 판매업을 해보기도 했다고 한다. 독립심이 꽤나 강했던 것 같다.

- 1999년 대학 진학으로 서울 생활이 시작되었다. PC 다루기를 좋아했던 문 대표는 한양대 컴퓨터공학과에 입학했다. 그는 대학시절에 경제적 독립 차원에서 알바생활과 학업을 병행, 즐거운 대학생활이라기보다 반 취업자생활로 대학을 보냈다고 한다. 남들처럼 청춘, 낭만 즐기기는 별 실력이 없었던 것 같다고. 인생의 우선 순위를 성인으로서 경제적 독립에 두었고 사회적 관점에서 어느 수준 이상 성공인이 되겠다는 생각을 예전부터 해왔다고 학창시절을 술회한다.

- 대학 졸업후 문 대표는 남들이 부러워하는 삼성전자에 입사하여 3년간 다녔지만 그는 정작 자신이 컨베이어 벨트의 한 부분에 해당하는 로봇 같았다고 느꼈고 그다지 행복하고는 거리가 먼 생활이었다고 한다. 대학에서도 배

우고 싶었던 디테일한 S/W를 못 배우고 H/W 중심의 이론만 배워 회의적이었는데 삼성전자 직장생활에서도 비슷하게 만족하지 못했다는 설명이다. 그는 한 개의 부속품 역할에서 벗어나 '큰 그림을 그리는 일을 하고 싶었다는 것이다. "저는 스마트폰 안테나 담당 엔지니어였는데 그것도 메인 안테나, 블루투스 안테나, DMB안테나 등 종합적인 제조 담당이 아니고 단지 한 가지 안테나에만 업무가 정해져 오로지 그것만 계속적으로 해야 했고 지겨웠죠. 나중에 완성품 스마트폰을 봐도 제가 만들었다는 느낌은 전혀 나지가 않는 거죠." 인생의 진정한 주인이 될 사람은 남의 부속품 위치에서 만족할 리가 없다. 문 대표 소회에서의 느낌이다.

- 삼성전자 퇴사 후 그는 미국의 온라인 유통회사인 '이베이코리아'로 입사해 신사업 개발 부문에서 나름 흥미롭게 주어진 일들을 2년간 열심히 해왔다고 한다. "신사업 개발 업무를 맡아 했는데 매우 재미있었습니다. 제가 직접 기획도 하고 비교적 자유롭게 일을 할 수가 있었죠. 시키는 사람이 없어도 휴일까지 출근할 정도였죠." 하지만 여기서도 그가 원하던 그림 그리기의 즐거움은 오래 가지 않았다. 그가 공을 들여 기획해 준비하던 신규사업이 다른 기업으로 넘어갔던 것이다. 그에겐 회사에 애정이 없어졌고 더 이상 다닐 힘도 없어져 두 번째 사표를 쓰게 되었다. 2010년의 일이다. 큰 그림을 그리는 것은 오롯이 내 자신이 창업을 하는 길일 뿐이다. 그는 세 번째 회사를 고르는 대신 그는 직접 창업의 길에 나선 것이다. 당시는

전 세계에 들이닥친 글로벌 금융위기의 여파가 아직 남아있을 때인지라 창업시점으로는 그다지 좋지 않다고 생각하였으나 그는 앞뒤 가리지 않고 겁이 없는 무개념적 성격 탓에 창업 실행을 하였다고 한다. 온라인 유통업체 '이베이코리아'에 다니면서 그는 많은 중소기업 업체 대표들을 만나 유통업체의 흐름에 대해 알게 되었고 창업에 도움이 될 많은 인맥도 쌓게 되었다고 한다. 이런 경험을 통해 그는 창업의욕을 키웠고 자신감도 갖게 되었다고 설명한다.

● 그가 시작한 첫 창업아이템은 중소기업을 대상으로 한 신사업 발굴 컨설팅. 대범한 사업 아이템이었다. 전 직장에서 담당했었던 신규사업 기획이 자신이 있어 만든 사업이었다. 2010년 '리버스'라는 컨설팅 회사를 차려, 마케팅 전문가, 디자이너 등 12명의 직원으로 약 3개월에 1건 정도로 수주해 총 20건 정도의 일을 수행했다고 한다. 그러나 약 5년 만에 폐업을 하고 말았다 한다. 돈을 버는 것에만 치중해서 감당할 수 없는 일감을 수주하였고 이로 인해 고객의 불만은 커져만 갔고 이런 일들이 쌓이고 쌓여 도저히 손을 쓸 수 없는 상황까지 갔었던 것이다. 잘못된 비즈니스 모델의 사업이었던 것이다. 사업성 검토에 그치는 컨설팅 사업도 어려운데 신규사업의 성공 가능성을 어떻게 가늠하여 고객의 입맛에 맞는 유망 신규사업을 마구잡이로 만들어 제안할 수 있겠는가? 사기꾼 소리 안 들은 것이 다행이라면 다행.

● 쓰라린 창업실패 뒤에 남은 것은 빚더미. 포기할 만하지만 문 대표는 두 번째 창업에 도전하였다. 내

사업을 만들어 성공하고 싶었던 것. 창업아이템을 찾으려 인터넷 검색을 통해 수백 개 이상 검토하고 지우고 또 검색하고 고민하던 그의 눈에 들어온 것은 우연히 스쳐본 미아방지용 스마트 팔찌였다. 한 해 발생하는 국내 실종 아동 수는 약 2만 명에 달한다고 하니 보람도 있고 사업성도 좋아보였다. 자신이 엔지니어 아닌가? 그는 자신이 조금만 연구하면 시중의 제품보다 훨씬 더 훌륭한 상품을 만들 수 있겠다는 판단을 했고 창업아이템으로 선정하기에 이르렀다. 문제는 자금이었다. 쫄딱 망한 그에게 자금 잔고는 바닥, 빚도 남은 상태이었다. 맨땅에 헤딩밖에 없었다. 인터넷으로 투자를 해줄 만한 곳을 검색하여 찾은 곳이 수백 곳. 모두가 부정적이었다. 그렇게 투자처를 찾아 무려 7개월을 보냈다. 대답 없는 메아리에 힘이 빠져 포기를 고민할 무렵, 부산에 사는 한 개인투자자를 찾아갔고 끈질기게 매달인 끝에 문 대표는 극적으로 5억원대의 투자금을 받아내는 데 성공한다. "처음에 만났을 때는 거절당했죠. 저를 못 믿으신 거죠. 그러나 포기하지 않았습니다. 연락 없이 일주일 뒤 또 찾아가 설득을 했습니다. 그는 결국 제 열정에 투자를 결정해 주었습니다. 지금도 그 분을 만나면 '그때는 뭔가에 홀렸던 것 같았다'고 말씀하십니다." 그때 문 대표가 마지막으로 설득한 말은 '죽지 않으면 인생 전부를 걸겠다'고 했다고 한다.

- 그렇게 2014년 11월 다시 시작된 두 번째 창업 '리니어블'은 초반부터 성과를 내었다. 제품 출시 전 이루어진 국외 및 국내 크라우딩 펀딩에서 전체

모금액 순위 2위(최근 3년 기준)를 기록했고 한 온라인 쇼핑몰에선 신생기업임에도 불구하고 1회 최대 판매 기록을 세우기도 했다. 미국, 중국, 유럽 등 여러 해외국가의 투자자들의 러브콜도 이어지고 있단다. 한 번의 쓰디쓴 창업의 실패 뒤에 맛본 약간의 성공. 그는 통장에 쌓인 금전적 수입이라는 측면보다는 미아방지라는 사회적 가치를 실천할 수 있다는 '일의 가치'를 느끼면서 창업하길 잘했다는 생각이란다. "지금이 제 인생에서 삶에 대한 만족도가 가장 높아요"라고 말한다. 대단한 일이 아닐 지라도 세상의 모든 아이를 지켜나가는 데 일조를 하면서 수입을 창출하고 있다는 생각에 절로 힘이 난다는 것이다.

3. 창업 초기 고난과 터득한 경험

● 문 대표는 창업 추진과정에서 본인이 생각건대 운이 좋았던 것 같다고 짧게 설명한다. 그러나 개발과정부터 지금까지 어려움도 많았고 실패도 많았음을 나열하였다. 미아방지기의 기능, 즉 아이를 잃어버린 부모 고객의 문제를 해결해주는 솔루션으로 처음에 설정했던 가설(미아 부모님의 핸드폰

에서만 알람)의 효과가 적어 결과적으로 실패작이었음을 인지했을 때 엄청 큰 낙담을 할 수밖에 없었다는 얘기이다. 그러나 그러한 불완전한 기술개발을 기반으로 2번째로 설정한 가설(주변의 다른 회원 휴대폰(앱)에서도 알람 가능)이 성공적으로 작동, 만족을 주었을 때의 희열도 가능했으리라. 고난과 낙담 다음엔 즐거움인데 문 대표는 이를 사업운으로 돌렸다. 질긴 승부기질을 가진 사업가라고 볼 수밖에 없을 듯하다.

- 기술개발 노력을 악착같이 시도해 모든 스마트폰 운영시스템에 맞도록 개선한 덕분에 처음 블루투스에 한정되었던 기술을 저전력 광대역 망(Low Power Wide Area Network)을 병행 사용하는 것으로 개선하였다. 최근 리니어블은 빠르게 전세계 이통사와 사업을 전개하고 있는데, 이는 기술적 개선 덕분이라고 할 수 있다. 또한 기존의 미아방지뿐만 아니라 치매노인, 반려 동물 실종 방지로 확장하면서 가족의 안전을 보장하는 기업으로 탈바꿈하였다. 회사가 더 성장할 수 있도록 사업방향이 수정된 것이다. 올해 2018년 본격적인 서비스 개시를 목표로 추진 중에 있으며, 이미 시장에서는 마켓 리더라는 평가다. 이런 성장 속도를 바탕으로 관련 분야의 탑티어로 성장하는 것이 단기적 목표라고 한다.

사진: SK하이닉스블로그 제공

- 문 대표는 2014년 말 '본엔젤스'의 장병규 대표를 만나서 다시 5억원의 투자금을 받아내는 데 성공했다. 이를 동력으로 하여 패밀리 안전서비스를 네트워크 기반의 커넥팅 비즈니스로 만들어가고 있다고 한다. 앞으로의 사

업이 그가 그리는 큰 그림의 세부적 방향이고 진정한 승부를 거는 마당이라는 설명이다. 그는 담대하게 말한다. 돈을 보고 가서는 안 되고 공익적 사업목적과 가치에 사업가의 희망과 포부를 두어야 한다고. 그는 강조한다. 장기적 승부는 단순한 돈벌기가 아니고 뚜렷한 사회적 애정과 가치를 느끼고 동반해서 가는 것이라는 말이다. 그는 평상시 지하철을 타고 다니면서 소박한 소시민적 생활에 만족하고 있다. 진정한 사업은 돈을 목적으로 하거나 남에게 보이기 위한 것이 아니라고. 사회적 가치 제공에서 사업의 보람을 느껴야 사업을 유지하고 성장 가능성도 자라게 된다는 것을 실감 중이라 한다. 더욱 진중해진 그의 사업 태도는 향후 ㈜리니어블의 발전 가능성을 긍정적으로 말해주는 것이리라.

소중한 내 아이를 지켜주는 '리니어블' 문석민 대표

https://www.youtube.com/watch?v=HBiofSMKW-g (약 24분)

자료와 사진: 유튜브 채널, YTN 사이언스

4. 창업 기업의 성과

● 2014년 11월 해외 크라우드 펀딩 플랫폼 '인디고고'에서 스마트 밴드와 모듈, 앱으로 구성된 미아방지 서비스를 제공하는 아이디어로 시작한 '㈜리니어블'은 영어 단어 라인(LINE)과 에이블(ABLE)을 조합해 '연결'이란 개념을 회사명으로 만들어 사용하고 있다. 공식 출시되기도 전에 2만 5천여 개의 제품을 예약 판매 상태에서 시작을 한 것이다. 2015년 6월에 국내에 처음으로 출시하였고 2018년 2월 현재 전 세계 83개국에 제품을 수출하고 있다. 2018년 8월 현재 연구직 중심의 23명의 직원이 일할 정도가 되었다. 제2의 도약을 위

'㈜리니어블' 성과

설립연도	2014년
사원수	23명(2018년 8월 기준)
창업자금	5억원(외부투자)
업종분야	제조 및 S/W 제작
주요사업	미아방지 밴드(HW)+어플리케이션(SW) 상품 제작, 판매

사진: 미디어SK 제공

해 제품의 버전 업과 작동기술의 업그레이드에 열을 올리고 있다. 패밀리 안전보장 서비스라는 종합적인 '실종방지 알림서비스'라는 미래 확장형 비즈니스 모델로 성장하고 있는 중이다.

5. 비즈니스 모델과 사업성 분석

논점 분석 1 비즈니스 모델

- 미아방지 밴드(HW) + 스마트폰의 어플리케이션(SW) 상품 제작, 판매
- 알람 기능 +위치 파악(타인 스마트폰의 어플 작동 가능)

- '리니어블'의 비즈니스 모델은 이미 시판 중에 있는 미아방지기들과는 달리 스마트폰 시대에 맞게 업그레이드된 미아방지 밴드(하드웨어 부품)와 이에 연계되어 작동하는 스마트폰 어플리케이션(소프트웨어)으로 구성된 상품의 제작과 판매라고 할 수 있다. 예컨대 어린아이가 엄마 곁에서 20~30미터 이상 멀어지면 어린 아이의 손목에 부착된 스마트 밴드의 비콘에서 보내는 신호 정도가 일정수준 이하로 떨어지게 되는데 이때 엄마의 스마트폰의 어플에서 이를 감지하여 알람을 해주는 기능의 상품이라고 할 수 있다. 창업 초기는 단순히 엄마 스마트폰에서만 작동되던 상품이었다. 지금은 같은 어플을 작동하고 있는 다른 부모의 스마트폰에서도 크라우드 소싱 GPS 기능을 이용하여 알람이 되도록 했다. 공동체적 가족 같은 마음으로 함께 미아를 찾을 수 있도록 버전 업이 된 것이다.

- 이러한 상품은 우리나라뿐만 아니라 세계 여러 나라에서도 수요가 있어 이미 수많은 외국으로도 진출하고 있는 상품이기도 하다. 앞으로 미아방지용

자료: 리니어블 제공

뿐만 아니라 치매노인 실종 방지, 반려견 찾기 등의 패밀리 안전보장 서비스라는 종합적 실종방지 알림서비스 사업으로 커지고 있는 중이다.

- '리니어블㈜'의 창업아이템인 미아방지기 사업성을 따져 보자. 우선 시장성 측면에서부터 보자. 미아방지 문제를 해결하는 데 시장성이라는 단어 자체가 민망하다. '미아 및 아동착취 방지를 위한 국제센터'(NCMEC: National Center for Missing and Exploited Children) 자료(2012년)에 의하면 전 세계적으로 매년 797,500명의 아동이 실종된다고 한다.[1] 한국에서만 매년 약 2만 명의 아동이 부모님으로부터 원치 않은 이별을 하고 있다는 것이다.[2] 너무나 안타까운 일이다. 참고로 치매노인의 실종도 경찰청 통계를 보면 한해 1만 건 가까이 된다. 하루 평균 27명에 이른다. 이러한 슬픔은 사업

---

1) "리니어블, 유니세프 '웨어러블 포 굿 챌린지' 선정", 〈어빙〉, 2017.1.6.
2) "실종아동 찾기 팀플레이 펼쳐지길 희망", 〈파이낸셜뉴스〉, 2018.5.25.

논점 분석 2 사업성

1) 시장성: 한국에서만 연평균 약 2만 명 아동이 실종

2) 상품성: 기존상품(와이파이 이용 미아 방지기)보다 저렴, 기술적으로 개선

3) 수익성: 직원 23명 인건비 감당하며 기술개발 지속중

적 측면에서 보면 안 되는 것이지만 '리니어블'의 1차적 창업아이템인 미아방지기와 2차적 아이템인 치매노인 배회감지기의 필요성은 분명하다. 정부에서 구매를 하든지 민간의 필요고객이 구매를 하든지 꼭 있어야 할 상품이다. 사업성을 보기 위한 시장규모는 충분하다고 할 수 있겠다. 초기상품과는 달리 지금은 '크라우드 소싱 GPS' 기능을 발휘하고 있어 1회성 제품 판매에 그치는 사업이 아니고 지속적인 무선통신 이용 및 안내 서비스가 필요한 사업이 되었다. 이에 SK텔레콤 등 국내 대형 통신사와 이미 유료 서비스 계약을 체결해 사업의 파이를 늘리고 있으며 성장성에 있어서도 주목 받고 있다.

- 다음은 상품성이다. 기존 미아방지기는 스마트폰의 알람 어플을 이용하는 것이 아니고 와이파이 이용, 알람기능을 장착한 독립된 기기였다. 그러나 리니어블의 스마트 밴드는 1~9세 유아를 위해 제작한 미아방지 팔찌로 사물인터넷 분야에 사용되는 저전력 광역통신망인 LPWAN을 이용한다. 초저전력성과 저렴한 가격으로 누구나 저렴하게 사용할 수 있게 만들었다. 미아방지 팔찌를 착용한 아이가 애플리케이션이 설치된 스마트폰에서

20~30m가량 벗어나면 알림이 울려 미아 발생을 사전에 예방하는 방식이다. 배터리 충전 없이 1년여 사용 가능한 것도 장점이다. 스마트 밴드는 1만원이 채 되지 않는다. 문 대표는 사업적

미션으로 저가전략을 고집하고 있다. "처음 시작했던 미아방지 스마트 밴드 제작 때부터 누구나 가격 지불의 어려움 없이 구매할 수 있는 보편적 제품을 만들고 있다"고 말한다. 현재 출시된 상품의 기술성에 대해서는 앞서 언급된 바와 같이 SK텔레콤 등 국내 대형 통신사와 이루어진 협력으로 무선통신망을 사용하는 단계로 업그레이드되었다. 세계적인 시장을 보고 기술적 개발에 매진하고 있어 더욱더 믿음직하다.

- 수익성에서는 아직 충분하지 않다. 지속적으로 기술개발에 투자하고 있는 중이라 그렇다. 2017년에 추가로 7명의 연구인력을 영입해 세계시장을 본격적으로 두들기고 있는 것이다. 2017년 이루어진 15억원의 외부투자금을 가지고 큰 그림을 그리고 있다. 문 대표 사업의 수익성을 당장에 논하기가 어려울 것 같다. 국내의 시장에서는 아직 만족할 수 없는 것이고 투자금으로 인건비를 충당하고 있다고 봐야 할 것이다. 그러나 진척되는 상황이 미아방지기에서 치매노인 배회 감지기 등으로 확장되면서 수익 확보의 범위가 점차 커지고 있는 것은 사실이다. 수출시장도 세계적으로 점차 넓어지고 있다. 시간이 지날수록 수익성은 커질 전망이다.

6. 창업 마케팅과 경쟁력

- '리니어블'은 2014년 11월에 미아방지기 아이디어로 미국 크라우드 펀딩 사이트인 '인디고고(Indiegogo)'에서 우리 돈 약 4,000만원의 투자를 유치했다. 제품 단가가 개당 5달러임을 감안했을 때 약 8,000명이 사전고객으로 리니어블 프로젝트에 직·간접적으로 참여했다고 볼 수 있다. 이에 세계 미디어들의 극찬도 있었다. 그리고 약 2개월 뒤 리니어블은 또다시 국내 크라우드 펀딩 플랫폼 '와디즈'에서 약 3,300만원의 자금조달에도 성공했다. 미아방지기용 스마트밴드 제조 계획을 가진 '리니어블'은 국외 및 국내의 크라우드 펀딩에 성공한 최초의 스타트업이 됐다. 크라우드 펀딩 외에도 '본엔젤스'로부터 5억원, 그리고 동문파트너즈 등 국내 VC들로부터도 받아 총 15억원의 창업 투자금을 받았다.

- 정확하게는 '리니어블'의 '미아 없는 세상 만들기'라는 창업 가치가 해외 언론에 소개되었고 이에 동의한 해외 및 국내의 크라우드 펀딩이 이루어진 것이다. 이를 통해 사전 고객이 유치되는 효과를 맛보았다. 이후 크라우드 펀딩에 성공함으로써 더욱더 해외 언론은 물론 국내 언론에서도 집중적으로 소개하였다. 행운인 셈이기도 하지만 전략적으로 추진한 것이었다. 쉽지 않은 크라우드 펀딩에 성공한 아이템에 대해서 언론은 알렸고 창업아이

템에 대한 초기 홍보방법으로 적절한 것이 되었던 것이다. 크라우드 펀딩이 좋은 이유 중 하나는 사전에 고객을 확보한다는 것이고 이들 사전고객만 만족시키면 구전효과를 추가로 확보할 수 있다는 것이다. 실제 '리니어블'의 상품화는 성공적으로 이루어져 사업 행운은 이어졌는데 지속적인 해외투자와 국내투자가 이루어진 것이다. 창업 기업의 창업 마케팅으로서 스타트업다운 고효율성을 가지는 방법론이라 할 수 있겠다. 여기에는 사전고객을 만족시키는 지속적인 기술개발 노력과 인내, 그리고 사회적 가치까지 헤아려 반드시 실현시키겠다는 의지가 숨어있었음을 알아야 할 것이다.

- '리니어블'이 내놓은 스마트밴드는 어떤 차별화된 경쟁력을 가지고 있는가? 스마트폰 어플을 통해 알람 기능이 작동되어 블루투스 기반의 기존의 기술 제품과는 다르다. 무엇보다 리니어블의 제품은 문 대표의 의지, 즉 미아방지라는 가정의 행복을 지키기 위한 사업비전에서 나왔고 크라우드 펀

논점 분석 3 **창업 마케팅**

해외 크라우드 펀딩을 통한 고객 유치와 언론 홍보

- '미아 없는 세상 만들기'라는 창업 가치가 해외 언론에 소개되어 고객이 유치되는 크라우드 펀딩에 성공
- 이후 해외투자와 국내투자가 이어짐 ➡ 자연스런 고객들의 구전+언론 소개

딩의 후원자들이 이러한 사회적 가치를 인정해 탄생한 상품이다. 사업의 진전도 단기적 수익보다는 이러한 공익적 가치 창출에서 긍정적 방향으로 이루어지고 있기에 사업의 경쟁력은 특별나다고 할 수 있다.

- 기술적 경쟁력을 살펴보자. 꾸준한 기술개발 노력으로 지속적으로 업그레이드되고 있다. 지금까지 4번째로 버전 업이 되었다. 최신의 리니어블 스마트 밴드는 비콘과 페어링 두 가지를 혼용한 하이브리드 방식의 경우 기존 비콘 수신 방식 제품보다 성능이 안정적이다. 또한 다양한 스마트폰 운영체제에서 훨씬 정확한 거리 이탈 알림 서비스를 제공할 수 있다. 아이와 핸드폰의 상태에 따라 알람 조건이 변화하는 알고리즘과 불안정한 신호를 막는 알고리즘 등도 추가해 안정적인 서비스를 제공하고 있다. 리니어블의 스마트밴드는 기본적으로 저전력 블루투스4.0 기반의 비콘 기술을 이용한다. 아이가 밴드를 차고 있으면 리니어블 모바일 앱을 통해 아이의 위치를 지도상에서 확인할 수도 있다. 특정 거리 이상 벗어나면 알람이 울리고 '신고하기 기능'도 있어 아이를 잃어버린 경우 다른 리니어블 앱 사용자에게 도움을 요청할 수 있다. 그리고 제품외형이 무독성 실리콘 재질로 만들어져 아이들의 건강에도 문제없고 충전 없이 1년간 사용할 수 있다.

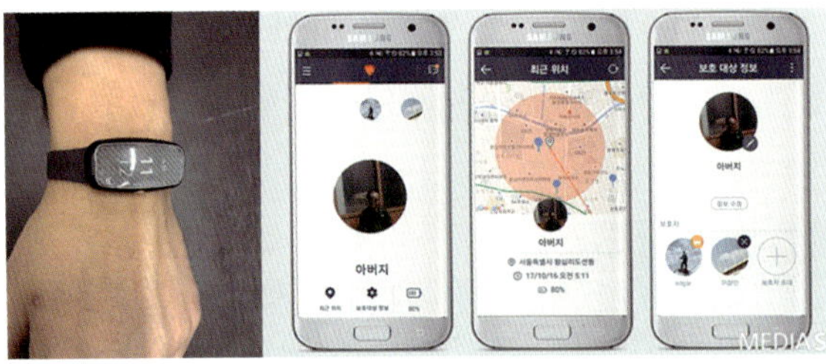

- 무엇보다 스마트 밴드를 약 5천원 정도에 공급하는 저가전략을 사용하고 있어 경쟁력이 있다. 이는 문 대표의 사업목표가 사회적 가치의 실현에 있

기 때문에 실천되고 있는 전략이 라 할 수 있다. 미아방지기는 그야말로 부모님들의 행복을 위한 인류 보편적인 아이템으로서 '아이들을 함께 지키자'는 사회적 가치를 실천하는 수단이라는 것이다. 전 세계에서 이 같은 사회적 가치에 공감하는 분들의 후원을 받은 창업아이템으로서 하이테크 기능성 서비스 부가는 차별화된 경쟁력이 아닐 수 없다.

논점 분석 4 경쟁력

- 수익보다 사회적 가치(미아방지 등 가정행복) 실현으로 설득력 제고
- 저가 공급과 기술력 우위 어플이케이션 개발

7. 창업자 자세

- 문석민 대표는 어릴 적부터 경제적 독립을 하려 돈벌이를 하고 싶어 했고 고등학교 시절 때에 사업경험을 했던 사람이다. 그런 그였기에 대학을 졸업하고 삼성전자라는 대기업에서 자리를 잡았지만 독자적 창업의 꿈을 꾼 것은 당연하다. 사업 환경이 어떤 것인가를 이해하려는 차원에서 대기업 삼성전자와 '이베이코리아'라는 세계적인 온라인 유통회사를 다닌 셈이 되었다. 그는 결국 직장생활 5년 후 첫 창업을 실행했다. 그는 첫 창업아이템, 즉 중소기업을 대상으로 한 신규사업 제안 등의 컨설팅에서 돈을 벌기 위해 자기 취향에만 맞도록 사업을 하는 것이 아니라는 사실을 터득하게 된다. 문 대표는 첫 창업에서 실패를 한 후에도 경제적으로 안달을 하지 않고 고생이 널려 있는 제2의 창업의 길을 또 걷는다. 오기(傲氣)라 하기엔 창업으로 표출되는 그의 독립심은 선천적이고 독보적이라고 할 수밖에 없을 것 같다. 빚더미에 있는 처지에 대기업을 다녔던 웬만한 공학도라면 월

논점 분석 5 **창업자 자세(도전 · 열정 · 끈기)**

- 대기업 직장 포기 후 창업, 첫 창업 실패에도 재창업 도전
- 인생 전부를 거는 열정과 끈기로 투자유치 성공
- M&A 거부하고 끈기로 기술개발 지속 도전

급쟁이 생활로 복귀해서 그 생활에 안착하거나 재기를 노리는 것이 일반적이기에 그렇다.

- 아무튼 그는 2차 창업에 나섰다. 창업아이템은 잡았으나 돈이 없어 별의별 자금 조달방법을 찾아낸다. 그리고 막무가내로 대시를 했다. 국내의 투자자 리스트를 찾아 창업계획을 설득하는 등 그는 창업 초기 돈 구하기에 많은 시간 매달린다. 그러나 모두 거절. 사업적 비전에 대해 부정적이었다. 주변의 창업 포기 권고가 일기 시작한다. 그러나 그는 포기하지 않았다. 마침내 그의 열정에 조금의 긍정적 반응을 보인 부산 투자자를 악착같이 잡았고 두 번째 만남에서 '죽지 않으면 그의 인생 전부를 걸고 해보고 싶은 사업이다'라는 믿음을 주었고 투자유치에 성공하게 된다. 첫 번째 부산 분의 투자금 유치에 이어 이어진 해외 크라우드 펀딩 '인디고고'에서의 자금 유치 성공, 그리고 국내 펀딩 유치 등은 결국 그의 창업열정을 견실한 실행력으로 바꾸어 주었다.

- 문 대표의 창업자 자세 일면으로서 도전성은 우선 창업 열정을 지속적으로 발휘한 데서 찾을 수 있겠다. 한 번의 창업에서 그는 실패를 했다고 인정하

였다. 신규사업 구상에서 남다른 자신감과 흥미를 느낀 그로서는 도전할 만한 일이었고 12명의 직원으로 적지 않은 일감을 수주하여 일을 수행하였다. 너무 겁 없이 감당할 수 없는

사진: 미디어SK 제공

과제들을 수주 받은 것이 문제였다. 가당치 않는 프로젝트를 수주하여 사기를 치지 않은 이상, 아니 사기를 치고 도망가지 않는 이상 수행할 수 없는 사업 컨설팅까지 하려고 했던 것이다. 실패는 당연한 것. 빚까지 진 상태에서 종료를 했다. 창업을 두려워 포기할 만도 한데 그는 다시 제2의 창업을 시작하였다. 그의 도전정신은 식지 않은 것이다. 미아방지기 창업초기 본인을 사기꾼이라고 생각도 했던 직원에게 그는 신뢰를 주었고 기술개발력이 있는 직원을 여러 번에 걸쳐 설득해 영입하였다. 제2의 창업은 지치지 않은 도전정신으로 이뤄낸 것이다.

- 그의 도전력은 기술개발의 노력에도 나타났다. 모든 스마트폰에 가능하도록 운영체계를 업그레이드하고 미아방지에서뿐만 아니라 치매노인의 실종을 막기 위하여 배회 감지기 등을 추가로 개발하여 경찰청과 함께 대기업의 후원을 받아내기도 하였다. 그의 도전은 여기서 끝내는 것이 아니고 반려견의 실종까지 보호하는 애정으로 확대되고 있다. 가정의 행복을 지켜주는 정보통신업체로 발전시켜 나가고 있는 것이다.

- 문 대표의 사업적 창의성은 최초 기술개발이나 새로운 분야의 신제품을 선보인 것이 아니기 때문에 독특한 것이라 보기 힘들다. 그는 기존에 나와 있

논점 분석 5 창업자 자세(창의성)

스마트폰 시대 기능성 파악

- 스마트폰 어플을 통한 상품성 개선
- 직관력으로 사회적 가치(공익성)에 기반한 미아방지기 사업성 확신

는 미아방지기를 새로운 작동시스템으로 발전시켜 보겠다는 차원에서 창업을 한 것이었다. 스마트폰 시대에 맞는 스마트 밴드를 고안해 낸 것이다. 이것의 사업성과 사회적 필요성을 포착한 점을 우리는 칭찬해야 할 것이다. 그는 사회적 필요성에서 확신을 했고 밀고 나갔다. 그의 판단은 맞았다. 그의 공학전공과 직장에서의 엔지니어 경험이 도움이 되었을 것이다. 그러나 그의 미래지향적 사업성 판단은 역시 남달랐고 이에 의해 그의 창업아이템은 지속적으로 개량되어 왔고 사업은 커져 갔다. 기존에 출시된 상품이라도 개선을 하면 새로운 사업성을 가질 수 있다는 것을 보여준 좋은 사례가 아닐 수 없다. 스마트폰 시대의 상품성을 알아본 안목은 인정해야 할 것이다.

- 문 대표에게는 이미 앞에서 언급한 것처럼 미아방지기라는 창업아이템 자체가 공익적 배려가 감안된 것이라 특별나다. 그는 말한다. 사실 창업단계에서 미아방지기에 대한 젊은 부부들의 수요와 사회적 수요가 있을 것이라고 단순하게 생각했다는 것이다. 그러다가 많은 고객들을 만나고 사업 아이템의 개발과 기술 개선, 그리고 매출 증대 목적에서 여러 사람들과 만나

논점 분석 5 **창업자 자세(사회적 가치 배려)**

- 미아 방지라는 사회적 가치 캠페인으로 펀딩 성공
- 목전의 수익보다 치매노인, 반려견 찾기 등 행복한 가정 지키기 목적으로 사업을 발전시키고 있음(치매노인 배회 감지기 등 추가 개발)

사진: 경기일보 제공

다 보니 그는 사업 아이템의 공익적 가치(행복한 가정 지키기)를 내세울 수밖에 없었고 자연스럽게 공익적 사업비전을 키워가게 되었다는 것이다. 솔직하고 이치에 맞는 소리이다. 창업 초기에 공익성 가치를 염두해둘 수 있지만 생존 차원의 돈 벌기보다 먼저일 수는 없을 것이다. "좋은 일은 착한 사람만 하는 것이 아닌 것 같습니다. 사업을 추진하고 키우다보니 공익적 목표와 가치를 추구하게 되더라구요"라고. 그는 또 말한다. 사업의 보람을 느껴야 사업도 유지하고 성장 가능성을 높여갈 수 있음을 실감 중이란다.

- 현재 돈벌이가 중요한 것은 다음의 사업투자 때문이라고 한다. 과연 미래지향적 큰 그림을 그리는 문석민 대표다운 말이다. 사회적 가치 배려가 생색내기가 아님을 보이는 말인 듯싶다. 그는 회사가 어느 정도 커져 여유를 부릴 만도 하지만 오히려 지금은 생각이 바뀌어 소시민적으로 검소한 생활을 즐기고 있단다. 자못 그의 사업적 미래와 발전가능성이 궁금해진다. '가정행복 지키기' 전문서비스를 제공하는 세계적인 IT기업이 되기를 기대해본다.

〈사례 8〉 논점 정리

1. 문석민 대표의 열정과 도전정신을 알 수 있는 것은?

첫 창업 실패에도 불구, 재창업 실행, 사업포기 권고 극복, 인생 걸겠다고 해 투자유치 성공, 삼고초려로 좋은 직원 확보

2. '리니어블'이 창업아이템으로서 갖는 공익성은?

미아 없는 세상을 만들겠다는, 가정행복을 제공하겠다는 꿈

3. 문 대표가 활용한 마케팅이라 한다면?

사용고객들의 구전효과와 언론에서의 소개 홍보

4. 문석민 대표의 창업사례를 통해 배울 수 있는 점은?

남들이 이미 만든 아이템이라도 보다 싸고 좋은 기능으로 만들어 창업가치가 있는 것이라면 충분히 성공할 수 있다는 점

8. 예비창업자와 정부에 당부 사항

● 문석민 대표는 강조한다. 창업에 목적과 가치를 가져야 버틸 수 있다고. 예비창업자들에게 권한다. 창업하려는 목표와 그 사업이 추구하고자 하는 가치가 뚜렷하다면 도전해보라고 한다. 그러면서 그는 말한다. "창업에 신중해야 한다. 버티는 것도 중요하지만 성공하기란 더 어렵다. 내 자신 진정한 성공에 두렵다. 자기 역량 평가에 신중해야 한다." 창업을 한 후 성공을 못하면 직원들뿐만 아니라 투자자에게 죄를 짓는 일이 된다는 것이다. 문 대표는 많은 고생을 한 사람으로서 창업을 권하되 성공은 힘이 드는 과정이

기에 여러 가지 어려움을 극복할 수 있는 역량을 스스로 가지고 있는지를 먼저 제대로 진단하기를 요청하는 것이다.

- 문 대표는 가급적 젊은 친구들이 창업을 할 때는 큰 목표를 가졌으면 좋겠다고 한다. "돈을 벌겠다고 하거나 뛰어난 사람임을 증명하는 것이 아니라, 사회의 문제를 해결하는 것을 창업의 목표로 삼았으면 한다." 그의 진심어린 충언이다. 그리고 그는 국내에 아직도 카피캣(copycat) 스타트업이 많다고 진단한다. "예전에 한 대학원 과정 학생이 찾아와 하드웨어 스타트업을 하려면 어떤 것이 필요한지를 물어봐서, 창업 초보자 입장에서 가벼운 것부터 도전하면 좋겠다고 조언했었죠. 그런데 그는 '미국에 이미 있는 사업모델을 단순히 현지화해서 한국에 도입하면 잘 될 것 같다'고 이야기하더군요. 그것이 우리나라 스타트업의 현주소인 것 같습니다." 젊을 때는 좀 더 도전적이고 많은 사람들에게 도움이 되는 일을 하는 것이 좋다고 그는 당당하게 권하고 있는 것이다.

- 정부의 창업지원 정책의 방향에 대해서도 한 마디 지적한다. 예비 스타트업들이 참고할 만한 모범적 성공기업을 키우라는 것이다. 어떤 창업기업이 사업성에 대해 해외와 국내에서 검증 받았다면 확실히 성장할 수 있도록 선택과 집중 정책으로 지원하라는 말이다. 그래서 후배 스타트업들이 이러한 선배 스타트업을 벤치마킹하도록 하자는 것이다. 예비 창업자들에게 정부의 창업지원책으로 돕는 것보다 스마트한 스타트업 사례를 제시하는 것이 훨씬 낫다는 소리이다. 사실 이러한 지적은 이 책의 많은 사례에서 공통적으로 나온 얘기이기도 하다. 양적 지원이 아닌 소수 1, 2개의 우량 스타트 기업을 제대로 클 수 있도록 창업 이후에도 실질적인 도움을 주어야 한다는 말이다.

예비창업자와 정부에 당부 사항

- 창업하려는 가치가 뚜렷하다면 도전해보라. 그러나 창업은 힘들기에 여러 어려움을 극복할 수 있는 역량이 있는지 스스로 잘 진단해야 한다.
- 젊은 창업자들은 사회적 문제를 해결하는 목표를 가지고 했으면 한다. 장기적 비전으로 말이다.
- 정부는 예비 스타트업들이 배울 만한 모범적 성공기업을 선택과 집중 지원으로 키워야 한다.

인터뷰 외 참고자료

- "[도전 Re-스타트] 〈4〉 리니어블..."저렴하고 길게 언제 어디서나 가족과 함께", 〈전자신문〉, 2017.11.6.
- "S전자 대신 선택한 창업, '지금이 제일 행복해'", 〈비즈업〉, 2016.5.31.
- "[Start-Up Now] 리니어블(Lineable) 문석민 대표 인터뷰", 〈혁신기업연구센터〉, 2015.12.8.
- "[인터뷰] 인문사회·과학기술 융합해 미아방지 밴드 만든 문석민 '리니어블' 대표", 〈조선비즈〉, 2016.11.17.
- "[인터뷰] SK하이닉스와 함께 치매노인의 안전을 지키다! 리니어블 문석민 대표", 스토리/패션피플, 〈SK하이닉스블러그〉, 2017.9.20.
- "리니어블, 유니세프 '웨어러블 포 굿 챌린지' 선정", 〈어빙〉, 2017.1.6.
- "용인 동부서, 치매노인 위치확인 기기(리니어블 밴드) 전달", 〈경기일보〉, 2016. 9.2.
- "가족을 이어주는 스마트밴드, '리니어블'", 〈미디어SK－행복인터뷰〉, 2017.11.2.
- "보건소서도 치매노인 지문등록 추진", 〈한겨레신문〉, 2018.3.1.
- "실종아동 찾기 팀플레이 펼쳐지길 희망", 〈파이낸셜뉴스〉, 2018.5.25.

사례 9

'탐스슈즈' 창업자 마이코스키 대표

1:1 기부방식으로 사업을 한 이야기

1. 창업 회사 소개

법인명	탐스
창업자 및 대표이사	블레이크 마이코스키(Blake Mycoskie)
창업년도	2006년
사업내용	신발, 안경, 가방, 커피 등 제조 및 판매
창업성과	2006년 창업 후 3년 만에 매출 55억원, 2013년 7월 기준으로 4천억원 매출과 1천만 켤레 신발 기부 기록, 2017년 말 매출액 약 4천억원 유지, 약 30여 개국 지부 운영. 본사 직원 350여 명
홈페이지	미국 LA 본사: http://www.toms.com/international 한국지사: http://www.tomskorea.co.kr

TOMS
One for One

창업 소개	회사 주요연혁
● 소비자가 한 켤레 신발 구입하면 한 켤레 신발을 기부하는 공식(One for one)으로 마이코스키(Blake Mycoskie)가 창업 ● 아르헨티나의 전통 신발인 '알파르가타'에서 영감을 얻어 신발을 제조, 판매. 그 후 안경, 가방, 커피 등도 취급	**2006년** 창업 후 1년간 1만 켤레 판매(아르헨티나 1만 켤레 기부) **2013년** 4천억원 매출, 1천만 켤레 신발 기부 기록 **2016년** 창업 10년 만에 기부 누적 3,800만 개, 전 세계 매장 1천 개 운영 중

2. 마이코스키의 창업동기

- '탐스'의 창업자 마이코스키는 1976년 출생으로 한때 테니스 스타를 꿈꾸던 대학생이었다. 하지만 예상치 못한 부상으로 꿈을 접고 그는 창업으로 눈을 돌렸다. 세탁소, 케이블 방송, 실외 광고업체, 인터넷 자동차 운전학원 등 그는 4번의 창업을 했지만 번번이 실패했다(4번째 사업인 인터넷 운전학원은 운영 중에 동업자들에게 넘김). 마이코스키는 2006년 초 머리를 식힐 목적으로 아르헨티나로 여행을 떠난다. 여기에서 그의 인생은 새롭게 출발하게 된다. 그의 눈에 들어온 것은, 아르헨티나 사람들이 즐겨 신는 '알파르가타'라는 신발이었다. 부드러운 캔버스 천으로 된 이 신발의 품질을 개선해 외국에 팔면 인기를 끌 것 같았다. 그리고 또 하나 목격한 것은 아르헨티나의 가난한 아이들이 신발 살 돈이 없어 맨발로 돌아다니는 모습이었다. 시간도 있고 동정심이 많은 그는 아르헨티나에서 신발 기부 활동을 벌이는 비영리단체에서 직접 여러 날 신발 봉사활동을 하게 된다. 하루는 그곳 단체의 봉사활동가로 일하고 있는 미국인 여성으로부터 이런 말을 듣는다. "맨발로 다니는 아이들이 발에 상처도 나고 파상풍 같은 각종 질병에 걸리기도 해 문제이지만 신발이 있어야만 학교를 다닐 수 있어요." 학교에서는 교복과 신발 신은 학생들만 받아준다는 것이다. 그리고 전적으로 기부에만 의존하다 보니 신발 기부량이 일정하지 않아 안타깝다는 것이다.

'신발기부대장' 블레이크 마이코스키 탐스슈즈 CEO

이때 그의 머릿속에 '신발 기부를 사업과 연결하면 어떨까?' 하는 생각이 떠올랐다. 소비자에게 신발 한 켤레를 팔 때마다 다른 신발 한 켤레를 가난한 아이에게 기부하는 방식, 이른바 '일대일(one for one)' 기부 원칙이다. 마이코스키는 즉시 아르헨티나 현지인 친구(알레흐)를 설득했고 그와 함께 기부사업에 도전하게 된다. 시골의 한 마을에 사는 어린이 250명에게 신발을 기부해보겠다는 목표를 정했다. 현지의 제화공을 찾아 며칠을 고생해 가면서 어렵게 250켤레를 만든 마이코스키는 이 신발들을 더블 백에 담아서 미국 집으로 돌아와 판매를 하게 된다. 친구들과 지역방송의 소개 덕에 250켤레뿐만 아니라 기대 밖에 수천 켤레의 판매 예약까지 받게 된다. 그해 여름 1만 켤레의 신발 판매에 성공한 그는 1만 켤레의 어린이 신발을 만들어 부모님, 여동생, 남동생과 함께 아르헨티나로 달려가 눈물의 신발 기부행사를 하게 된다. 어머니 눈가의 눈물을 본 마이코스키 역시 눈물을 흘린다. 남을 돕는다는 것이 얼마나 큰 행복을 가져다주는지를 경험한 그는 인생을 바꾸게 된다. 봉사의 인생을, 아니 봉사의 기업가 인생을 살기로 결심한 것이다.

- 운영 중인 4번째 사업을 접고 드디어 5번째 사업, 즉 1:1 기부방식의 신발사업을 하게 된다. 회사 이름을 '내일 위한 신발'이라는 '탐스슈즈(Toms Shoes)'로 정하고 사업을 본격적으로 시작했다. 그때 그의 나이 29세였다. 아르헨티나 전통 신발인 '알파르가타' 자체가 신기 편하고 가벼워 장점이 많은데 여기에 기능과 디자인을 조금 개선해서 아르헨티나 신발장인에게 제작을 위탁, 이를 마이코스키가 판매하는 방식이었다. 처음에는 자기 집에서 사업을 개시하였다. 창업 첫해 1만 켤레를 넘겼고 7년간 1,000만 켤레를 팔았다. 신발 디자인이 단순하면서도 편리하기 때문이기도 했지만, 탐스의 독특한 기부방식에 공감한 소비자들이 착한 신발을 사줬기 때문이다. 일대일 기부 원칙은 지켜져 1,000만 켤레가 넘는 신발이 개발도상국 60개국 어린이들에게 기부되었다.

- 언론에 소개된 '탐스슈즈'의 창업자 블레이크 마이코스키(Mycoskie)의 창업이유를 알아보자.[1] 기부방식의 탐스슈즈를 창업한 이유에 대해 그의 답변은 이랬다. "이 결정은 매우 본능적이었습니다. 네 번이나 창업했지만, 한 번도 기분 좋은 창업을 한 적이 없던 것 같아요. 저는 삶의 목적과 의미를 담은 기업을 만들고 싶었습니다. 고객들이 일대일 기부 모델에 흥미로워하며, 이해하기 쉽고, 공감할 수 있다고 생각했어요." 그는 자신이 한때 '창업하는 기계'였다고 말한다. "탐스 이전까지는 돈과 성공만 보고 창업했

1) "[1켤레 기부의 기적] 돈만 좇다 4번 실패… "남 도우려 했더니 성공 찾아와", 〈조선일보〉, 2013.11.18.

습니다. 하지만 정말 큰 모순이 뭔지 아세요? 다른 사람을 돕기 위해 시작한 이 작은 사업이, 제가 일군 기업 가운데 가장 커졌다는 겁니다. 저에게는 일종의 업보(karma)가 아닌가 생각됩니다. 누군가를 돕겠다는 비즈니스 모델이 저에게 가장 큰 보상을 주었거든요."

- 그는 가장 존경하는 사업가로 미국의 친환경 아웃도어 브랜드 '파타고니아'의 이본 쉬나드 회장을 꼽았다. "그는 비즈니스에 많은 목적을 설계했습니다. 그의 직원들은 특히 환경을 보호하는 일에 큰 자부심을 느끼는데, 다시 말해 기업의 사명이 직원들의 업무 활동에 긍정적인 영향을 미친다는 것이죠. 저도 그런 정신을 가지려고 노력했습니다."

- 마이코스키가 5번째 사업인 '탐스슈즈'를 창업한 이유는 돈이 먼저가 아니라 신발기부가 먼저였다는 것. 특이한 경우이지만 그의 창업 이력을 봐서 5번째 창업 역시 그는 사업적 모험가로서 개인적 독립을 추구했을 것이다. 그러나 이전의 사업실패처럼 독립적 인생

살기와 돈만을 생각한 사업이 아니고 남을 돕겠다는 봉사의 사업방식을 실행한 것이다. 그의 창업 목적은 사회적 봉사를 염두에 둔, 아니 이를 실천하면서 자유롭고 행복한 삶을 추구하려는 개인적 욕망을 달성하는, 마치 리처드 도킨스(Richard Dawkins)가 설명한 '이기적 유전자'의 전형적인 예시가 아닐까 싶다. 이타심으로 이기심을 채우는 마이코스키는 과연 5번째 사업을 어떻게 구체적으로 성공시켰을까?

3. 창업 초기 애로사항과 극복

● 기부방식의 착한 사업이기에 창업의 큰 애로사항을 없을 것이라는 기대가 있지만 그는 말한다. "누구에게나 창업은 어려운 일이다. 특히 나에겐 신발을 아이들에게 만들어 나눠줘야 한다는 의지만 가득했지, 신발 생산이나 유통에 대한 어떤 경험도 없었다. 막막했기 때문에 디자인, 유통, 제조 등 많은 부분을 다른 사람들에게 맡길 수밖에 없었다"고 하면서 이러한 협력관계를 맺어 사업을 추진하는 과정이 힘이 들었다는 것이다. 그가 새롭게 기부방식으로 5번째 사업을 시작을 했을 때 느낀 두려움에 대해 그는 자서전[2)]에서 말한다. "새로운 일을 시작하다보면 빛이라고는 전혀 보이지 않고 실패가 당연한 수순으로 여겨지고 아무리 열심히 일해도 절대로 성공하지 못하리라는 느낌이 들 때가 꼭 있다." 그 역시 '탐스슈즈' 초창기에 그런 날들을 숱하게 겪었다는 것이다.

● 기존 사업방식과 완전히 다른 형태의 사업을 시작하였고 그 사실이 너무도 두려웠다고 한다. 새로운 시도는 원래 그러한 속성을 가졌다고 할 수 있다. 그런 두려움 속에서 그는 극복하였다. 피해 갈 수 없음을 그는 알았고 회피하지 않고 정면 승부를 했다. 그가 겪은 새로운 사업방식에 대한 스스로의 두려움 이외 또 다른 괴로움은 같이 사업을 하기로 한 사람들이 등을 돌리고 포기할 생각으로 일을 그만둘 핑계와 변명하는 것을 느낄 때라는 설명이다. 본능적으로 느낌이 오는 그러한 주변의 포기를 맞닥뜨리는 리더의 외로움과 괴로움이 있었다는 것이다.

---

2) 마이코스키, 탐스 스토리 — 착한 아이디어가 이루어낸 특별한 성공 이야기, 세종서적, 2012.

● 사실 할 수 있을까 두려웠을 것이다. 기부를 위한 사업이지만 말이다. 그러나 후회하지 않기 위해 그는 용기를 냈다. 마이코스키는 사업 초기 처음 시도하는 기부사업 모델에 대한 주변의 부정적인 평가에 대항해야 했다. 창업에 필요한 자금 조달의 어려움과도 싸우며 조금씩 극복해나갔다. 실패에 대한 두려움에 잠을 이루지 못할 정도였지만 스스로 자기 노트에 "실패하더라도 사업 추진과정의 3개월 동안 많은 경험을 한 데다 친구들에게 크리스마스 선물로 줄 근사한 신발은 남는다." 식으로 위로를 하였다는 것이다.

● 판단해 보건대 기부방식이지만 매출 수입은 시원찮고 최소한의 인건비도 제대로 못 건져 가는 상황이라면 사업 추진은 어려운 것. 좋은 사업의 취지가 불확실성으로 흔들릴 때에 처리해야 할 그 많은 일들에 대한 부담은 직원들보다는 사업 리더의 몫일 테니, 어찌할 것인가? 그는 그러한 두려움과 외로움을 이겨내는 방법을 알았다. 자세히 알아보자.

● 부정적인 감정에 어떻게 반응하느냐가 성공의 관건. 두려움 앞에서 자신의 신념에 따라 살면 행동과 소명이 일치하여 가장 큰 두려움인 수치심과 실망감을 느낄 일이 없다고 그는 말한다. 구체적인 방법을 소개한다. 그는 메모하기를 좋아했는데 두려움을 글로 써서 확인을 하였다. 두려워하는 것을 글로 적어보면 본인이 두려워하는 것이 무엇인지 정확히 알게 되고, 그

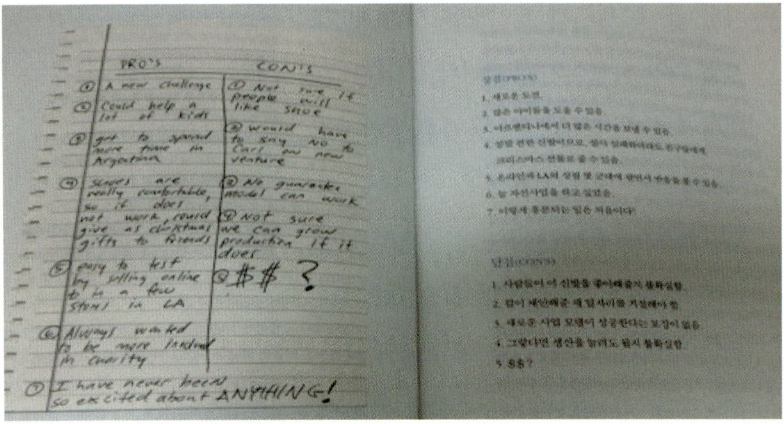

사진: 마이코스키 저서에서

러면 곧 두려움은 힘을 잃는다는 것이다. 그리고 '만약에' 시나리오를 작성했다. 공책 한가운데에 선을 긋고, 왼쪽에는 내가 두려워하는 것을 적고 오른쪽에는 일어날 수 있는 최악의 결과를 쓴다는 것이다. 그는 말한다. 사업 실패의 최악이라도 죽지는 않는다는 것이다. 독자로서 '하하' 웃을 수 있는 부분의 말일 수 있다. 그러나 이것이 바로 두려움을 이기는 진정한 방법이라는 필자의 생각이다. 최악을 알고 그 최악이 겁을 낼 정도의 것이 아니라는 것을 제대로 인지하면 바로 극복이 된다는 것을 그는 파악한 것이다.

● 그리고 그는 그러한 그의 믿음을 확신하기 위해 위인들이 실패에 대해 남긴 경구들을 워드로 프린트해서 집안 곳곳에 붙여놓았다고 한다. 문구를 보면서 상황을 객관적으로 파악하고 외로움과 두려움을 극복하는 힘을 길렀다는 것이다. 창문을 열어놓은 채 바람이 불면 그러한 쪽지들은 한 번에 파닥파닥 날려 마치 회오리 바람이 지나가나 하는 장면을 연출했으리라. 그중에 지금도 미국 본사 로비 벽에 걸려 있는 글귀가 있다. 문화인류학자 마거릿 미드(Mead)가 한 말, "소수의 사려 깊고 헌신적인 시민이 세상을

바꿀 수 있다는 사실을 의심하지 마라. 실제로 세상은 그런 소수에 의해서만 바뀌어 왔다."

- 그가 사용한 또 하나의 두려움 해독제는 가능한 많은 충고를 구해 들었다는 것이다. 상대가 누구든 상관없이 그냥 묻는 것만으로도 모든 사람들이 충고를 해주었는데 이들의 이야기에서 그는 다양한 해법들을 얻을 수 있다는 것이다. 자신 있는 좋은 일을 사업으로 전개할 때에 사용 가능한 방법이라는 생각이 든다.

신발 기부 위해 창업을 한–
'탐스슈즈' 블레이크 마이코스키

https://www.youtube.com/watch?v=DgHfuWgwoKk (약 15분)
자료와 사진: 유튜브 채널, 세상을 바꾸는 시간 15분

4. 창업 기업의 성과

'탐스' 성과	
설립연도	2006년
사원수	본사 직원만 약 350여 명 30여 개국 지부, 1,000곳 이상의 점포 운영 중(2017년 말 기준)
창업자금	250켤레 제작 자금
기부와 매출성과	약 3,500만여 명에게 도움을 줌, 매출액은 약 4천억원 (2017년 말)
주요사업	신발, 안경, 가방, 커피

- 2006년 아르헨티나 여행에서 돌아와 신발이 없는 아르헨티나 어린이에게 기부할 목적으로 단순 목표 250켤레를 만들어 1:1 기부방식, 즉 한 켤레를 팔면 한 켤레의 어린이 신발을 기부한다는 원칙을 성공적으로 경험한 후 사업을 시작, 7년 만에 1,000만 켤레를 개발도상국 60개국 어린이들에게 기부하였다. 이후 안경, 가방, 커피 등으로 사업영역을 넓혀 나갔고 2018년 4월 현재, 전 세계 약 3,500만여 명에게 신발 기부, 시력회복 지원, 안전한 출산 및 위생적 급수 지원 등 다양한 방법으로 도움을 주는 사업성과를 이루게 되었다. 4번의 창업을 경험한 블레이크 마이코스키가 2006년 당시 29세의 나이에 창업하여 3년 만에 매출 55억원을 달성하였고, 2013년 7

월 기준으로 4천억원의 매출과 1천만 켤레 신발 기부를 기록하였다. 2017년말 기준으로는 매출액 약 4천억원 수준에 30여 개국에 판매 지부를 운영하는 세계적 브랜드가 되었다. 참고로 마이코스키는 2015년 CEO 자리에서 물러났다. 회사 지분 일부는 가지고 있으며 또 다른 도전거리를 찾고 있다고 한다.[3)]

5. 비즈니스 모델과 사업성 분석

- '탐스슈즈'의 비즈니스 모델은 이미 앞에서 소개된 바와 같이 단순하면서 특이하다. 신발 제조 및 판매업인데 한 켤레 팔면 어린이 신발 1켤레를 만들어 기부하는 사업방식이다. 기부를 전제로 한 수익모델이다. 사실 수익창출 모델이라고 하기에는 부적합하고 반대로 기부를 목적으로 수익을 창출하는 방식이다. 사업초기에는 아르헨티나의 전통 신발인 '알파르가타'(부드러운 캔버스 천으로 된 신발)의 품질, 디자인을 개선해 만든 신발을 판매하는 사업이었다. 이후 어린 아동의 시력회복을 돕기 위한 안경 제조

논점 분석 1 비즈니스 모델

- 1:1 기부의 판매방식(한 켤레 판매에 한 켤레 기부)으로 제조 및 판매
- 신발 이외 안경, 가방, 커피 등으로 확장 중

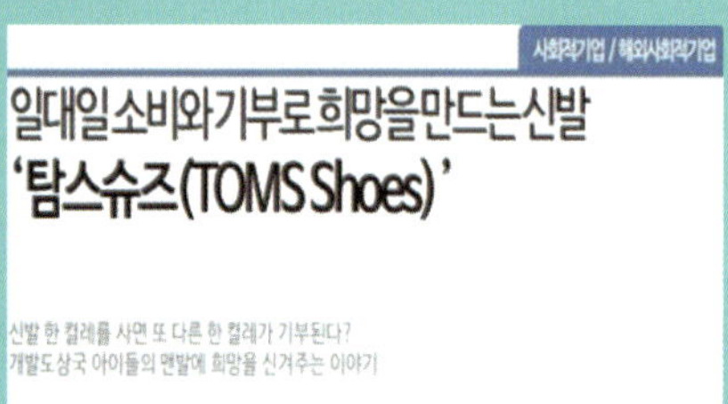

3) "황지영의 〔선한 마케팅〕 착한 기업의 역설: 선의만으로는 성공하지 못한다", 〈미디어SR〉, 2018.6.27.

및 판매, 가방과 커피류 등으로 확대하게 되었다. 그래서 회사이름도 '탐스 슈즈'에서 지금은 '탐스'로 바뀌게 되었다.

- '탐스'는 사회적 기부 목적을 가진 '사회적 기업'이라고 할 수 있다. 사업 출발의 목적이 신발이 없어 학교도 못가고 상처 등 고통을 받는 빈민층 어린이들을 돕고자 만든 사업이기에 작금에 많은 주목을 받고 있는 사회적 경제 영역의 사회적 기업인 것이다. 그러나 사업 확장은 물론, 전 세계적으로 인기 있는 신발 브랜드로서 자리 잡고 있기도 하다. 앞으로도 기부원칙은 지속될 것으로 보이고 다양한 방식의 기부와 사업 모델로 성장이 기대되는 기업이기도 하다.

- '탐스'의 일차적인 창업아이템, 기부를 염두해 만든 신발(부드러운 캔버스 천으로 된 '알파르가타'를 모방해 개선)의 사업성을 따져 보자. 우선 시장성 측면에서부터 보자면 마이코스키의 말처럼 세상에는 남을 돕고자 하는 사람들이 많다. 마음은 있지만 신뢰할 만한 구체적인 실행방법에의 접근이 쉽지 않을 뿐이다. 창업자 블레이크 마이코스키는 바로 이러한 상황, 즉 남을 돕고 싶어 하는 사람들은 많고 신발이라는, 지속적인 재구매 대상이 되는 소비재의 구매 수요는 언제나 계속 발생하기에 시장성을 긍정적으로 본 것이다. 누구나 필요로 하는 생필품의 아이템이어서 시장성에는 문제가 없을 듯하다.

- 다음은 상품성이다. 엄밀하게 말하면 1:1 기부를 전제로 판매하는 상품이기에 '탐스'의 신발

상품성은 상품 자체의 가격대, 품질, 디자인에 대한 매력 내지 경쟁력과 사회적 기부라는 봉사기회의 제공이라고 해야 할 것이다. 우선 상품 자체의 품질과 디자인은 아르헨티나의 전통적 신발 '알파르가타'의 편한 착용감과 가벼움에 바닥 고무의 견고함, 현대적 디자인과 컬러를 첨가했다. 일체형 밑창과 고무소재를 덧댄 가죽 인솔을 사용하여 착화감을 극대화시켰다는 평가를 받고 있다. 디자인적 측면 외에도 동물성 소재를 사용하지 않고 유기농 소재만을 사용하고 있어 웬만한 세계적 신발의 상품성을 뛰어넘는다. 가격대는 한 켤레 4~5만원 선이기에 유명 브랜드 제품에 비해 중저가 수준에 있다. 물론 슬리퍼 같다고 느낌을 받은 고객들에게는 비싸다는 인상을 줄 수 있다. 그래서 이때 첨가되어야 하는 사항은 이 제품은 1:1 기부를 하는 상품이라는, 즉 사회적 기부에의 참여 의식이다. 이런 정도의 상품성이라면 충분히 괜찮고 호기심으로 구매할 고객들도 존재하며 사용 후 만족하는 고객들이 있어 재구매 대상의 상품성이 인정된다고 할 수 있다.

- 수익성을 따져 보자. 아무리 사회적 기부라는 좋은 사업 비전이 있어도 지속적인 기업의 비즈니스로 이어지려면 나름대로의 조직관리 차원의 인건

논점 분석 2 사업성

1) 시장성: 기부 수요와 신발 구매수요는 충분
2) 상품성: 알파르가타(캔버스 천 신발) 품질, 디자인 개선, 중저가 판매
3) 수익성: 2006년 창업 이래 약 10년간 3,800만 켤레 판매, 기부

비와 재투자를 위한 최소한의 이윤이 확보되어야 한다. 마이코스키는 말한다. "다른 신발 회사보다 훨씬 적은 이익을 내지만 저희가 파는 신발과 안경은 전통적으로 다른 패션 아이템보다 마진이 높긴 합니다. 하지만 그것만으로는 일대일 기부를 실천할 수 없어 다른 비용 지출도 줄입니다. 저희는 마케팅과 광고비용을 거의 쓰지 않습니다." 2006년 창업 이후 7년간 약 1,000만 켤레의 신발을 기부했고 2018년 4월 현재 약 3,500만 명에게 신발, 안경, 식수 제공 등의 기부를 했다는 성과가 있는 것을 보면 1:1의 기부방식의 사업 실적은 결코 나쁘지 않았다고 할 수 있겠다.

6. 창업 마케팅과 경쟁력

● 어떻게 창업 초기에 판매를 늘려나갔을까? 돈도 없어 홍보나 별도의 외부 마케팅 도움을 청할 수가 없었다. 사실 본격적인 창업 전 기부활동을 해보겠다는 생각으로 처음에 만든 250켤레를 캘리포니아에 있던 그의 아파트에서 팔기 시작했을 때에는 특이한 소식을 전해들은 지역방송에서 마이코스키의 재미있는 기부방식의 신발 판매 스토리를 방송했고 그 덕에 250켤레는 순식간에 다 팔았다. 주변을 통해 돈이 안 드는 방송홍보가 된 덕택이었다. 그 후 그는 본격적인 창업에 나섰고 지속적인 기부를 위해 생산량 규모를 늘렸다. '탐스슈즈'를 알리기 위해 여행하는 사람에게 신발을 신겼다고 한다. "그들에게 신발을 알리는 미션을 줬습니다. 그들이 저널리스트 역할을 하게 한 것이죠. 그들이 신발을 신고 그 체험담을 사람들에게 알리고, 그들이 신발이 필요한 지역의 아이들을 보고 오게 했습니다. 봉사 체

험이죠. 우리가 아닌 제3자들이 우리의 신발을 이야기하게 만든 것입니다." 물론 소셜 네트워크 서비스(SNS)와 같은 파괴력 있는 소통 수단이 있었기 때문에 가능한 얘기였다고 설명한다.

- 이러한 특이한 기부방식의 신발사업 이야기는 할리우드 유명 배우들에게도 흘러갔고 2007년 이후 스칼렛 요한슨, 키이라 나이틀리과 같은 할리우드 스타들이 탐스슈즈를 신은 모습이 파파라치 사진에 공개되면서 '탐스슈즈'의 인기는 폭발적으로 증가하게 된다. 남을 위한 좋은 사업은 행운을 벌기 마련이다. 유명 배우들의 동조는 엄청난 홍보력을 발휘하여 창업 후 '탐스슈즈'는 1년 동안 1만 켤레의 기부를 하게 되었다. 창업 때부터 '일대일 기부공식'(One for One)이라는 핵심 이념을 가지고 시작하였기에 말 그대로 소비자들은 한 켤레의 탐스슈즈를 구입하면 한 켤레의 신발을 제3세계 어린이들에게 기부하는 것을 행복으로 느꼈던 것이다. 결국 이것으로 '탐스슈즈'는 사회 공익적 미션을 기업의 마케팅과 연관시키는, 소위 '착한 소비'를 유도하는 '명분 마케팅(cause marketing)'의 성공사례가 되었다.

- 한마디로 탐스슈즈는 창업 마케팅으로 기업의 미션을 솔직하게 이야기로 풀어냈고 소비자들은 이를 공유, 신발을 구매할 때 진정한 행복을 느꼈다. 그 후에는 다른 고객들에게 구전으로 자연스럽게 홍보를 하게 되었던 것이다. TV광고나 프로모션을 할 돈도 필요도 없었고 명분 마케팅을 당당하게

논점 분석 3 **창업 마케팅**

기부하는 고객의 행복을 키우는 마케팅

- 기부 연계 마케팅(cause-related marketing) 실천, 기업 비전과 가치를 고객들에게 전달
- 창업 초기부터 스토리 마케팅 전개, TV 광고나 프로모션 없이 소비자 입소문으로 성공
- 고객들의 구전+언론 소개 활용한 홍보

활용한 것이다. 스토리로 풀어낸 기업미션을 모두가 공유하도록 하였다. 기업의 미션과 고객가치가 일치하도록 한 참으로 멋진 사업방식이 아닐 수 없다. 사회적 기업 성공사례의 모범이 될 만하다.

- 그럼 착한 기업 '탐스'의 차별화된 경쟁력은 무엇인가? 시장경제 차원의 경쟁력이 없으면 무의미하다. 사회 기부만으로는 부족하다. 상품성에서 뒤지면 안 된다. 앞에서 설명한 바와 같이 착용감을 높인 친환경 소재의 간편화라고 할 수 있다. 결코 유명 브랜드 신발과 비교해 독특한 개성과 디자인, 컬러와 멋이 있어 제품 자체로서 경쟁력이 있다. 그리고 역시 무엇보다 1:1 기부를 한다는 기업미션에의 동참의식이 소비자들에게 어필하는 부분이 크다고 할 수 있다. 신발 이외 안경, 가방, 커피류 판매도 마찬가지이다. 인간의 본성 중에 기부를 하고 싶은 심리를 파악해 이를 긍정적으로 이용하고 있는 것이다. 한마디로 인간의 선한 이타적 심리를 그대로 사업미션에 활용해 기업이 제공하고픈 사회적 가치와 고객가치를 동일화하고 있는 것이다. 특별한 경쟁력 요소라고 할 수 있겠다.

논점 분석 4 **경쟁력**

개선된 상품성과 1:1 기부라는 사업미션 공감

- 아르헨티나 '알파르가타'의 품질과 디자인을 개선한 상품성, 착용감 제고(꾸준한 노력 필요)
- 기부의 인간본성 자극하여 소비자와 직원의 만족도를 제고(고객과 직원들을 기부활동에 실제 참여시킴)

● 고객과 함께 직원들의 참여의지도 중요시하여 이들을 직접 기부활동에 참여시켜 그들도 기부캠페인의 일원으로 인생의 행복 주인공이 되도록 하고 있다. 그리고 이러한 내부고객 만족 활동은 직원들의 소속감과 사명감을 높이고 결과적으로 기업이미지를 높이는 것이 된다. 이 역시 '탐스슈즈'만의 경쟁력 요소라고 할 수 있다.

● 최근 언론의 보도에 의하면 '탐스'가 그동안 해왔던 신발 기부가 기대와는 달리 현지 빈곤층 아이들의 발 건강이나 자존감, 신발 소유의식 등에 긍정적인 영향을 끼치지 못한다는 지적이 있다는 것이다. 또한 일부 전문가들은 탐스의 신발 기부로 지역 신발 판매가 줄어드는 등 지역경제에 부정적 영향을 미친다고 지적하고 있기도 하다. 이런 비판적 시각도 있지만 마케팅 관리와 리더십의 관점에서 '탐스'의 경제적 위기가 존재한다는 것이다. 다시 말해 상품 라인의 부족과 내구성이 약한 품질 문제가 있고 유통업체와 가치관 충돌로 협업도 안 되고 있으며 2015년 마이코스키의 CEO 사퇴 후 리더십의 문제로 매출은 정체되고 회사의 부채가 늘었다는 것이다.[4] 아쉬운 부분이다. 아무튼 사회적 기업이지만 경쟁력 보완으로 창업자의 사업미션이 지속되었으면 하는 바람이다.

---

4) "황지영의 〔선한 마케팅〕 착한 기업의 역설: 선의만으로는 성공하지 못한다", 〈미디어SR〉, 2018.6.27.

7. 창업자 자세

- 마이코스키는 창업 이유에 대해 매우 본능적으로 실천한 것이었다고 말한다. "탐스 이전까지는 돈과 성공만 보고 창업했습니다. 하지만 정말 큰 모순이 뭔지 아세요? 다른 사람을 돕기 위해 시작한 이 작은 사업이, 제가 일군 기업 가운데 가장 커졌고 저에게 가장 큰 보상을 주었습니다." 실험적으로 시도했던 신발 기부가 엄청난 행복감을 가져온다는 것을 확인한 마이코스키. 그 후 실행하게 된 5번째 창업. 그것은 그가 진정한 창업자로서 도전과 열정을 다 발휘한 경우라는 생각이다.

- 그가 좋아하는 문화인류학자 마거릿 미드(Mead)의 말, "소수의 사려 깊고 헌신적인 시민이 세상을 바꿀 수 있다는 사실을 의심하지 마라. 실제로 세상은 그런 소수에 의해서만 바뀌어 왔다"는 문구 내용은 진정한 믿음과 열정이 없으면 공허한 메아리가 될 뿐일 것인데 그는 이 말을 믿고 끊임없이 그의 기업미션을 실행해오고 있는 순수한 청춘인 것이다. 그는 "내 인생의 사명은 사람들의 삶을 개선하는 것"이라고 말했다. "비즈니스를 이용해 사람들의 삶을 개선하는 겁니다. 왜냐하면 기존 비즈니스는 사람들의 삶에 상처를 주었기 때문입니다. 사람들을 자신에게 유리하게 이용하고 환경을 해쳤습니다. 지금 비즈니스에서 기회는 사람들에게 상처를 주는 것이 아니라 그들의 삶을 개선하는 데 있다고 생각합니다." 마치 성인의 길을 가고 있는 듯한 기업가의 말이다.

- 신발이 없어 학교를 못 가는 불우한 어린이를 보고서 이들을 돕겠다는 마음으로 다시 새로운 창업을 실행한 마이코스키. 그는 끈질긴 사업가이기도 하지만 세상 문제 해결에 사랑과 열정을 발휘하는 이 시대 멋진 젊은이임에 틀림없다. 신발 이외에도 이후 안경사업, 가방, 커피류 판매 등 많은 사업 분야에서도 이러한 기부정신을 지속적으로 펼쳐 나갔다. 사회적 기업 '탐스'의 멋진 성공은 이렇게 정리될 수 있을 것이다. 그의 순수한 창업 열정이 우리 모두의 기부하고픈 욕구에 씨앗을 뿌렸고 그 결과 자연스럽게 세상의 보통 사람들은 폭발적 응답을 보내주어 결국 이 세상은 악랄한 자본주의 기업주만의 독무대만은 아님을 증명한 결과였다고 말이다.

- 마이코스키 도전정신은 부모님, 특히 어머니 본인의 건강 회복 성공기를 다룬 책의 출판과정에서부터 대박 판매에 이르기까지 옆에서 경험한 데에서 많이 배웠던 것 같다. 전업주부이었다가 세상사에 나서면서 겪었던 출판사 사기 경험 후 어렵게 마무리한 출판 작업, 그 후 전국 순회강연의 기획과 실천, 그리고 이를 통해 판매를 성공시킨 스토리를 가까이서 지켜보면서 말이다. 4번째로 하던 인터넷 운전교육 사업을 진행하다가 휴식 목적으로 간 아르헨티나 여행 중 우연찮게 기부방식의 신발 판매를 시도하게 된 마이코스키. 그는 착한 마음의 소유자이었던 것이고 실행력이 좋은 도전자였다. 빈곤한 처지의 아이들을 보고는 앞뒤 안 재고 자기만의 신발기부 운동을 펼쳐보자고 결심을 했고 일단 어렵게 250켤레를 만들어 미국에서 판매했다. 부업이든 일시적 봉사성격이든 그는 중요하다고 생각한 일을 실행했다. 반대하는 주변의 이야기와 잘 안될 수 있는 두려움을 갖고서도 그는 도전한 것이다.

논점 분석 5 창업자 자세(도전 · 열정 · 끈기)

- 4번 창업실패 이후에도 재창업 도전
- 신발 이외에도 안경사업 등도 기부정신으로 실행

- 결국 그의 스토리가 있는 5번째 사업, 즉 '탐스'는 성공적인 창업의 길로 나갔다. 그가 도전 1차 목표로 삼은 기부 250켤레뿐만 아니라 1만 켤레를 목표 삼아 아르헨티나에 직접 가서 신발을 나눠주자는 2차 도전을 했고 결국 성공했다. 2011년부터는 1:1 시력 회복 사업을 추가로 시작했다. 탐스 선글라스를 하나 팔면, 가난한 나라 아이에게 안과 치료비나 안경을 기부하는 사업이다. 이외에도 가방과 커피류를 판매하는 사업에도 도전을 해 나갔다. 고객이 가방 하나를 구매할 때마다 조산사 교육과 출산 키트 제공을 통해 산모 한 명의 안전한 출산을 돕는다. 그리고 커피 제품을 판매해 한 사람이 깨끗한 물을 마실 수 있도록 돕는다. 이런 식으로 지속적으로 초심을 잃지 않고 사회봉사를 하는 마이코스키, 그는 정말 어떤 종교 지도자보다 멋있는 사업 도전자이며 세계 평화주의자임이 틀림이 없다. 앞으로도 그의 인생은 아름다운 도전의 연속일 것 같다.

- '탐스슈즈' 창업에서 보여준 마이코스키의 창의성은 역시 1:1의 기부방식을 사업 추진의 원칙으로 삼는 것이라 할 수 있다. 신발을 한 켤레 팔면 신발 한 켤레를 어려운 나라의 어린이에게 기부하는 방식은 아마 세계 최초

의 사업방식이 아닌가 싶다. 그의 창업아이템과 사업 추진방식의 아이디어는 아르헨티나의 사회봉사 현장에서의 경험에서 나왔다. 신발 기부량이 일정하지 않아 애로를 겪는 봉사단체 일원으로 경험을 해보고 '신발 기부를 사업과 연결하면 어떨까?' 하는 생각을 한 것이다. 사업기질이 있었던 사람이 맞다. 훌륭한 봉사방법을 생각한 것도 대단하지만 그는 바로 사업으로 실행을 했다는 사실이다. 휴가여행 중에도 그가 옳다고 생각한 방식에 도전했고 기부 목적의 1차 판매 경험 후 삶의 방향과 사업을 강행한 것이다. 실행이 있었던 그의 창의성은 사실 실패를 했더라도 우리 세상에 던지는 시사점은 크지 않을 수 없다.

- 이러한 1:1 기부원칙을 기업사명으로 삼아 사업을 추진한 원동력, 즉 고객을 확보하고, 직원들을 격려하는 방법 역시 그의 사업적 창의성이라 할 수 있을 것이다. 착한 기업사명은 내부직원의 소속감과 자부심을 북돋우고 회사 일을 내 일처럼 적극적으로 하도록 만들기 때문이다. 고객들도 신발 기부활동 등에 직접 참여를 시켜 행복감을 맛보도록 해 인류애를 경험하도록 한 것도 이 같은 차원에서 멋진 경영전략이라고 할 수 있는 것이다. 그의 솔직하고 자신 있는 인생관에서 나온 창의성이 아닐 수 없다.

- '탐스슈즈' 창업 가치인 사회적 봉사를 실행하는 방법을 좀더 알아보자. 2006년 회사 내 마련된 기빙팀은 2명으로 시작했다. 2018년 4월 현재 약 20여 명이며, 대부분의 구성원들은 민간 및 공공부문에서 다양한 봉사활

논점 분석 5 **창업자 자세(창의성)**

1:1 기부원칙의 사업 추진

- '신발 기부를 사업과 연결하면 어떨까?' 실행
- 1 : 1 기부를 기업비전과 사업추진 원동력(고객확보, 직원격려)으로 활용

동과 보건활동을 진행했던 사람들로 구성되어 있다. 기빙팀에서는 지속가능하고 책임 있는 기부를 실천하기 위해 프로그램 개발과 효과 측정을 비롯한 다양한 기획과 지원을 하고 있다. 영리기업이 하는 것과 같은 일시적인 사회봉사 활동이 아니다. 지속적인 봉사를 위한 체계적인 조직을 운영하고 있는 것이다. 2018년 현재 '탐스'는 기부를 받는 지역과 주민들에게 보다 안정적이고 효과적인 지원을 제공하기 위해 지속가능성, 현지친화력, 필요성, 발전가능성, 중립성에 따라 기빙 파트너를 선정하여 그들과 협력하고 있다. 기빙 파트너는 공중보건교육, 식수지원, 위생시설, 직업, 생계지원, 소아보건까지 다양한 분야에서 활동하는 인도주의 비영리 단체로 구성되어 있다. 대표적으로는 칠드런 인터내셔널, 세이브더칠드런, 케어 인터내셔널 등이 포함되어 있다. 그 외에도 100개 이상의 파트너가 있다고 한다.

〈사례 9〉 논점 정리

1. 마이코스키의 열정과 도전정신을 알 수 있는 것은?

4번 창업 실패에도 불구하고, 재창업 실행. 신발 없어 학교를 못 가는 어린이를 돕는다는 생각을 악착같이 창업으로 실행

2. '탐스슈즈'가 창업아아템으로서 갖는 상품성은?

기존의 아르헨티나 알파르가타(부드러운 캔버스 천으로 된 신발)의 품질, 디자인을 개선함

3. 마이코스키가 활용한 마케팅이라 한다면?

기부마케팅으로 구매한 고객들의 행복을 높이고 이를 통해 저절로 구전되는 효과를 누림

4. 마이코스키의 창업사례를 통해 배울 수 있는 점은?

남들을 돕는 사업이 이익을 얻는 것보다 창업의 성공을 이끌어 내기에 편할 수 있다는 것을 보여줌

8. 젊은 청춘들에 당부 사항

- 마이코스키는 그의 사업경험을 가지고 젊은이들에게 권한다. 인생에서 의미있는 일을 하고 싶은 사람들에게 다음의 6가지 지침을 알려준다.

  첫째, 새로운 일에 도전할 때에는 나만의 이야기를 만드는 것이 중요하다.

  둘째, 두려움은 유용한 자원이 될 수 있으니 피하지 말고 직면하라.

  셋째, 돈은 생각만큼 중요하지 않으니 수완을 발휘하라.

  넷째, 단순함이 성공으로 이끄는 핵심 수단이니 매사를 단순하게 하라.

다섯째, 신뢰는 어디에서든 성공을 만드는 가장 중요한 무기이다.

여섯째, 기부는 최고의 투자이고 사업이다.

- 누구든지 인생을 이렇게 살아가면 정말 후회 없는 주인공이 될 것이라는 믿음이 가는 글귀가 아닐 수 없다. 창업을 하지 않더라도 말이다.

인터뷰 외 참고자료

- "[1켤레 기부의 기적] 돈만 좇다 4번 실패… "남 도우려했더니 성공 찾아와", 〈조선일보〉, 2013.11.18.
- 마이코스키(2012), 탐스 스토리-착한 아이디어가 이루어낸 특별한 성공 이야기, 〈세종서적〉, 2012.6.05.
- "황지영의 〔선한 마케팅〕 착한 기업의 역설: 선의만으로는 성공하지 못한다", 〈미디어SR〉, 2018.6.27.

사례 10 **'이큐브랩' 창업자 권순범 대표**

3D 쓰레기통을 IT로 업그레이드하다

1. 창업 회사 소개

법인명	주식회사 이큐브랩
주소	서울시 구로구 디지털로 31길 20(에이스 테크노타워 5차, 506호)
창업자 및 대표이사	권순범
창업년도	2011년
사업내용	태양광 압축 쓰레기통 제작 및 판매, 청소관리 솔루션 서비스
창업성과	2017년 말 약 20억원 매출을 보이며 현재 직원 25명이 새로운 도약을 위해 꾸준히 기술 개발 중
홈페이지	http://www.ecubelabs.com

창업 소개	회사 주요연혁
• 권순범 대표가 대학 시절, 쓰레기통이 넘쳐 길거리가 더러워지는 것을 보고 2011년 '이큐브랩'을 창업 • 태양광을 이용하여 쓰레기양을 압축, 5~8배 정도 더 담을 수 있는 쓰레기통을 제작해 국내 및 세계 각국으로 수출 판매 중	**2011.04** 중소기업청, '예비기술창업자 육성사업' 선정 **2011.07** 법인설립(창업) **2012.08** VC쿨리지 인베스트먼트 투자 유치 **2013.12** 미래창조과학부 '창조경제대상 장관상 수상 **2016.07** 미국 현지 법인 설립 **2017.01** 미국 워싱턴 D.C.지부 설치

2. 창업자의 개인적 특성과 창업동기

- 1988년 경남 마산에서 태어난 권순범 대표는 한 가지 고민거리 내지 궁금증이 생기면 반드시 해결하고마는 고집을 가진 과학도이다. 마산과학고등학교를 조기 졸업하고 연세대 산업공학과에 입학한 권 대표의 성격은 고집이 남들보다 세다는 평가이다. 그러면서 과학적 관점에서 여러 방향의 다양한 솔루션으로 문제를 해결해 보려는 유연성이 있다는 평이다. 여러 사람의 의견을 편견 없이 듣는다. 그것이 반론이든 새로운 방안의 제시이든 개방적 입장에서 여러 다른 의견을 청취하되 과학적 근거를 찾으면서 합리적인 해결책을 얻으려 노력한다는 것이다.

- 2010년 대학 3학년 때 친구 3명과 함께 홍대 앞 밤거리를 걷다가 길가에 있는 쓰레기통에 쓰레기가 넘쳐서 주변이 지저분해진 것을 보게 되었다고 한다. 그의 단순하고도 예리한 관찰력이 여기서 발휘되었다. 그 자신이 대학생이고 대학가에 대한 애정을 가졌기에 그랬던 것일까? '신촌 밤거리가 비록 환경미화원의 근무시간이 지난 시간대이지만 이렇게 쓰레기통 관리가 안 되어 쾌적해야 할 거리들이 쓰레기통에서 넘쳐흐르는 쓰레기로 인해

더럽혀져야 하나?'라고 의문을 하게 되었다고 한다. 그는 여기서 '쓰레기통 내에 쌓인 쓰레기양 자체가 많은 것이 아니니 부피를 줄여주면 많은 양으로 여유가 있겠다'고 생각하면서 '쓰레기

통 내에 꾹 눌러주는 장치가 필요하겠다'는 것과 '실외지역이니까 태양광으로 충전되는 전지로 작동시키면 되겠구나'라고 생각을 하게 되었다. 이 아이디어에 대한 실험 계획이 4명의 친구들 간에 합의를 본 창업의 출발점이었다고 소개한다.

● 당시 권순범 대표는 대학 2학년 때부터 사회적 기업을 무료로 컨설팅을 해주는 동아리 활동을 해오고 있었다고 한다. 권 대표는 젊은 청춘 대학생 시절, 인생의 가치를 찾아보고자 무엇인가 의미 있는 활동을 모색해 왔었고 그러한 삶의 가치관 실행 차원으로 공익적인 '사회적 기업'에 대한 봉사활동을 해오고 있었던 것이다. 바로 이때 찾아낸 '쓰레기통 솔루션'이야말로 도시 환경 미화를 위한 사회적 가치의 고려, 즉 공익적으로 의미가 있겠다고 확신을 하게 되었다는 것. 필자에겐 이 말을 듣는 순간이 권순범 대표가 진정한 창업자 자세(entrepreneurship)의 소유자임을 확인하는 '진실의 순간'(moment of truth)이었다.

3. 창업 과정과 애로사항 극복

● 2010년 창업을 결심한 권 대표는 동아리 친구 3명과 함께 사업계획서를 준비하면서 창업실행 절차에 돌입하였다. 청계천 기계 제작 골목과 공구상

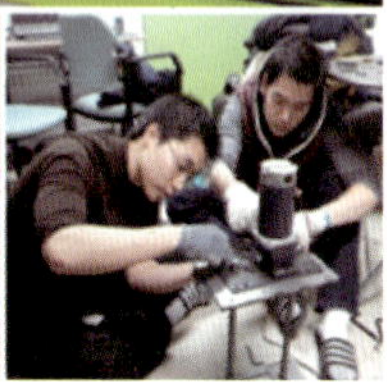

가를 드나들면서 세 들어 살던 원룸집 창고에서 시제품을 만들어가기 시작했다. 쉽게 생각했던 시제품을 만들기까지가 가장 어려웠다고 그는 토로한다. 수많은 실패 끝에 결국 제품의 구성파트별로 진행, 압축구동부분, 뼈대부분, 전자파트, 기계파트, 배터리와 태양광 부품부분 등을 만들었고 조립으로 완성했다. 창업 동지들이 각각 20~30만원씩 출자해 시제품 제작비를 댔지만 사업추진 단계별로 진행시키는 과정에서 생각지 못한 돈이 계속적으로 요구되었다고 한다.

● 그래서 생각해 낸 것이 각종 창업경진대회 및 공모전에 참가하는 것이었고 그 결과 6개월 만에 4,000만원가량이 모아져 어렵게 창업자금으로 사용할 수 있었다. 드디어 2011년 7월 '㈜이큐브랩'이라는 법인설립으로 창업을 한 것이다. 창업 이후에도 많은 정부지원 창업대회에 출전을 해 수상과 지원도 받았고 특허도 내면서 본격적인 창업의 탄력을 얻기 시작했다.

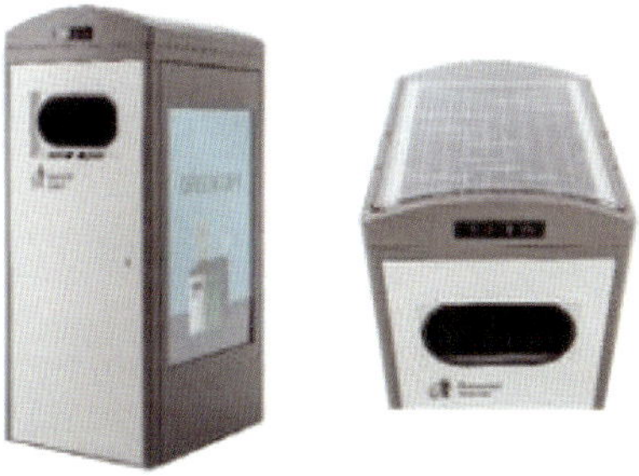

- 창업 초기 애로사항은 역시 제품의 상품성 완성도가 떨어져 고객으로부터 많은 컴플레인을 받은 것이 사실이고 이것의 극복이 최대 난제였다고 한다. 그래서 제일 신경 쓰는 것이 기술성 제고였다. ㈜이큐브랩의 창업 과정은 지금도 진행 중이라 할 수 있다. 제품 사용상 효율성이 떨어지는 상품성을 높이기 위해 오늘도 계속해서 기술개발을 하고 있기 때문이다. 창업한 2011년부터 2016년까지 상품성 보완 차원에서 기술개발을 지속해왔고 2017년부터는 판매가능성 제고와 보수유지 측면을 고려한 기술개발이라고 구분할 수 있다고 한다. 구체적으로 2011년과 2012년은 태양광으로 작동되는 단순 압축기능을 높이기 위한 기술개발이었고 2013년, 2014년은 쓰레기통에 IT화(CCN, Clean City Networks, 초음파 센서와 IoT 기술을 이용한 알림서비스)를 시키는 기술개발 과정의 시기였다. 그 이후는 다수의 CCN을 연계한 도시의 일정지역 내 통합폐기물 관리 시스템의 구축을 위한 기술개발로 진행되어 작금의 사업 아이템은 사실상 1단계: 태양광 압축 쓰레기통('클린큐브'), 2단계: CCN 솔류션('클린캡') 설치, 3단계: 도시 청소관리를 위한 종합 IT 시스템('클린큐브네트웍스') 구축 등 3단계로 구분된다는 설명이다.

- ㈜이큐브랩의 창업 초기 어려움은 크게 기술개발과 자금 조달, 그리고 사람(직원)관리였다고 권 대표는 토로한다. 어느 벤처기업이나 비슷하다. 기술개발 과정의 고생은 앞에서 소개된 바와 같이 시제품을 만들 때 창업동

료들과 같이 경험한 무수한 시행착오와 품질 제고를 위한 지속적인 기술개발 활동의 애로를 말한다. 또한 창업자금 조달을 위해 많은 투자회사를 찾았을 때 당했던 무시로 인해 마음고생은 잊혀지지 않는 것이지만 사실 어떤 창업회사의 초기 사정과 크게 다르지 않다. 비참한 감정을 느끼기 마련이지만 이길 수 있는 수준의 것이다. 그러나 직원 관리의 애로사항으로 쓸 만한 인력이 회사사정을 이해 못하고 말없이 떠날 때, 그리고 낮은 처우 때문에 괜찮은 인력을 데려 올 수 없을 때 증폭되었다는 고통은 상당 기간 참기 힘들었다고 고백한다. 그래서 권 대표는 이러한 고통을 반복해 받지 않으려고 신입직원의 면접 시 매우 신중하고 다각도로 회사 특성, 방향성과의 적합성을 테스트하고 있다고 한다.

- 기술개발 자금 조달의 애로를 극복하는 방법 중 하나로 ㈜이큐브랩은 정부 정책자금 지원을 많이 활용해 해결했다고 한다. 예컨대 직접적으로 필요한 자금을 대출받는 것이 아니고 제품 완성도를 높이는 데 필요한 여러 기술적 과제를 정부지원 기술개발 과제로 응모해서 선정이 되면 1년 단위로 정책자금 지원을 받아 수행했다는 것이다. 이러한 방식의 제품 기술개발 노력은 2014년부터 2018년 현재까지 지속적으로 진행되고 있다. 경기도 고양시에 설치한 태양광 쓰레기통도 이러한 방법으로 최소 몇억 대의 기술개발 과제를 수주해 고객인 고양시의 요구사항과 여건에 맞도록 기술적 개선

작업을 했고 그 이후 고객맞춤형으로 제품을 공급했다는 것이다. 벤처사업가답게 지혜와 유연성을 발휘해 기술개발에 필요한 자금을 조달한 셈이다. 물론 제품 판매가 시작되어 실적이 어느 정도 이루어진 다음에는 외부 투자금도 받아들었다. 2012년 5억원, 2014년 5억원, 2016년 약 10억원 등 적지 않은 규모의 투자금 유치에도 성공을 하였다. 이를 통해 ㈜이큐브랩의 제품 개선을 위한 기술개발 도전은 계속되고 있는 것이다. 권 대표의 지치지 않는 창업자 자세가 기대된다.

대학생이 세계적 사업가 되다
'이큐브랩' 권순범 대표

https://www.youtube.com/watch?v=XJLZtJGTyjE (약 24분)

자료와 사진: 유튜브 채널, YTN 사이언스

4. 창업 기업의 성과

'㈜이큐브랩' 성과	
설립연도	2011년
사원수	30명(2017년 말 기준)
창업자금	6,829만원
매출액	약 20억원(2017년 말)
업종분야	기계장치 제조, S/W개발
주요사업	폐기물 수거관리 솔루션 서비스, 태양광 압축 쓰레기통

- 2011년 7월 창업은 했지만 약 2년간은 기술개발에 매진했고 제대로 된 매출 발생은 2013년부터라고 볼 수 있다. 기술개발을 해가면서 샘플 판매로 2013년에 연매출 3,000만원 정도를 올렸고 2014년 7,000만여원, 2015년에는 해외 판매 6억 3천만원을 포함해 연매출이 7억 2천만원으로 증가했다. 그러다가 2016년에는 해외로 수출 판매된 제품의 A/S 차원의 고장수리(출장비 포함) 작업이 많아져 회사 전체의 문젯거리가 되었고 제품 판매보다 제품의 품질 보완에 치중해 매출은 4억 3천만원에 머물렀다. 2017년은 연말까지 20억여원의 매출을 올렸다. 제품가격은 비교적 고가로 책정되었는데 약 120리터 용량 기준으로 약 270~300만원 정도이다. 이는 태양광 충전의 전지와 환경미화원들에게 쓰레기통 처리할 때를 알리는 알림 기능(CCN)이 부착된 제품이다.

- 전체 매출에서 70%를 차지하는 해외시장은 주로 싱가포르, 미국, 호주, 중국, 영국, 네덜란드 등이라고 한다. 이외에도 샘플 제품이 판매된 국가는 엄청나게 많다고. 2016년부터는 미국에 영업사무실을 개설하여 직원이 제품 판매 및 A/S를 처리해주고 있다고 한다. 권 대표 자신이 미국 CPA(공인회계사)자격증 소유자라서 미국 시장에 자신감이 있는 모양이다.

- '이큐브랩' 직원 수는 전체 약 30명으로 이 중 8명이 외국인이거나 해외교포라고 한다. 해외시장을 중시하기에 직원구성에 외국인을 포함하고 있다. 외국인 배려차원에서 회사에서 모든 직원이 별도의 외국 이름을 사용하고 있다고 한다. 권 대표는 이제 31살이다. 회사만큼 직원들도 젊어서 경력직 2명만 40대이고 나머지는 모두 20, 30대라고 소개한다.

5. 비즈니스 모델과 사업성 분석

- '㈜이큐브랩'의 비즈니스 모델은 앞에서 소개한 바와 같이 태양광 충전의 에너지원으로 작동되는 압축기로 쓰레기양을 줄여주는 지능형 쓰레기통 제작 및 판매라 할 수 있다. '클린큐브'라는 상품이다. 그리고 기존 쓰레기통에 부착, 쓰레기가 다 찼음을 센서를 통해 청소관리자에게 알려주는 '클린

논점 분석 1 비즈니스 모델

- 태양광을 이용한 압축 쓰레기통 제작 및 판매
- 쓰레기통 통합 수거관리 시스템(IT화) 구축사업으로 확대 중

캡'(CCN 기능 부착) 상품이 있다. IT화 도구라고 할 수 있다. 그리고 'CCNx'라고 하는 통합 폐기물처리 관리시스템 구축 사업이 있다. 이는 관내의 쓰레기통 청소관리를 사물인터넷(IoT) 기술 등 첨단 IT화를 통해 효율적이고 종합적으로 관리할 수 있는 디지털 시스템이다. 후자의 상품은 완벽한 운용을 위해 추가적인 기술개발 중에 있다. 아직까지 주된 수익모델은 '클린큐브'이다. 표준형 120L, 240L용이 있다. 그리고 연간 단위로 사용임대료를 벌어드리는 '클린캡' 임대사업이 있다. 이는 기존 쓰레기통에 CCN 기능(청소처리 시기 알림)캡을 부착하는 방식으로 사후관리가 필요해 단순 판매보다도 임대방식이 선호되기도 한다고. 현재 서울시 관악구, 서대문구, 용산구의 경우 1년 단위로 클린캡 설치 이용료를 내고 있다고 한다.

- '㈜이큐브랩'의 창업아이템인 태양광 압축 쓰레기통의 사업성을 따져 보자. 우선 시장성 측면이다. 이큐브랩이 계산한 전 세계 쓰레기통 처리시장 규모는 약 600조원, 미국시장만 150조원 정도이다.[1] 전 세계적으로 도시화는 더욱더 진전되고 있고 그럴수록 도시민의 생활 쓰레기는 늘고 있다. 가끔 뉴스거리가 되는 쓰레기 대란 발생도 늘어나는 쓰레기 때문임은 주지의 사실이다. 쓰레기 자체를 줄이는 노력도 중요하고 쓰레기 처리비용 절감을 위해 부피를 줄이는 방법도 깨끗한 도시와 환경을 만드는 데 중요하다. '이

1) "이큐브랩, 쓰레기통에서 찾은 600조 시장, 태양열 압축 쓰레기통 등 쓰레기 수거 솔루션 공급", 〈아이뉴스24〉, 2017.11.5.

큐브랩'이 겨냥시장으로 삼고 있는 지자체의 쓰레기 처리라는 공익적 업무는 없어서는 안 되는 일이고 이러한 환경 관리업무를 돕는 비용절감형 쓰레기통 제작과 보급 사업은 그만큼 인정받을 만한 것이다. 사업의 시장성은 크게 걱정할 문제는 아니다. 효율성과 경쟁력 확보가 중요할 뿐이다.

- 다음은 상품성이다. 제품의 상품성은 우선 기술성으로 설명된다. '이큐브랩'이 만든 태양광 압축 쓰레기통은 쓰레기 용량 확인을 IoT 센서로 데이터화 관리하고, 태양광 에너지로 압축기를 작동시켜 쓰레기양을 자동 압축하는 제품이다. 초기에 나온 모델은 쓰레기를 압축하는 힘을 버티지 못해 쓰레기통 틀이 뒤틀렸고 센서도 시도 때도 없이 오작동하여, 문제가 많았다. 그러나 새로운 각오로 우여곡절과 지속적인 기술개발 끝에 100% 태양광으로 만든 전기를 활용, 500kg의 힘으로 압축 구동기를 돌리고 쓰레기를 1/8 수준으로 압축하는 제대로 된 쓰레기통 '클린큐브'를 세상에 출시하였다. 10시간 정도 충전하여 3주간 사용이 가능하다고 한다. 수거비용을 1/8로 줄일 수 있는 쓰레기통인 것이다. 설치 비용이 대당 약 300만원이 소요되지만 사용연수 약 10년을 고려해 수거비용의 절감효과를 생각해서는 수

논점 분석 2 **사업성**

1) 시장성: 전 세계 쓰레기 처리시장 600조원 이상
2) 상품성: 수거비 절감효과 있는 스마트 쓰레기통(태양광 이용, 압축 후 5~8배 처리)
3) 수익성: 2011년 창업(3명)에서 5년 만에 약 30명 직원, 2017년 약 20억원 매출 달성

거인력의 인건비 절약은 훨씬 크다고 볼 수 있다. 다시 말해 구매고객 입장에서 상품성 평가는 우수하다고 말할 수 있다. 지역에 따라 '클린큐브' 쓰레기통으로 생산된 전기가 무선 와이파이(WIFI)를 쏘는 통신망 허브로 활용되거나, 밤에 빛을 내는 광고판 용도로도 사용이 가능해 다용도의 상품성 활용이 기대되고 있다.

- 수익성은 어떠한가? 창업 당시 3명으로 시작, 2017년 말 현재 30명이 넘는 인원에 약 20억원의 매출액을 달성했다. 아직 매출은 기대에 못 미치고 있다. 지속적인 기술개발 단계이고 사후관리에 많은 지출과 노고가 들어가기 때문이기도 하고 완벽한 상품성에 못 미치기 때문이다. 분리수거를 해야 할 쓰레기 유형이 혼재되는 등 완벽한 기능 발휘가 아직 안 되고 있어 지속적인 개선 노력 중이다. 외부 투자금을 받아 추가적 기술개발에 투입 중이다. 점차로 기술이 개선되면서 시장은 점점 커질 것으로 보인다. 쓰레기 문제는 종종 언론의 큰 이슈로 등장하듯이 선진국이나 후진국이나 지속적으로 큰 과제로 떠오르고 있기 때문이다. '이큐브랩'은 2018년 1월 현재 한

국은 물론, 미국, 영국, 네덜란드, 호주 등 세계 21개국에 태양광 쓰레기통을 수출하고 있다. 전 세계를 시장으로 공략하는 '이큐브랩'은 하이테크 신제품의 가격전략으로 초기 고가격, 고마진 전략(skimming pricing)을 사용하고 있다. 기술력에 승부를 걸고 있는 것이다. B2G 판매 상품이라 구매가격 부담이 상대적으로 적기도 하지만 수거비용 절감 효과를 커버해 줄 수 있다는 자신감 때문이기도 하다. 상품성과 기능성의 정상상태 유지가 고객만족의 핵심 관건이 될 것이다.

6. 창업 마케팅과 경쟁력

- 기존에 없던 신제품인 태양광 쓰레기통을 권 대표는 어떻게 팔기 시작했을까? 2011년 창업한 때부터 약 2년간은 창업 초기 제품이었던 태양광 충전의 전지를 이용한 단순한 기계 압축형 제품으로 판매 영업을 하였다. 이때 사업 진전에 많은 도움이 된 것은 해외에서 열렸던 신제품 공모전에의 참가와 호평이었다고 한다. 특히 프랑스 공모전에 참가했을 때 현지 언론에서의 보도와 많은 사람들의 긍정적인 호응이 있었는데 창업 초기에 큰 힘이 되었다고. ㈜이큐브랩의 창업 실행이 고난보다도 순풍을 얻게 된 배경

에는 초기 판매시장을 해외로 잡았다는 데 있다고 평한다. 국내에서는 쓰레기통 교체를 위해서는 기존 관례와 지자체의 복잡한 행정절차상 많은 애로사항을 극복해야 하는데 해외에서는 이 절차가 훨씬 용이했다는 설명이다. 지금도 ㈜이큐브랩의 판매 비중은 해외 70%, 국내 30%라고 한다.

- '이큐브랩' 이외 태양광 쓰레기통을 만드는 회사로 미국의 폐기물 관리 전문업체인 '빅벨리 솔라'(BigBelly Solar)가 있지만 창업 당시는 몰랐다고 한다. '빅벨리 솔라'는 먼저 2009년에 태양광으로 압축시켜 주는 쓰레기통을 선보였다. 경쟁사 제품이 제대로 알려지지 않았을 때라서 용감했고 도전적이었다. 권 대표는 신제품 창업 마케팅의 정석대로 샘플 체험마케팅을 활용했다. 고객이 될 만한 지자체에 샘플 제품을 설치해 약 3개월 정도를 체험적으로 사용하도록 하는 방법이다. 이를 통해 기존 쓰레기통 처리에 대한 관리 면이든 비용절감 면이든 이득이 있는가를 확인케 하는 것이다.

- '이큐브랩'의 또 다른 창업 마케팅 방법으로 신제품의 홍보전략은 돈 들이지 않고 공모전 출품 등으로 방송 매체에 소개되는 것을 이용하는 것이었다고 한다. 이를 통해 자연스럽게 홍보가 되거나 이미 사용해본 지자체가 다른 곳으로 구전되는 효과를 실제로 보고 있다는 설명이다.

- 무엇보다 '이큐브랩'이 중시하는 창업 마케팅은 해외 전시회의 적극적인 참여와 활용이다. 연 10번 이상으로 세계 각국의 쓰레기 처리 관련 박람회, 전시회에 반드시 참가했는데 이를 통해 제품 홍보와 판매가 되도록 한다는 것이다. 관심이 있는 고객층을 직접 만나서 자연스럽게 경쟁력을 설득할 수 있는 기회가 된다는 것이다.

논점 분석 3 창업 마케팅

창업경진대회, 해외박람회 등 촉진 기회에 적극 참가

- 각종 경진대회 참가 후 수상으로 홍보 기회 이용
- 박람회 등 참가로 관심 있는 고객층에 직접 접근
- 해외 B2G 영업방식으로 기술력과 효능 증명만으로 손쉽게 고객 설득

● 이큐브랩의 주력상품인 '클린큐브' 제품은 어떤 차별화된 경쟁력을 가지고 있는가? 한마디로 태양광 에너지로 충전해 그 에너지로 압축기를 작동시켜 쓰레기양을 압축시키는 기술력을 보이는 '클린큐브' 상품이 유사경쟁 제품에 비해 소위 가성비가 어느 정도 좋은가에 달려 있다. 앞에서 소개한 바와 같이 국내에 경쟁자는 없다. 해외에는 경쟁기업으로 '빅벨리 솔라' 등 2곳 정도 있는데 단순 실시간 통보기능을 가진 경쟁사보다 쓰레기통의 위치 등 여러 조건을 감안해 적합한 처리 동선을 알 수 있도록 하는 CCN(청소처리 시기 알리는 IT 기기)을 갖춘, 소위 스마트한 IT화를 통한 관리의 고효율성으로 '이큐브랩'이 보다 앞선 업체로 인정받고 있다는 것. 그래서 경쟁기업들과 거래했던 쓰레기 처리 기관들이 '이큐브랩' 고객으로 옮겨오고 있다는 것이다. '이큐브랩'의 제품이 대기업 수준인 경쟁기업보다 가격 대비 기술적 경쟁력이 더 낫다는 평가를 받고 있는 증거인 셈이다. IT 강국의 업체답다.

논점 분석 4 경쟁력

IT 기술성 우위의 제품력

- 친환경적 기술력을 3D 업종 기계에 IT기술로 접목, 폐기물 처리 및 관리능력 제고
- 처음부터 공략한 해외시장에서 기술력 인정받음
- 조직적으로는 수평적 관리를 통한 팀워크 극대화

● 기술적 경쟁력을 살펴보자. '이큐브랩'이 첨단 IT화 방향으로 꾸준히 기술 개발을 하고 있는 분야가 청정도시를 위한 통합적인 쓰레기 청소관리 솔루션 제공이라고 권 대표는 말한다. 통계적으로 의미 있는 현재의 쓰레기 용량 데이터를 가지고 최적의 수거 동선, 투입자원 등을 관리할 수 있게 되어 도시 전체의 쓰레기 수거의 솔루션 효과를 보게 된다는 설명이다.'이큐브랩' 제품들은 3G에서 협대역 사물인터넷(NB-IoT) 등 다양한 무선망을 이용하고 있고 해외 수출 제품에는 로라(LoRa) 모듈도 탑재된다고 한다. 한마디로 '이큐브랩'만의 첨단 IT 활용으로 남다른 차별적 경쟁력을 갖추고 있다는 것이다. 결국 똑같은 실시간 처리시기를 알리는 태양광 압축 쓰레기통이더라도 보다 앞선 첨단 IT화 무장이 실질적인 경쟁력이 되고 있다는 말이다. 가격경쟁력을 극복하는 강력한 경쟁력 무기가 될 듯하다. 사실 경

쟁사 '빅벨리 솔라' 제품은 한 대 가격이 4,500~5,000달러 정도라서 가격경쟁력도 더 있다. 2017년 말 현재 스타트업 같지 않게 직영공장을 김포에 마련해, 경쟁사보다 더 많게 전 세계 21개국 이상으로 수출을 하고 있다.

- 한편 조직관리 관점에서 비교적 20, 30대 중심의 젊은 구성원들이 만들어 가는 수평적이고도 개방적인 조직문화는 또 다른 '이큐브랩'만의 기업 경쟁력으로 작용할 것이다. 창의적 기술 발전, 혁신을 추구하는 스타트업으로서는 중요한 요소이다. 이러한 조직문화의 지속적인 유지관리 노력이 필요하다 하겠다.

7. 창업자 자세(Entrepreneurship)

- 권순범 대표가 창업을 생각하면서 염두해둔 개인적 욕망과 사회적 배려 가치는 무엇이었나? 그는 사회적 기업을 돕는 동아리 활동을 했었던 대학생이었다. '이큐브랩'을 창업하면서 그가 고려한 것은 개인적 욕망보다도 사회적 가치였던 것 같다. 환경미화와 효과적인 쓰레기 관리로 이 사회에 도움을 주고자 한 것이다. 사회적 기업 컨설팅 동아리 활동의 연장선에서 신규사업 계획을 내게 되었고 그 기회에 거리의 지저분한 쓰레기통을 효과적으로 해결하는 사업 아이디어를 낸 것이다. 사회적 고려에서 출발했지만

 창업자 자세(열정 · 도전 · 끈기)

- 수십 번 시제품 제작 도전 끝에 태양광 압축 쓰레기통 완성
- 각종 창업 경진대회에 참가해 창업자금 4천여만원 확보
- 품질 개선과 사업 업그레이드 위해 꾸준한 기술개발 노력

개인적 만족과 욕망도 고려했을 것이다. 그의 개인적 욕망의 충족에서만 출발한 창업이었다면 그의 열정은 그 많은 시련과 실패의 시제품, 그리고 끝없는 구매고객의 불만처리와 AS 관리에 지쳐서 중도에 포기를 했을 것이다. 그러나 그는 젊은 청춘들에게 당부하는 말도 그렇지만 창업의도가 좋다면 포기를 하지 말라는 것이다. 그 자신이 얼마나 많이 포기하고 싶었을까 싶다. 사회적으로 보람과 가치를 느꼈기에 어려운 시기를 극복하고 이만큼의 창업 성과를 만들어냈다고 볼 수 있다.

● 수십 번의 시제품 제작 실패에도 그는 포기하지 않았다. 태양광 셀의 전력 생산능력이 부분 햇살로는 한계를 보이는 문제, 날씨가 흐린 날이 연속되는 경우, 밖에 노출된 태양광 셀 유리가 깨질 경우, 분리수거가 잘 안 되어 유리병이 들어가는 경우 등 별의별 부작용 발생의 확률이 높아 신제품의

완성도는 멀고 먼 고통의 나날이었던 것. 그러나 권 대표는 극복했다. 그리고 새벽 현장에 청소현장에 나가 청소원들의 애로와 희망사항을 청취하며 현장에서 효과를 확인하였다. 신제품의 가치는 현장에서의 기능성이 아니겠는가? 창업자 자세로서 가져야 할 끈기는 사업에 대한 열정을 말해준다. 단순히 돈을 벌고자 한 것이 아닌 것이다. 그는 종자돈을 마련하기 위해 각종 창업경진대회에 참가했고 이런 기회를 통해 4천만원이 넘는 창업자금을 마련했다. 대단하다. 창업 열정을 보여준 것이다. 안정적인 직장인 생활을 좋아하지 않는다는 권 대표는 연구원이나 개발자 타입이지만 모험이 가능한 사업가의 길도 체질에 맞는 듯하다. 그는 현재 단순히 태양광으로 충전해 압축하는 스마트한 쓰레기통의 제작과 판매에 머물지 않고 또다시 업그레이드 사업에 도전했다. 강력한 세계적 경쟁기업이 있지만 첨단 쓰레기통 제작과 클린 시티를 위한 종합적인 관리시스템 구축 사업으로 그들을 기죽게 만들려 하고 있다. 그의 끈기어린 도전력이 기대되고 있다.

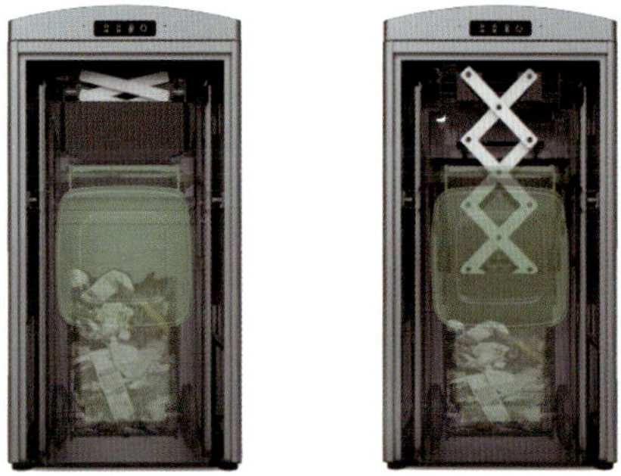

- 권 대표의 사업적 창의성은 우선 길거리의 쓰레기통에서 흘러넘친 쓰레기를 보고 의문을 갖고 이를 해결할 아이디어를 찾아 창업아이템으로 정했다는 것이다. '왜 이렇게 지저분한가?'라는 의문에서 쓰레기통의 문제점을 발견하고 이를 해결할 방법으로 자동으로 압축시키는 방법을 생각해냈고 그

것도 전선줄 없이 무선의 태양광 발전으로 해결하는 아이디어를 고안해 냈다는 점이다. 이어서 쓰레기가 다 차서 처리시점이 되면 자동으로 처리요원에게 알려주는 기능을 IT 기구 부착을 통해 스마트 관리가 가능하게 만들었다. 이러한 아이디어를 시제품으

로 만들어 낸 시점이 2011년인데 사실 태양광 압축 쓰레기통은 미국에서 2009년에 먼저 상품화되었다는 것. 권 대표는 이 사실은 몰랐지만 IT화를 통한 지능형 쓰레기통을 만든 공로는 인정해야 한다. 새로운 시도의 것이기 때문에 그렇다. 젊은 공학도답다.

- 결국 권 대표의 사업적 창의성은 결국 회사 전체의 혁신활동에 밑거름이 되었다. 창업아이템 개발에서 끝나는 것이 아니고 기술개발 방향을 스마트한 청소관리 시스템 구축사업 분야로 이르게 한 것이다. 그야말로 진정한 클린 시티가 구현될 수 있도록 청소관리 행정을 업그레이드시켜 주는 정보시스템 구축사업을 목전에 앞두고 있는 것이다. 그는 사업을 운영할수록 느끼는 것이 사업의 본질은 쓰레기통이 아니라 쓰레기 수거 비용을 해결하는 물류솔루션이라는 것이다. 그래서 그는 폐기물 처리의 종합 솔루션 업체가 되는 것을 꿈꾸고 있다고 한다. 디자

논점 분석 5 창업자 자세(창의성)

3D업종에 친환경적 IT화 변신

- 거리 더럽히는 쓰레기통 문제 해결의 아이디어 착안
- 태양광과 IT화를 통한 작동 장치 고안
- 3D 업종에서 블루오션 찾음

인 업계의 '어도비'(Adobe)와 같은 SW 중심의 청소관리의 ERP솔루션 업체 말이다. 남들이 무시하는 3D업종이 첨단업종으로 탈바꿈되는 시점이 다가오는 것이다. 그의 창조적 혁신 노력이 기대된다.

- 이미 앞에서 설명한 것처럼 권 대표가 태양광 압축 쓰레기통을 창업아이템으로 생각한 동기가 공익적 기여 내지 배려가 감안된 것이라고 볼 수 있다. 그는 사회적 기업 컨설팅을 하는 동아리 활동으로 사회적 기업들을 돕고 있었고 아이디어를 낸 것과 창업도전을 한 것도 사회적 가치 배려가 남달랐기에 가능했다고 판단된다. 남들이 신경 쓰지 않는 쓰레기 처리에서 문제를 해결하려는 관심과 애정이 발휘되어 거리의 더러움을 해결하는 창업 아이템이 탄생한 것이다.

- 그는 말한다. 시제품 개발 단계부터 기술 업그레이드 하는 개발과정에 까지 수많은 실패와 시행착오로 고생을 했지만 포기하지 않은 이유도 창업 아이템이 갖는 그리고 그가 추구하는 사업방향이 사회적 가치를 갖는 건전하고 올바른 것이었기 때문이라는 것이다. 그 자신 비록 과학도이지만 사회적 문제나 애로사항을 보고서 그냥 지나치지 않는 사회적 애정을 표하는 성격의 소유자이구나 하는 소견이다. 창업 동기로서 그리고 사업추진의 원동력으로서 사회적 가치의 배려는 중요한 역할을 했었고 하고 있는 것으로 보인다. 불굴의 도전 의지는 개인적 이득 추구에서 오기 힘든 법이다. 건승을 바랄 뿐이다.

〈사례 10〉 논점 정리

1. 권순범 대표의 창의성과 도전정신을 알 수 있는 것은?

거리의 쓰레기통이 넘쳐 지저분해진 모습을 보고 해결 고민을 시도한 것과 태양광 에너지를 이용한 압축통 고안, 수십 번 도전실패

2. '이큐브랩'이 만든 '클린큐브'의 시장성은?

전 세계의 쓰레기 처리 시장규모 600조원이 최대치라고 할 수 있음

3. '이큐브랩'이 활용한 창업자금 조달 전략은?

각종 창업경진대회 참가로 받은 우승 상금액을 활용

4. 권순범 대표의 창업사례를 통해 배울 수 있는 점은?

사람들이 기피하는 쓰레기통 주변의 지저분한 모습을 보고 창업아이디어를 얻고 사회적 문제 해결차원에서 이를 해결하려 시도하고 창업을 실행한 노력과 정성

8 . 예비창업자와 정부에 당부 사항

● 권 대표는 창업을 권하지는 않는다고 한다. 다만 창업할 마음이 있다면, 특히 사업 아이템에 대한 확신이 있다면 중도 포기 말고 끝까지 밀고 나가라고 말한다. 가능하면 창업 전 필요한 기술과 정보를 확실히 파악한 후에 시작하라는 당부와 함께, 본인이 힘이 들었던 창업과정에서 나름 터득한 지혜를 전해주고 있는 것이리라.

● 그리고 인생의 명확한 꿈을 갖고 도전하는 일반인과 청년 친구들에게 그는

말한다. 자신의 위치에서 최선을 다하고 있다면 기회는 언제든 찾아올 것이라고. 권 대표는 진인사대천명(盡人事待天命)을 말하고 있다. 후회가 없는 인생 살기를 권하고 있음이리라.

- 정부의 창업지원 정책에 대해서도 한 마디 한다. 창업지원이 꼭 필요한 사람들에게 전달되고 있는 것 같지 않다는 지적이다. 진짜 도움이 필요한 창업자들에게 정부 지원이 가지 않는 이유로 형식적으로 실적보고의 일처리를 하는 정책 담당자들의 업무특성 때문이라는 하소연이다. 예컨대 스타트업 기업들에 대한 기술개발 지원 여부를 결정하는 심사가 단순한 과거 실적과 잘 만들어진 문서자료로만 판단해 이루어지는 실정인데 참으로 형식적 심사이고 부실하기 짝이 없다는 지적이다. 정말 새로운 기술을 선보이는 신생기업은 그만큼 불리한 것이다. 지원 금액이 크고 적고 간에 말이다. 그리고 실질적 경쟁력과 성장가능성을 보인 업체를 지속적으로 키워주는 것이 더 효율적인 창업지원책이 될 것이라는 말도 덧붙인다. 명심해야 할 실전에서의 의미 있는 정책적 조언이다.

예비창업자와 정부에 당부 사항

- 창업할 마음이 있다면 특히 사업 아이템에 대한 확신이 있다면 중도 포기 말고 끝까지 밀고 나가라.
- 자신의 위치에서 최선을 다하고 있다면 기회는 언젠가 찾아온다.
- 정부 창업지원은 단순한 과거 실적과 문서 자료로 판단해서는 안 된다. 현장 기술력을 보고 판단해야 한다. 성장 가능성을 보여준 스타트업을 지속적으로 지원해야 한다.

인터뷰 외 참고자료

- "'압축형 쓰레기통' 성공비결, 아무도 안 하려는 일에 길이 있더라", 〈동아비즈니스리뷰-DBR 217호〉, 2017.
- "이큐브랩, 쓰레기통에서 찾은 600조 시장, 태양열 압축 쓰레기통 등 쓰레기 수거 솔루션 공급", 〈아이뉴스24〉, 2017.11.5.
- ""똑똑한 태양광 쓰레기통으로 세상을 바꾸겠다", '태양광 압축 쓰레기통' 만드는 이큐브랩", 〈조선비즈〉, 2016.7.5.
- "쓰레기통 만들던 청년, 세계 환경을 바꿔나가다 - 권순범 대표", 〈동덕여대학보〉, 2016.11.8.
- "대학생이 세계적 사업가 되다 -'이큐브랩' 권순범 대표", 〈YTN 사이언스〉, 청년창업런웨이, 유튜브(https://www.youtube.com/watch?v=XJLZtJGTyjE).

사례 11 '백패커' 창업자 김동환 대표

100만원으로 자유로운 영혼이 창업하다

1. 창업 회사 소개

Backpackr Inc.
WORLDWIDE TRAVELING COMPANY

idus
Unique Lifestyle Guide
카테고리

법인명	㈜백패커
주소	서울시 마포구 홍익로 5안길 28 (3층 소재)
창업자 및 대표이사	김동환
창업년도	2012년
사업내용	생활편의 앱 개발 및 '아이디어스'(핸드메이드 작품 장터) 운영
창업성과	2014년부터 '아이디어스' 론칭 이후 누적 800억원 이상의 매출액을 올리고 있으며 2018년 8월 현재 직원 46명이 새로운 도약을 위해 사업 확장을 꾸준히 진행 중
홈페이지	http://backpac.kr

창업 소개	회사 주요연혁
• 2012년 김동환 대표가 자유롭게 여행하면서 일을 할 수 있는 앱 제작 업체로 '백패커'를 창업 • 2013년, 2014년 2년간 국내 모바일 애플리케이션(앱) 중 최고 다운로드 기록 • 2018년 현재 모바일앱 어워드(대상) 받은 '아이디어스'(핸드메이드 제품의 마켓 플레이스)를 주된 사업으로 운영 중	2012.11 100만원으로 창업 2013.01 유료앱 전체 1위 기록 2014.06 아이디어스(idus) 오픈 2014.09 엔젤 투자 유치(권도균, 장병규, 이기하) 2014.11 모바일 앱 어워드 대상(미래창조부 장관상) 2014.12 애플 선정 앱 1위 2015.06 대규모 투자 유치(알토스, IMM, 대교) 2018.01 마켓 '아이디어스' 핸드메이드 매출 국내 1위

2. 창업자의 개인적 특성과 창업동기

- 1982년 부산에서 태어난 김동환 대표는 4살 때 부모님이 대도시 부산생활을 끝내고 이사하신 김해시 진영읍 신용리 시골마을에서 자라났다. 어린 학생 시절을 돌이켜보면 무척이나 내성적이었다고 스스로를 평한다. 많은 학생들 앞에 나서서 발표나 질문 따위를 하는 것을 꽤나 싫어했던 것 같다고 말한다. 그런 성격 탓인지 좋아했던 것은 책과 컴퓨터이었다고. 시골 학생 치고는 밖에서 노는 것보다 책보기를 더 즐겼던 것 같고 그 덕에 남들보다 많은 책을 섭렵한 것 같다는 소회를 꺼내 놓는다. 초등 5학년 때 부모님한테 생일 선물로 받은 컴퓨터를 무척이나 애지중지하며 온종일 PC 앞에서 시간을 보내곤 했다고 한다. 이때 PC통신이 유행했었는데 김 대표의 미래 꿈이 '시샵(해당 사이트의 PC통신관리자)'이 되는 것일 정도로 시골에서 세상의 필요한 지식을 얻으며 정보를 교환하는 일이 너무도 재미있었다는 기억을 토로한다.

- 고교 진학 후 컴퓨터 프로그래머가 되는 것으로 미래 희망직업이 바뀌었지만 아무튼 내성적 성격에서 출발한 바깥세상에 대한 호기심은 PC통신과 이후의 인터넷 세상에의 접속으로 해결되었다. 이러한 습성으로 고교시절 그 당시 인기가 있던 '와와', '옥션'과 같은 인터넷 쇼핑몰에 취미차원으로 여러 가지 잡다한 물건을 올려 판매하는 경험으로 이어졌다고 한다. 이러한 경험들은 이후

서울로의 대학 진학 후 적지 않은 횟수로 용돈벌이 목적의 알바 아닌 알바로 이어졌는데 미국 '이베이' 쇼핑몰을 이용, 수입한 물품을 국내 인터넷 쇼핑몰에 올려 많은 재미를 보기도 했다는 것. 학창 시절의 PC통신 경험과 인터넷 쇼핑몰 판매 경험이 지금의 수공예품 판매사이트 '아이디어스' 개발과 성공적 운영에 밑거름이 되었으리라 쉽게 이해가 간다.

● 김동환 대표는 대학 졸업 후 국내 대표 인터넷 포털회사인 '다음커뮤니케이션'과 스마트폰 앱 제작사인 '인사이트 미디어'에 다녔었다. 그러다가 자신만의 일을 찾고 싶어 과감하게 사표를 쓰고 배낭여행을 의미하는 '백패커', 즉 자유롭게 여행하면서 어디서든 일을 하면서 돈을 벌 수 있을 일로서 스마트폰 앱 제작업체를 친구들과 창업하기로 하고, 실행에 옮겼다는 것이다. 나름 창업교육도 받아가면서 준비도 꽤 했다고 한다. 2년간 유료 앱을 제작하여 나름대로 성공적으로 운영해왔다. 생활불편 사항을 해소하는 약 24개의 유료앱을 만들어 해외 고객들까지 공략, 2013년과 2014년 2년간 국내 유료앱 1위를 기록하기도 했다.

사진: YTN 사이언스 제공

● 그러다가 그의 본격적인 창업 열정은 현재의 사업, 즉 '아이디어스'라는 핸드메이드 공예품 판매공간 제공의 쇼핑몰 사업에 꽂히게 된다. 물론 스마트폰 앱 제작사업은 예전처럼 운영하고 있지만 '아이디어스' 운영이 주된 아이템으로 바뀐 것이다. 이전의 '백패커'(스마트폰 앱 제작)는 말 그대로 자유롭게 여행하면서 돈을 벌 수 있는 일로서 찾던 창업아이템이었다고 한다면 아이디어스는 그의 창업열정이 오롯이 투영되는 아이템이라고 한다. 앱 제작의 '백패커'는 '아이디어스(idus)' 사업을 위한 준비작업 내지 예비적 창업 단계라고 할 수 있을 것 같다. 김 대표에게 수공예품 판매 앱에 전념하는 이유를 물었다. 그는 "대학입시 6수(修)를 했던 사촌동생 때문이에요. 사촌동생은 결국 도예과에 들어가 졸업을 했는데 자기가 만든 밥그릇 작품을 길에서 가판을 깔고 팔더라고요"라며 수공예품처럼 개성 넘치는 물건들이 좀 더 쉽고 편리하게 소비자를 만날 수 있게 하고 싶었다고 한다.

● 김 대표는 제2의 창업아이템이랄 수 있는 현재 100억원 이상의 투자금이 들어간 '아이디어스' 사업이 참으로 힘든 과정의 연속이라고 말하고 있다. 지금도 많은 고생을 하고 있다고 한다. 쉽지 않은 수공예품 판매 사이트 '아이디어스'의 창업은 일정한 조건하에 이루어졌다고 창업동기를 소개한다. 우선 외적 조건으로 나름의 자신감이 있었던 창립동지들의 쇼핑몰 제작 및 운영 노하우가 있었고 내적인 동기로 김 대표의 사회적 애정, 즉 누가 봐도 훌륭한 작품을 내는 공예작가들이

제대로 대우받게끔 도움을 주어야겠다는 사명감이 혼합적으로 작용해 그 결과물로 나타났다는 것이다. 김 대표의 사회적 애정은 겉멋으로 꾸며낸 말이 아니고 사회학을 전공한 그가 대학시절 민중대회 시위 참여 등으로 사회적 불의에 대항했던 경력으로 보아도 뿌리가 있는 것임을 알 수 있다.

3. 창업 초기 애로사항 극복

- 김 대표는 '다음커뮤니케이션'에 이은 '인사이트 미디어'에서의 회사생활 청산을 염두해 두고 아는 지인으로부터 소개받은 NGO(비영리사회단체)로 옮겨갈까 하다가 창업을 시도한 경우라 한다. 김 대표는 당시 미혼 상태라서 손쉽게 덤벼들었던 것 같다고 돌이킨다. 2012년 창업 실행 후 2년 동안 성과도 있었지만 무급여의 시절도 있었단다. 당당했던 창업도전은 현실적인 경제적 불안감으로 이어질 때는 '이러다 굶어 죽을 수도 있겠구나' 하는 위기의식도 느껴보았다고 한다.

- 창업이 구체화되고 해당 운용기술을 개발, 상업화하는 과정에서 많은 시간과 작업이 필요하게 되는데 여기에는 많은 인력과 자금이 소요되기 마련이다. 현재 앱 제작과 함께 운영 중인 '아이디어스' 쇼핑몰 완성에 많은 자금이 들어갔다고 한다. '백패커' 유료앱으로부터의 수입이 종자돈으로 역할을

했지만 턱없이 부족해 많은 투자자들을 찾아다녔다고 한다. 그들 대부분은 수공예품 판매 종합 쇼핑몰 사업에는 매우 부정적이었다고 한다. 투자자들의 부정적인 평가가 괴로운 것이었지만 공예 작가들을 설득해 작품들을 쇼핑몰에 올리는 작업도 만만치 않았다. 사실 '아이디어스' 이전에 국내에서 10개 정도의 유사 판매 사이트가 존재했었고 그들 모두 성공적인 사이트로 살아남지 못했기 때문이기도 했다. 그렇기에 그들 또한 부정적 편견이 있었던 것이다. 영국 속담에 '불행은 원래 혼자 오지 않는다(Misfortunes never come single)'고 했던가?

- 김동환 대표는 포기하지 않고 이들 공예 작가들을 설득하려 많은 노력을 온·오프 활동으로 전개해 나갔다. 초기 창업 마케팅 활동의 일환으로 공예 작가들의 이메일 주소를 이래저래 노력 끝에 약 4,000여 명의 공예 작가들의 리스트를 구했다. 김 대표는 그들의 공예품을 등록 초대하는 안내 메일을 보냈고 그 결과 이들 중 100명이 답장이 왔다고 한다. 그중 60명이 처음으로 공예품 판매를 희망하는 등록자로 시작되었다고 소개하고 있다.

- 창업 초기 판매를 일으키기 위한 노력을 다각도로 시도, 추진하였다. 수공예품 앱을 알리고 수공예품 판매를 홍보하려고 수많은 대학가 거리를 찾았다. '아이디어스' 앱 론칭 후 약 3~4개월 동안은 거리로 나가 전단지 배포를 하면서 커피숍으로도 찾아갔다. 젊은 층 대상으로 어디든 찾아갔고 주거단지 집집마다 가능한 곳이면 어

디든지 전단지를 부착했다. 그야말로 발로 뛰는 오프라인 홍보를 전개한 것이다. 버스 승강장도 홍보 전단지 부착 대상이었다. 이러한 오프라인 홍보 노력은 현장의 중요성을 확인하는 계기가 되었고 이를 통해 고객의 요구사항을 알게 되어 '아이디어스' 쇼핑몰을 개선하는 효과와 자신감을 얻을 수 있게 되었다고 한다.

- 그리고 국내외로 점차 늘기 시작한 수공예품 판매 노점인 '프리마켓'과 공예품 전시회에도 빠짐없이 찾아다니면서 수공예품 작가들도 만났고 무엇보다 공예품을 사가는 고객들의 취향과 판매 포인트를 발견했다고 한다. 무엇보다 이들 소비자들의 귀중한 의견을 청취하는 기회가 되었다고. 사업자 입장이 아닌 수요자(고객)의 입장을 이해한다는 것이 얼마나 중요한지 두말할 필요가 없다.

- 김 대표는 실력도 있었지만 사업운도 따랐던 것 같다. 생활편의 제공형 유틸리티 앱의 개발 사업으로 2013~2014년 2년간 우리나라 모바일 유료앱으로 국내 1위를 기록할 정도 실력도 보여주었지만 2번째 창업아이템인 '아이디어스' 쇼핑몰 론칭 때에는 수공예품 수요시장도 커지고 있었던 것이다. 국내뿐만 아니라 전 세계적으로 나만의 유니크한 상품을 선호하는 소비자들의 수요가 늘고 있다는 사실이다. 국내 공예품 산업시장은 연간 10조원 이상이 되고[1] 수공예품만도 연간 9,200억원 이상[2]될 만큼 커져 갔고

---

1) "[Startup Story #321] 내년 누적 거래액 1,500억 기대…한국 최초 상장한 핸드메이드 마켓될 것", 〈플래텀〉, 2017.2.9.

2) "즐팡, 수공예품 직거래 장터 '버디' 오픈", 〈헤럴드경제〉, 2013.3.27.

해외에서는 성공적 판매 모델인 'ETSY'(www.etsy.com) 같은 선도적 쇼핑몰이 나타나 나스닥에 상장될 정도로 시장이 커진 것이다. 그리고 국내외 수공예품을 판매하는 노점형 프리마켓이 없는 도시가 없을 정도로 수공예품이 일반인들의 주목거리가 된 것이다. 수공예품 공급시장도 양호하다. 공예작가들이 예컨대 도예과 졸업자만도 매년 2만 명이 될 정도로 많고 이들 중 약 10% 정도가 작가생활로 진입한다는 것이다. 이외에도 공예분야 경력단절 여성들이 새로운 일자리 기회로 활동하고 있어 충분한 공급이 가능해졌다는 얘기이다.

- 아무튼 창업 초기의 어려움은 이렇게 회사 내부의 땀내 나는 고통과 우호적인 회사 외적 기회가 합쳐져 한 단계 한 단계 극복되었다고 한다. 그 결과 2018년 8월 한 달 거래실적은 약 50억원에 다다르게 되었다.

- 김 대표는 '아이디어스' 론칭 초기 자금 조달에 애로가 많았다고 한다. 창업 초기 아이템인 유료 앱의 수수료 수입으로 직원들의 월급을 간신히 주는 정도이었으니 본격적인 '아이디어스' 론칭을 위한 사무실 임대료, 영업비용과 쇼핑몰 취급 아이템의 확장 자금은 결국 외부 투자로 가능한 것이었다. 노력의 결실이 왔다. 창업 이후 2014년 9월 처음으로 3,000만원의 엔젤투자 유치를 비롯해, 2014년 말 벤처투자금 5억원과 2016년 45억원의 거액투자까지 성공적으로 유치하게 된

다. 모두가 부정적으로 보았던 수공예품 쇼핑몰 앱이 갖가지 노력으로 외국 'ETSY'의 경우처럼 판매 성과를 내기 시작하자 투자자들의 눈빛이 달라진 것이었다. 외부 투자만 50억원을 받았으니 이 회사의 가치는 얼마짜리로 보고 있다는 말인가?

- M&A 제안을 3번 받았다고 하는 김 대표에게 사업을 유지하는 이유를 물었다. 회사(비즈니스 모델) 판매로 큰돈을 벌 수도 있지만 김 대표는 말한다. "인생에선 돈벌이도 중요하지만 그것보다 좋아하는 일, 사업을 즐기면서 하는 것이 더 낫지 않은가요?" 돈이란 일정수준 이상 된다면 굳이 많이 가지고 있을 필요를 못 느낀다는 것이다. 이러한 김 대표의 판단, 참으로 멋지다는 느낌이 든다. 그러나 아직 모델의 완성을 위해 사업 확장의 투자가 필요하단다. 아직 수출시장을 건드리지 못하고 있는 상황이라 글로벌 시장에 대한 공략이 필수적이라는 생각이 든다고 말한다. 2017년 한 해 수수료만으로 연 30억원의 순매출을 냈지만 신규투자 차원에서 추가 인건비가 많이 들고, 온라인 광고비 지출 등으로 아직 흑자를 못 내고 있다고 한다.

- 무슨 얘기인가? 5,000명 이상 되는 공예품 작가분들의 소모 자재 및 원재료량이 어마어마한데 이들이 대부분 수입품이라서 구매비용 절감 지원 차원에서 공예품 제작의 원재료들을 수입, 판매하는 사업을 추가로 추진해가고 있기 때문에 사업투자는 계속 되고 있다는 것이다. 수공예품 거래의 '아마존'을 꿈꾸고 있는 것이 확실하다. 사업은 이렇게 확장되기 마련이다.

자유로운 영혼 위해 100만원으로 창업하다
'백패커' 김동환 대표

https://www.youtube.com/watch?v=9KhzeqBSAdA (약 22분)

자료와 사진: 유튜브 채널, YTN 사이언스

4. 창업 기업의 성과

- 김동환 대표는 1982년생으로 한양대 사회학과 졸업생이다. 2012년 11월 자본금 100만원으로 창업한 '백패커'. 지금은 수공예품 판매 앱 '아이디어스'의 운영이 본업이 된 창업성과는 어떠한가? 유틸리티 유료앱은 창업 후 2년 동안 매출 2억원을 올렸고 2014년 서비스를 시작한 '아이디어스'는 2018년 8월 현

㈜'백패커' 성과	
설립연도	2012년
사원수	46명(2018년 8월)
창업자금	100만원
업종분야	소프트웨어 개발 및 유통
주요사업	앱 개발 및 판매, 수공예 판매 앱(아이디어스) 운영

재 누적 거래액 800억원을 달성했다. 작년 2017년 한해에만 280억원의 거래액으로 '아이디어스'의 판매 수수료 차원의 수입액만 해도 2017년 한해 약 30억원을 달성했다. 적지 않은 창업 성과를 창업 5년차에 만들어낸 것이다. 현재 직원의 수는 46명, 100% 정규직이고 개발과 디자인분야 13명, 마케팅과 영업 분야 8명 등으로 구성되어 있고 아직까지 사업은 계속 투자 확대 중이다.

5. 비즈니스 모델과 사업성 분석

논점 분석 1 비즈니스 모델

- 생활 편의형 유료 제작 앱의 이용 수수료 수입
- 수공예품 판매 앱, '아이디어스'의 운영 수수료 수입

- '백패커'의 첫 번째 창업아이템 비즈니스 모델은 유료앱 제공의 수수료 수입이다. 앞서 설명한 대로 생활 불편사항을 해결하는 앱으로서 대표적인 것은 수면 유도를 위한 '굿 슬립 앱' 이다. 두 번째 수익모델은 작금의 주된 사업이 된 '아이디어스'의 거래 수수료 수입이다. 수공예품을 만드는 작가와 구매자를 연결해 주는 온라인 투 오프라인(O2O: Online to Offline) 서비스인 '아이디어스'(idus)는 현재 비교적 낮은 판매 수수료를 받고 있지만 거래수가 많아지면서 회사 수입의 대부분을 차지하고 있다. 운영 초기에는 월정액의 등록 수수료를 받았다고 한다.

- 향후 수공예품 작가들이 사용하는 원자재 등을 수입해, 판매하는 수익모델이 첨가될 것으로 보인다. 관련 분야에서 다각화되는 것이다. 김 대표의 수

익모델은 낮은 수수료 수입으로 다량 판매를 돕고 있어 박리다매 방식이라 할 수 있다. 장기적 관점에서 커다란 거래시장을 목표로 하고 있는 수익모델이라 할 수 있다. 통 큰 기업가가 그릴 수 있는 사업방식이다. 구체적으로 말은 하고 있지 않지만 경쟁모델로서 시장가치가 수조원대가 되는 판매모델 'ETSY' 사이트(www.etsy.com)와 같은 세계적 시장을 꿈꾸고 있는 것이 분명하다. 작은 이익으로 부자가 되려는 것은 훌륭한 생각일지니.

- '㈜백패커'의 초기 창업아이템인 생활편의 제공형 앱 개발과 서비스 제공, 그리고 '아이디어스'의 사업성을 살펴보자. 우선 시장성 측면이다. 일반인들이 일상생활에서 겪는 불편 사항을 찾아내어 앱으로 만들어 제공하는 판매시장은 어떤가? '백패커'는 현대인들이 겪는 애로사항을 찾아 시장성을 확인한 후 구체적으로 앱 제작에 들어간다. 불면증을 호소하는 환자 아닌 환자가 늘고 있다든지 영어 등 외국어 배우는데 애로는 겪는 한국인들의 고충이 지속된다든지 하는 상황을 파악하여 시장성이 있다고 자신하는 유틸리티 앱을 만드는 것이다. 국내 유료 앱으로서 이미 1위, 2위 수준에 올라 업체 스스로 확인한 시장성 존재는 증명되었다고 볼 수 있다. 현대인들은 생활이 편해질수록 역설적으로 불편을 느끼는 애로 호소가 더 많아진다는 것이다. 서비스 패러독스 현상이랄 수 있다. 그러나 앱 서비스 자체로 문제가 완전히 해결되는 것이 아니기에 시장규모에는 한계가 있을 수밖에 없을 것이다.

- 문제는 주된 사업아이템으로 등장한 '아이디어스'의 시장성이다. 이는 수공예품을 사고팔 수 있도록 한 거래 사이트이다. 모바일로 쉽게 올리고 살 수 있도록 만든 모바일 거래 앱이다. 이전에 나타났던 국내 수공예품 쇼핑몰

이 약진을 못했기 때문에 시장성에 대해 의심이 있을 수 있다. 다행히 해외(미국)에서 성공적 판매 모델인 '엣시(Etsy)' 같은 동종의 선두자 쇼핑몰이 나타났고 미국 나스닥에 2015년 상장을 통해 기업가치 30억 달러, 거래금액 9억 달러 규모의 거대 회사로 성장한 것이다.[3] 이를 근거로 증명된 전 세계적인 수공예품 시장은 매년 커지고 있다는 것이다. 국내에서도 이미 '아이디어스'를 통해 액세서리와 가죽공예, 도자기, 천연비누, 수제 먹거리 등 약 8만여 개의 작품을 판매되고 있다. 2014년 60여 명 작가에서 출발해 2018년 8월 현재 5,000여 명의 작가가 활동하고 있다. 수공예품의 매출도 늘고 있다. 2년 전만 해도 연매출 1억원을 넘긴 작가가 40명도 채 안되었는데 창업한 지 4년이 조금 지난 2018년 8월 현재 연매출이 1억원을 넘긴 작가도 339명이나 되어 시장이 점차로 확대되고 있음을 알 수 있다.

- 다음으로 상품성이다. 첫 아이템인 유료 유틸리티 앱의 경우 사람들이 불편을 겪은 사항을 잘 파악해 주제를 정하고 출시 시점에 맞추어 품질과 기능을 소비자가 기대하는 수준 이상으로 만들어 내놓는다는 것이다. 유료 앱이기 때문에 더욱 신중하다는 것. 2013년, 2014년 2년 연속 유료앱 판매 실적 1위를 한 것을 보면 빈말은 아니다. 창업 1년간 만든 24개의 유료앱 중 가장 인기가 있는 '굿슬립' 앱 같은 경우 미국 의사들에 의해 추천되었을 정도이고 MBC 방송에서 직장인 추천 숙면도우

3) Kotra(2015), "첨단화된 고전산업, 온라인 핸드메이드", 〈해외시장 뉴스〉, 2015.11.10.

미 앱으로 소개되기도 했다. 이미 20만 이상의 사용자가 검증했다. 2013년, 2014년 2년 연속 한국에서 가장 많이 다운로드 된 유료앱이기도 하다. 현대인들에게 깊은 숙면과 달콤한 낮잠을 가져다주는 인기 앱이 되었다.

● 본격적인 사업 아이템인 수공예품 판매 앱 '아이디어스'의 상품성은 어떤가? 김 대표는 설명한다. 아이디어스는 다른 오픈마켓과 달리 오직 수공예품만 판매하며, 입점 희망자는 엄격한 심사 과정을 거친다는 것이다. 해당 수공예품이 가지는 기성 제품과의 차별성, 작품성, 시장성 등을 기준으로 입점을 결정한단다. 소비자들은 검증 받은 수공예품을 원하기 때문에 별도의 스카우트팀도 운영하고 있다고 한다. 소비자들에게 신뢰를 심기 위한 활동들이다. 결국 믿을 수 있는 상품을 올리고 살 수 있도록 사전적으로 작업과정 등을 철저하게 확인해 결정한다는 얘기이다. 합격률이 20%라고 한다. 이렇게 등록, 입점한 작가는 자기가 만든 수공예품을 스스로 '아이디어스'에 올리면 결제, 배송까지 앱 안에서 이루어진다고. 양쪽이 편리한 거래 앱인 것이다.

● 김 대표는 수익성 면에서는 아직 충분하지 않다고 말한다. "지속적으로 사업을 확장하고 있어 아직 적자 상태나 다름없어요." 투자하고 있는 중이라 그렇다는 얘기이다. '백패커'의 창업 초기 아이템인 유틸리티 앱 개발 및 서비스 제공 사업은 창업 후 2년 동안 매출 2억원을 올린 바 있다. 2014

논점 분석 2 사업성

1) 시장성: 현대인들의 생활애로 호소 많아짐, 독특한 수공예품을 찾는 수요가 커짐

2) 상품성: 기술성과 고객 편의성 높은 앱 개발, 신뢰할 만한 수공예품만 취급

3) 수익성: 2012년 창업, 2년 만에 2억원 매출(유료앱), 거래 개시 1년 만에 월 2억원 거래(아이디어스)

년 서비스를 시작한 '아이디어스'는 지속적 상승세를 보이며 2018년 8월 말 현재까지 누적 거래액이 800억원을 달성했지만 아직은 투자용으로 들어갈 돈이 많이 필요해 여유가 없다고 한다. 그러나 앞으로 지속적으로 늘어나는 거래액 규모는 안정적인 수익성을 가져다 줄 것이다. 새로운 사업으로 추진 중인 수공예품 작가들을 위한 재료의 수입 판매사업이 론칭되고 나면 수익 확보의 범위도 점차 커질 것이다. 계획 중인 '아이디어스'의 해외시장 공략도 수익성 제고에 도움이 될 것이다. 케이팝에 이어 '한국공예품(K-craft)'의 붐을 열어 보겠다는 의지 같다. 시간이 지날수록 수익성은 커질 것으로 보인다.

6. 창업 마케팅과 경쟁력

- '백패커'가 처음 유료앱을 만들어 전 세계적 시장에서 판매하기 위해 사용한 홍보전략은 글로벌 마케팅회사의 도움을 청하는 것이었다. 마케팅을 지원하는 유명 업체에 무작정 이메일을 통해 판매 도움을 요청하며 협력(일정 다운로드 판매 수수료 지급)을 제안했던 것이다. 신생기업으로서 저돌적인 자세임에 틀림없다. 그러나 운도 따랐겠지만 이러한 과감한 시도는 성

과를 맺게 된다. 일부 글로벌 마케팅 회사에서 시제품을 사용해보고 싶다는 긍정적 반응을 보인 것이다. '백패커' 입장에서 상품 효능의 자신감이 있어 이러한 시도도 가능했으리라 보인다.

● 그리고 정부에서 개최한 앱 개발 경진대회에 가능한 한 많은 출전을 해서 언론에 소개되는 기회를 잡았다는 것이다. 돈이 안 드는 언론홍보 기회를 활용한 전략이다. 신생기업으로 참으로 괜찮은 홍보방법이 아닐 수 없다. 사실 '백패커'는 창업한 시점으로부터 자유롭게 여행과 일을 함께할 수 있는 일로서 창업아이템을 찾은 것이었기에 김 대표부터 재미있는 창업 스토리를 가지고 있었다. 2012년 창업 이후 연속 2년간 유료앱의 판매 실적이 국내 1위를 차지하자 언론사의 많은 취재 대상이 된 것이다. 취재 내용도 흥미로워 계속해서 다른 언론사의 소개로 이어졌다. 행운은 별것이 아니다. 본인들의 정성스런 노력으로 멋진 상품을 내놓았고 그러한 노력의 결과, 조금이라도 성과를 얻게 되면 그것은 다시 또 다른 행운을 불러오는 것이다. 하늘은 스스로 돕는 자를 돕는다는 말은 진리인 것이다.

● '아이디어스' 앱의 론칭을 위한 초기 오프라인 마케팅 역시 창업 마케팅의 일환이었다. 수공예품 초기 판매를 일으키기 위한 노력을 다각도로 시도, 추진하었다. 수공예품 앱을 알리고 수공예품 판매를 홍보하려고 수많은 대학가에서 약 3~4개월 동안 전단지를 돌린 것이다. 젊은 층이 모인 곳이라

논점 분석 3 **창업 마케팅**

과감한 글로벌 홍보 마케팅회사 활용과 오프라인 홍보

- 유료앱을 개발한 후 글로벌 마케팅 회사 협력 추진(무작정 협력 요청 메일 보냄)
- 적극적인 앱 개발대회 참가로 언론홍보 기회 활용
- '아이디어스' 론칭을 위해 대학가 전단지 홍보

면 어디든 찾아 갔다. 수공예품 선물은 주로 젊은 여성들이 많이 찾기에 이들이 많은 곳으로 갔다. 젊은 대학생들의 원룸 주거단지 집집마다 전단지를 부착했다는 것이다. 창업 초기답게 발로 뛰는 오프라인 홍보활동을 열심히 한 결과, 그 효과가 서서히 나타났다.

● '백패커'가 창업아이템으로 내놓은 유틸리티 앱과 수공예품 마켓 플레이스 '아이디어스'는 어떤 차별화된 경쟁력을 가지고 있는가? 일단 유틸리티 앱은 유료인 만큼 기술적 우수성과 기능적 차별화에 있다고 할 수 있다. 굿슬립 앱을 예로 들어 보자면 한 번 다운로드 받은데 미화(US $)로 3.29달러의 값을 치루어야 한다. 결코 싸지 않은 가격이다. 유사한 기능을 가진 무료앱부터 엄청난 카피 앱이 있지만 여전히 인기가 있는 이유는 사용 효과가 좋고 작동법에서 편하기 때문에 좋은 평가를 받고 있는 것이다. 20만 사용자가 검증했다.

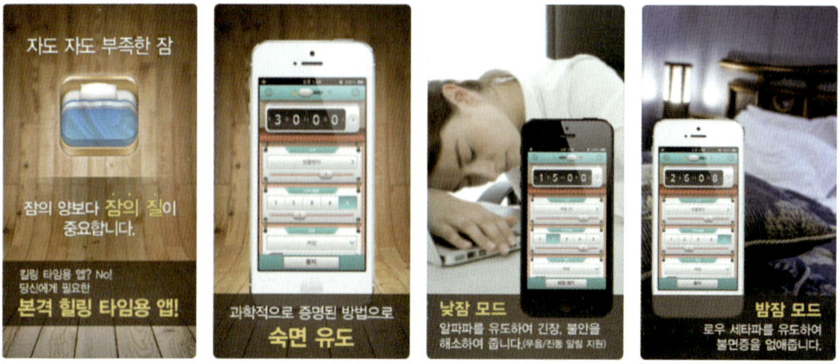

- 수공예품 마켓 플레이스 '아이디어스'의 경쟁력은 무엇인가? 유사분야의 쇼핑몰도 많지만 1위의 판매실적을 보이는 '아이디어스'의 독특한 차별화는 고객만족을 위한 신뢰성 확보 관리에 남다른 노력이 있다고 보인다. 앞에서 설명하였지만 김 대표부터가 남다른 사회적 관심과 더불어 판매에 어려움을 겪는 수공예 작가의 입장을 생각했다는 것이다. 이 같은 애정은 프리마켓 등 현장을 다니면서 생긴 것이기도 하다. 그래서 처음부터 돕겠다는 차원에서 저렴한 수수료(월정액 5만원)를 책정했고 쌍방향 대화를 유도하는 커머스를 지향하고 있다. 우선 작가들에게 애정과 신뢰를 주었다. 일단 작품성이 인정된 작가에게는 자유로운 등록과 관리가 가능하도록 했다. 물론 처음 등록하고자 하는 작가는 엄격한 절차를 거쳐 작품의 진정성과 노고 여하를 판단받아야 한다. 작가들의 등록 신청자 대비 등록자 비율이 20% 정도의 합격률밖에 안 된다는 것은 그만큼 상품성을 엄격히 관리하고 있다는 증거이다. 이러한 노력은 일반 소비자들의 만족스러운 상품 구매를 보증하기도 하지만 작가들의 자부심과 만족감에도 기여하고 있는 것이다. 그 결과 2014년 론칭 이후 거래액이 매년 폭발적인 증가세를 보이는 것이 아닌가 싶다.

논점 분석 4 **경쟁력**

기능 차별화와 수공예품 신뢰 관리

- 앱 개발은 순수한 기술성과 고객편의성으로 승부
- (아이디어스 앱 운영) 수공예품 상품성 엄격 관리로 고객에게 신뢰 제공
- 수공예품 시장의 판매자와 구매자 입장 고려해 낮은 수수료 책정
- 자유로운 조직 팀워크 유지로 기술력 몰입 유도

7. 창업자 자세

- 김동환 대표는 내성적 성격의 소유자였으나 경제적 독립심이 강했고 남을 돕고 싶어 하는 마음이 상당했던 것 같다. 국내 유명 포털사이트 회사에 다니다가 자기 인생에서 의미 있는 주인공으로 살고 싶다는 욕구를 갖게 되었고, 두 번째 직장생활에서 창업의지를 다진 후 자유롭게 여행을 마음껏 하면서 돈도 벌 수 있는 일에 창업 도전을 한 것이다. 그래서 만든 회사명이 '백패커'(배낭여행자)이다. 그의 열정은 일단 창업이 목적이었다기보다 인생 자체에 대한 열정이었고 이왕이면 돈벌이도 의미 있고 자유로움을 향한 것이었으면 좋겠다는 생각 아니었나 싶다. 유틸리티 유료 앱의 개발과 서비스 공급은 이러한 의지에서 만들어진 창업아이템이었던 것이다. 그리고 이어진 수공예품 마켓 플레이스 '아이디어스'의 개발과 직접적인 운영은 그의 내면적 욕구 중 사회적 관심과 애정을 대신하고 있는 것으로 보인다. 그는 '아이디어스'의 운영으로 그가 실행한 창업의 사회적 가치를 자부심으로 느끼고 있다고 했다. '아이디어스' 등록 작가들의 연 평균 수입은 2,500

만원에 달해 국내 공예인의 연평균 수입 1,175만원에 비해 2배 정도가 되기 때문이다. 그만큼 보람을 느낀다는 것이다.

● 김 대표는 창업을 하기 전 전국 490km의 자전거 도로 종주를 통해 그의 사업 열정과 끈기를 시험했다고 한다. 포기하지 않고 꾸준히 해야만 창업 성과가 있다는 것을 어떻게 사업초보자가 알았을까 싶다. 그의 말로는 "포기하지 않기를 훈련하기 위해 실시했다"고 한다. 무서운 정신적 내면이 있다는 것을 알 수 있는 스토리이다. 아무튼 그는 기업가로서 갖고 있어야 할 자기 일에 대한 열정과 끈기는 일단 확실한 것 같다. 그 무서움과 지구력은 향후 시련의 극복력과 커다란 사업 그릇을 만들어 가는 척도가 될 것이다. 수공예품 마켓플레이스 '아이디어스' 운영도 장기적 안목으로 커다란 사업의 꿈, 즉 수공예품의 '아마존' 건설에 도전하고 있는 것이다. '한국공예품(K-craft)'붐을 만들 자신감으로 말이다. 그의 도전이 만들어 낼 미래의 모습이 궁금해진다.

● 김 대표의 사업적 창의성은 일단 창업 초기 생활 유틸리티 유료앱을 만들었을 때 확인할 수 있다. 일상생활에서 많은 사람들이 불편을 겪는 사항(예컨대, 불면증)에 대해 정확히 파악하고 그 수요에 맞게 적절한 솔루션을 만들어 제시했다는 점이다. 기술력만으로는 되지 않는 일이다. 불면증 해결의 솔루션까지 찾아야 하는 창의력이 발휘된 것이라 봐야 할 것이다. 그리고 무엇보다 여행을 즐기면서 사업거리로서 앱 개발 비즈니스를 선택했다는

논점 분석 5 **창업자 자세(도전 · 열정 · 끈기)**

- 안정적인 직장에서 탈피, 개인적 삶의 만족을 위해 창업 실행
- 포기하지 않기 훈련으로 자전거 국토종주 실행
- M&A 권고 3회 거부, 고난의 사업 선택

자체가 창의적이다. 재미있다. 자유로운 영혼임을 보여주는 모습이다. 이것이 사업적 창의성으로 지속해서 나타나고 있다고 봐도 괜찮을 것 같다.

- 한편 도예과 출신의 사촌동생이 직접 만든 수공예품을 제대로 못 팔아 고생하는 것을 보고 실력은 있으나 판매에 애로를 겪는 수공예 작가들의 입장에서 도움을 주려는 사업 아이템, '아이디어스'를 개발, 운영하고자 생각한 것도 창의적이고 대단한 결심이 아닐 수 없다. 이전에 유사한 인터넷 쇼핑몰이 있었지만 실패작으로 끝났고 수공예품 판매시장이 아직 미흡하다는 주변 평가에도 긍정적으로 성장세를 예측한 점, 그리고 '아이디어스' 추진전략상 일반 소비자와 작가들 입장의 핵심 포인트를 찾아내고 수수료 부담을 거의 없애고 젊은 층 고객을 먼저 공략한 점은 전략적 혜안이었다고 판단된다. 처음부터 몇몇 수준 높은 작가들을 어렵게나마 영입한 점도 같은 차원에서 높이 평가할 만하다. 창의력은 사업의 혁신활동으로 이어지기에 지금까지 성장세를 보이고 있는 것이다.

- 김동환 대표는 개인적인 욕망, 즉 자유롭게 살면서 돈을 버는 사업방법을

논점 분석 5 창업자 자세(창의성)

자유로운 사업 착안과 수공예품 시장 예측

- 여행하면서 자유롭게 일할 수 있는 사업 아이템 착안
- 수공예품 판매가 어려운 현실에서도 향후 시장의 성장을 예측해 '아이디어스' 개발, 그리고 적절한 공략방법을 찾음

찾아 창업을 하였다. 내 의지가 아닌 남의 의지로 따라가는 인생을 거부하고 자주적 인생 주인공으로 살고자 창업을 했다고 한다. 그러면서 이왕이면 남들을 돕는 차원에서 생활 편의 제공형 각종 유틸리티 앱을 만들어 판매한 것이었다. 수공예품 모바일 쇼핑몰인 '아이디어스'의 개발과 운영 역시 수공예 작가들의 판매 애로를 해결하고 고객들의 자기만의 독특한 상품 구매 욕구를 돕고자 추진한 것이다. 거창한 것은 아니지만 공익적 사업가치를 나름대로 실천하고 있음을 확인할 수 있다. 김 대표에게 물었다. 사업 추진과 운영에서 사회적 가치 배려는 필요한 것이냐고. 그는 말한다. "스타트업 기업 중 '메쉬코리아(MeshKorea)'라고 있는데 그 신생기업이 잘나가는 이유는 오토바이 배달업계의 비인간적 처우를 목격하고 이를 해결하려 창업했기에 열의를 발휘할 수 있었고 그래서 성공한 케이스로 본다"

는 것이다. 창업에서 공익적 가치는 매우 중요한 원동력이 된다는 대답이다. 그는 진정한 창업자로 출발했음이 확실하고 멋진 기업가로서 성장할 것으로 보인다.

〈사례 11〉 논점 정리

1. 김동환 대표의 열정 내지 도전정신을 알 수 있는 것은?

대기업과 중견기업 직장생활을 포기하고 창업 실행
490km 국토 종주의 자전거 여행 도전 성공

2. '백패커'가 운영하는 '아이디어스'가 갖는 공익성은?

수공예 작가들은 수입 얻기가 쉽지 않은 것이 사실인데 이를 해결해 주는 앱을 개발하여 고객편리성 제공과 함께 판매를 도와줌

3. '백패커'가 활용한 마케팅은?

해외 제휴마케팅으로 유료 앱의 홍보비용을 사후 판매 후 다운 수수료 수입을 배분하여 해결하는 마케팅 방법의 일종

4. 김동환 대표의 창업사례를 통해 배울 수 있는 점은?

인생에서 가장 중요한 것은 취업이 아니고 자기 자신이 원하는 것을 추구하면서 보람되게 돈 버는 일을 찾는 것

8. 예비창업자와 정부에 당부 사항

● 김동환 대표는 예비창업자에게 말한다. "창업에 뜻이 있으면 엉성한 사업 모델이더라도 일단 간단하게 적은 돈으로 시도해보라"는 것이다. 완벽한 것은 찾기 힘들기에 창업 후 사업모델을 지속적으로 완성시켜 가면서 본인이 생각한 사업 가설을 검증해 가라는 주장이다. 창업이란 완성품을 만들어 가는 과정이라는 것. 그리고 창업을 할 때 본인이 창업하려는 목적과 추구하고자 하는 가치가 뚜렷해야 한다는 것이다. 창업의 개인적 가치와 사

회적 가치를 말하는 듯하다. 그리고 모든 사람이 창업을 할 필요는 없지만 젊은 시절에 적은 자본으로 경험 쌓기 차원에서, 적어도 본인이 기업가 기질이 있는지 없는지 자질 확인차원에서 창업을 해보는 것도 필요한 것 같다는 얘기도 전한다. 김 대표는 말한다. "창업은 설사 실패를 하더라도 훌륭한 인생 경험이 되며 누구나 맛 볼 수 있는 것은 아니다."

- 정부의 정책에 대해서도 한 마디 지적한다. 현재 자본주의 사업영역에는 시장경제 영역과 공공영역 등이 있는데 정부 입장에서 사업에 관여하고자 할 때에는 잘 구분하여 관여해야 할 것이라는 얘기이다. 무슨 말인가? 현재 ICT 관련해서 많은 플랫폼 사업을 정부가 참여하고 있다고 한다. 여행서비스 관련해서도 이와 비슷한 플랫폼 분야에 정부가 참여하고 있는데 민간에 맡길 부분까지 정부가 관여하고 있다는 진단이다. 김 대표는 여행서비스 관련 앱 개발 시 겪었던 답답했던 경험을 토대로 말하는 것이라 한다.

- 그리고 아직까지도 규제가 많다고 지적한다. 중소기업 규모로 사업을 하다보면 보이지 않는 규제가 많다는 것. 오히려 대기업이나 외국기업에게는 적용되지 않는 규제가 국내의 중소, 벤처기업에 적용되는 경우가 많다는 것이다. 김 대표가 만들어 놓은 개인용 앱 중에서 정부 규제 때문에 판매조차 못 해보고 폐기해야 하는 억울한 사례가 있다는 것이다. 규제 완화는 특히 신규사업 분야에서 창업을 유도하는 방향으로 적극적으로 이행되어야 할 것이다. 필자도 평상시 느끼는 사항이다. 기득권을 가진 대기업에게는 허용해서는 안 되는 규제를 완화해주고 신생기업들이 시도하는 새로운 사업 아이템에서는 많은 규제가 있음을 볼 수 있기 때문이다. ICT 벤처

업계에서도 동일한 답답함이 존재하고 있다는 말이다. 정부는 규제와 지원책 관련해 창업자들의 고충을 청취하는 간담회를 정기적으로 가져야 할 것이다.

예비창업자와 정부에 당부 사항

- 창업에 뜻이 있으면 엉성한 사업모델이더라도 일단 간단하게 적은 돈으로 시도해보라. 창업은 설사 실패를 하더라도 훌륭한 인생 경험이 된다.
- ICT 관련해서 많은 플랫폼 사업을 정부가 참여하고 있는데 민간에 맡길 부분까지 정부가 관여하지 말아야 한다.
- 대기업이나 외국기업에게는 적용되지 않는 규제가 국내의 중소, 벤처기업에 적용되는 경우가 많다. 지속적 완화가 필요하다.

인터뷰 외 참고자료

- “[Startup Story #321] 내년 누적 거래액 1,500억 기대… 한국 최초 상장한 핸드메이드 마켓 될 것”, 〈플래텀〉, 2017.2.9.
- “즐팡, 수공예품 직거래 장터 ‘버디’ 오픈”, 〈헤럴드경제〉, 2013.3.27.
- Kotra, “첨단화된 고전산업, 온라인 핸드메이드”, 〈해외시장 뉴스〉, 2015.11.10.
- “자유로운 영혼 위해 100만원으로 창업하다 – ‘백패커’ 김동환 대표”, 〈YTN 사이언스〉, 청년창업런웨이, 유튜브(https://www.youtube.com/watch?v=9KhzeqBSAdA).
- “[강소기업이 미래다] 김동환 백패커 대표”, 〈한국일보〉, 2018.2.26.
- 김동환 백패커 대표 “K크래프트, 세계에 알릴 플랫폼 될 것”, 〈서울경제〉, 2018.5.22.
- “‘배낭여행을 하면서 일해보자’ 해서 회사이름도 ‘백패커’ – 김동환”, 〈IT투데이〉, 2015.3.2.

사례 12 '푸드나무' 창업자 김영문 대표

헬스 트레이너가 500억대 사업가 되다

1. 창업 회사 소개

법인명	주식회사 푸드나무
주소	서울 마포구 월드컵북로 396 (상암동, 누리꿈스퀘어 비즈타워 15층)
창업자 및 대표이사	김영문
창업년도	2011년
사업내용	닭 가슴살 가공식품 전문 종합몰, 보디빌딩 커뮤니티, 바디 프로필 스튜디오 사업, 닭 가슴살 요리 커뮤니티 운영
창업성과	창업 후 6년 만(2017년)에 매출 348억원, 영업이익은 43억원, 직원 수 60여 명으로 성장
홈페이지	http://foodnamoo.com

창업 소개	회사 주요연혁
● '보디빌더' 김영문 대표가 2011년 '랭킹닭컴'(닭 가슴살 판매 플랫폼)을 운영하는 '푸드나무'를 창업. '랭킹닭컴'은 2018년 초 60여 개 브랜드 입점 중. 업계 선두 ● 창업 후 빠르게 성장, 2018년 통합물류센터 구축 예정	2011.07 랭킹닭컴 오픈 2013.01 ㈜푸드나무 법인등록 2014.12 연매출 100억원 달성 2017.12 연매출 348억원 달성 2017.11 '벤처창업대전' 농림식품부장관상 수상

2. 창업자의 개인적 특성과 창업동기

- 어린 시절 좁은 세탁소 가게에서 막내 삼촌까지 다섯 식구로 어렵게 살아온 김영문 대표. 여러 해 동안 세탁소 단칸방에 생활을 이어갔다고 한다. 그는 지금도 웅크려 자는 것이 편하다고 할 정도로 어릴 때 꽤나 좁은 공간에서 환경 적응을 잘 했던 것 같다. 전라남도 진도에서 태어나 해남에서 초등학교와 중학교를 마치고 고등학교 진학은 목포로 가게 되었다고 한다. 부모님 살림살이가 조금 펴졌기 때문인 것 같다고. 그런데 집안 살림이 조금 펴지는가 싶더니 갑자기 뜻하지 않게 부모님 간 헤어짐으로 김 대표는 충격 속에 어머니와 같이 경제적 활동에 참여해야 했다는 것이다. 목포에서의 고교생활은 새로운 희망의 도시생활이 아니라 정신적 독립과 경제적 자립을 위한 고난의 시간으로 채워가야만 했다. 학업은 건성이었고 17살 어린 나이에 알바생으로 경제적 활동에 참여했다. 그는 집안의 정신적 혼란 속에서 어려움을 이겨내기 위해 열심히 일했다고 한다. 힘이 들었으나 자신이 맡은 일에 최선을 다했고 그래서인지 일 잘한다는 소리를 꽤 들었다고 소개한다.

- 목포에서 학창시절 공부 아닌 경제활동 참여로 나름 안정을 찾아가던 김 대표는 이 당시 어머니 계획으로 서울로 전학을 하게 된다. 김밥 장사계획을 갖고 자식 교육을 위해 서울 생활을 결심하신 어머니와 함께 김영문 대표는 서울로 온 것이다. 그러나 김 대표는 학업을 마치기를 바라던 어머니의 기대와는 달리 학업의 길보다는 사회생활 참여에 열의를 내게 된다. 일

찌감치 사회진출을 할 생각을 갖고 어머니를 설득했고 결국 고교 중퇴를 결심하게 된다. 나중에 여건이 되면 검정고시로 고등학교를 마치겠다고 하고.

● 고교 중퇴를 하게 된 18세의 김 대표는 이때부터 안 해 본 것이 없을 정도로 갖가지 알바를 하게 된다. 편의점 알바, 주유소 직원, 음식점 서빙, 배달사원, 막일 작업장 일꾼 등. 젊은 사람들이 기피하는 일들도 그는 마다하지 않고 열심히 대들었고 전력을 다했다고 토로한다. 이 시절 김 대표는 마음의 큰 각성을 하게 된 기회를 접하게 된다. 며칠 동안 이어지던 건물내부시설 철거공사 현장에서이다. 얼굴을 제대로 알아볼 수 없을 정도로 먼지를 뒤집어쓰면서 잡부 일을 하고 있었는데 같은 작업장의 나이가 꽤 있던 작업 선배분이 "젊은 사람이 일 참 열심히도 잘 하는구먼" 하면서 한편으로는 안스럽게 보였는지 별도로 불러놓고는 "언뜻 일 한번 했다가 수년간 공사판에서만 머물게 되는 꼴이 되니 나처럼 되지 말고 다른 일 찾아보게"라고 권하는 것이 아닌가? 정신이 번쩍 들더란다. 그런 일이 있은 후 다양한 일을 접해보자는 생각으로 우연히 헬스클럽을 찾아가게 되었고, 그 곳에서 그는 인생의 전환점을 맞이하게 된다.

● 그는 한 가지 흥미를 느끼면 그것에 집중을 하는 성격이고 그런 성격 탓에 헬스클럽에서 꽤나 열심히 운동을 했었던 것 같다. 공익으로 군 생활을 하면서도 헬스운동은 지속했고 이즈음 그는 시간여유를 갖고 졸업 못한 고

교 졸업을 위해 방송고교 과정을 시작하기도 했다. 운동을 하면서 몸과 마음이 모두 건강해진 듯 그는 그렇게 자신의 개발을 위해 정성을 다한 결과인지 헬스클럽 운동코치가 챔피언 대회에 나가보라는 권고를 받게 된다. 자신감과 가능성을 느꼈고 그 결과 실제 2007년 서울 미스터대회에 출전해 본선에 진출하였고 그 다음 해에는 1위를 하게 된다. 대단한 의욕과 추진력의 소유자인 듯하다.

- 한편 김 대표는 보디빌딩 대회에 우승을 해가면서 운동에 대한 보다 더 전문적인 지식의 필요를 느꼈고 고교과정을 마친 후 체육학 전공으로 대학에 진학하게 된다. 그는 소위 '한다고 하면 하는 성격'이라고 한다. 6년간의 헬스 운동을 통해 '생활체육 지도사' 자격증 획득보다도 살아가는 데 반드시 필요한 자신감을 얻었다고 힘주어 말한다.

- 당시 운동했던 헬스클럽이 서울 마포구 상암동 '비즈니스 타워' 건물 지하층이었는데 이곳의 많은 직장인들을 보면서 "내가 창업을 한다면 이곳에 입주해 IT관련 업종으로 꼭 해보련다"라고 마음을 먹었다고 한다. 정부의 창업지원으로 창업 초기기업들이 입주하던 빌딩이기도 하기에 적절한 생각을 한 셈이다. 그 결의는 실현되었다. 그는 헬스 회원들에게 남들보다 성실과 배려심, 그리고 실력으로 대해서 그런지 다른 트레이너보다 레슨 받는 수강회원들이 많았다고 한다. 이들의 모임이 만들어질 정도로 인기가 있었는데 수강회원들의 입소문으로 레슨 시간표는 항상 꽉 채워있을 정도

이었다고. 연예인 컨설턴트도 하며 월 500만원 이상의 수입을 벌 정도로 성공적인 트레이너이었던

그는 29세일 때 30세 이후의 먼 인생을 위해 무언가 새로운 도전거리를 생각하게 되었고 그것은 과감한 창업 실행으로 이어졌다. 당시 헬스 레슨을 받는 수강생들이 근육을 키우는 데 이용되는 닭 가슴살 구입에 대해 많은 질문으로 궁금해 하는 것을 보고는 "아, 이것이구나" 하고 창업아이템으로 삼게 되었다고 말한다. 좋아하는 일을 한 없이 하고 싶어했던 그에게 자연스레 닭 가슴살이 사업아이템으로 떠오른 것이다. 그렇게 해서 '닭 가슴살 전문 판매 플랫폼'인 '랭킹닷컴'이 등장하게 되었다.

- 창업한 2011년 당시까지 저축했던 돈은 어머니 빚 청산에 다 써버리고 아직 어머니 빚이 남아 있던 차에 여유 자금이 없었지만 열심히 해 볼 자신감도 있고 적지 않게 마음의 준비를 해오던 차라서 그야말로 반드시 성공해 보겠다는 절실함으로 창업을 실행했다는 설명이다. 창업 당시는 닭 가슴살을 공급받아 단순 유통으로 판매하는 쇼핑몰 사업이었다.

- 지금은 사업규모가 커져 파주에 약 50억원 자금을 투입, 서울과 경기도 북부지역을 아우르는 종합물류센터가 2018년 안에 건립될 예정이지만, 창업 당시는 5곳의 상품 공급처를 개발해 소매점 입장에서 유통시키는 판매업으로 시작하였다. 닭 가슴살 관련 상품을 기획, 개발하여 이를 OEM방식으로 거래처에 생산 주문을 넣고 이를 납품받아 쇼핑몰에서 판매하는 방식이었다. 초기상품 론칭 시 김 대표의 원칙은 주변 사람들의 80% 이상이 좋다고 해야 인터넷에 올린다는 것이다. 지금도 신상품 론칭 시 모든 직원의

80% 이상의 솔직한 동의가 있어야 출시한다는 것. 시장성 조사를 우선 내부직원들 대상으로 실시해 꾸밈없는 검증을 받아본다는 것이다. 매출은 창업 이후 5년까지는 매년 2배씩 성장했으며 5년 후인 2016년 말 기준 275억원, 2017년은 348억원, 2018년에는 500억원 이상을 목표로 삼고 있다고 한다. 겁 없는 질주가 이런 것이구나 싶다. 영업이익률도 동종 업계의 타사보다 높은 15%선이라고 귀띔을 해준다.

- 앞으로도 김영문 대표의 꿈과 도전은 계속 이어져 2018년에는 육가공과 도계사업까지 수직계열화를 추진한 이후 정식 코스닥 상장을 곧 추진할 예정이란다. 이는 2014년 모 방송에서 공약처럼 얘기한 것보다 1년 앞당긴 것으로 그가 자신의 목표를 위해 얼마나 많은 노력을 했는지 가늠해볼 수 있다. 현재의 쇼핑몰에는 자사 상품의 구성비는 약 80% 수준. 상품메뉴는 전문 선수용뿐만 아니라 미용, 다이어트용 누구나 건강을 위해 쉽게 섭취할 수 있는 상품을 지속적으로 다양화할 계획이다. 김 대표는 말한다. "최종적으로 그가 만든 '푸드나무'는 육가공, 도계 업계의 대기업인 '하림'과 경쟁하게 될 것"이라고 덧붙인다. 사업의 단순 유지는 망하는 길이고 성장만이 유지하기 위한 방법이라고 말하고 있다.

3. 창업 과정과 애로사항 극복

- 김영문 대표에게 창업 과정의 애로사항에 대해 물었다. 그는 창업 초기 원룸에서 쇼핑몰을 만들어 운영했는데 이때 상품을 공급해줄 거래처를 확보하는 것이 어려웠다고 털어놓는다. 신뢰가 없는 신생기업에 어느 업체가 쉽게 판매를 맡기겠는가? 그는 전국의 닭 가슴살 공장 문턱이 닳도록 뛰어다니며 자신감을 보여주었다. 일정기간 내 일정 판매액을 약속한 것이다. 건방진 초보자의 자신감이었다. 그러나 그는 약속을 지켜냈다. 판매 포인트를 찾아내 자신만의 온라인 마케팅 방법을 터득한 덕택이었다. 물론 기본적으로는 상품의 품질을 우선시 했다는 것, 닭 가슴살 품질이 안 좋은 것은 아예 취급을 하지 않았다. 거래처를 개발할 때도 품질을 먼저 보고 접촉을 한 것이다. 그는 이렇게 제품의 품질을 믿을 수 있는 업체만을 찾아다니며 노력한 결과, 다섯 군데 업체와 거래를 시작할 수 있었다고 한다.

- 상품만 좋으면 무얼 하는가? 쇼핑몰을 잘 운영해야지. 그의 온라인 쇼핑몰 운영지식은 그냥 단순히 얻어진 것이 아니다. 꾸준한 학구열이 있었다. 그는 어떤 한 가지가 궁금해지면 파고들어 확실하게 알아내는 기질이 있다는 것이다. 비전문가이지만 잘하고 싶은 온라인 쇼핑몰에 대해 책을 사서 보고 여러 사람들에 묻고 해서 악착같이 터득하고 있다는 것. 남이 시켜 억지로 하는 학창시절의 공부와는 다른 것이기에 가능한 얘기이다. 그는 닭 가슴살을 단순히 판 것이 아니다. 젊은 청년 사업가인 만큼 그리고 헬스클럽 트레이너 경력자인 만큼 수요자가 무엇을 원하는지 잘 파악하고 있었다. 맛도 문제이지만 모양도 중요한 판매 포인트로 잡아 상품성을 보완, 가공작업과 상품 디자인 등에 심혈을 기울였다. 그의 노력은 맛의 풍미 살리기

와 함께 현대적 소비자들의 취향에 맞춘 적합한 상품 업그레이드로 향하고 있었다. 2018년 5월 현재 '랭킹닭컴'은 '푸드나무'가 개발한 PB상품 이외에도 국내 56개 브랜드의 닭 가슴살 제품 및 건강·신선식품을 총망라해 취급하고 있는 닭 가슴살 전문 판매 플랫폼이 되었다는 평이다.

- 2017년 말 현재 국내의 온라인 식품 구매비율은 약 15~18%선으로 추정되는데 앞으로 50%까지는 상승할 것이라는 김 대표의 예상이다. '푸드나무'의 인터넷 쇼핑몰 사업 전망은 긍정적이라는 것이다. 그의 꿈은 대단하다. 건강과 아름다움을 추구하는 국내 대표 기업으로 아시아 시장 등 해외 진출도 계획하고 있다.

- 2018년 현재 35세인 김 대표에게 어느 정도 사업에 성공한 다음의 계획에 대해 물었다. 그는 적어도 1,000억원대의 자산가가 되는 꿈을 가지고 있지만 인생 후반기에는 돈이 아닌 다른 사회적 가치가 있는 일을 추구하며 살고 싶다고 한다. 최근 약 5천만원 어치의 상품을 '푸드뱅크'에 기부했다고 한다. 그는 현재 약 60여 명의 종업원 가족 모두가 행복하게 잘 살 수 있도록 만드는 일부터 완수하고 그다음 사회적으로 좋은 평가를 받는 기업인이 되고 싶다고 말한다.

고교중퇴에서 500억대 사업가로 '㈜푸드나무' 김영문 대표

https://www.youtube.com/watch?v=XKWvGTsm15c (약 21분)

자료와 사진: 유튜브 채널, YTN 사이언스

4. 창업 기업의 성과

- 2011년 7월 조그만 원룸 공간에서 시작한 인터넷 쇼핑몰 '닭대리 랭킹닭컴', 닭 가슴살 상품을 공급받아 온라인으로 판매하기 시작했다. 창업 이후 매출 실적은 매해 2배씩 커져 6년 만에 348억원의 매출을 올렸다. 종업원은 2명에서 60여 명으로 늘었다. ㈜푸드나무는 '랭킹

'㈜푸드나무' 성과	
설립연도	2011년 7월
사원수	약 60명 (2017년 말 기준)
창업자금	6,829만원
매출액	348억원(2017년)
업종분야	기타 식료품 제조업
주요사업	닭가슴살 전문 쇼핑몰, 사진 스튜디오, 요리 잡지 등

닭컴' 외 닭 가슴살 레시피 매거진 '닭쿡', 보디빌딩 전문미디어 '개근질닷컴', 바디프로필 전문 스튜디오 스튜디오 'U'를 운영하고 있다. 식품사업에 IT(정보기술)를 결합해 푸드테크 기업으로 확장하고 있다. 2017년 말 '푸드나무'는 '벤처창업대전'에서 농림식품부장관상을 수상했고, 사회적 봉사를 해온 덕에 '서울시사회복지협의회장상', 그리고 할인 행사 등으로 소비진작에 기여를 했다고 해서 '코리아세일페스타' 유공 기업상까지 수상해, 2017년에만 3관왕을 차지했다. 2018년에는 파주에 종합물류센터를 건립할 예정이다. 그리고 얼마 전 10월 초순 기업공개를 해서 선전 중이다. 예비심사 평가 시 기업가치는 2018년 5월 현재 약 2,000억원 이상이라는 평가를 들었다. 대단한 창업 성과가 아닐 수 없다.

5. 비즈니스 모델과 사업성 분석

● '㈜푸드나무'의 주된 비즈니스 모델은 앞에서 소개한 바와 같이 인터넷 쇼핑몰을 통해 닭 가슴살 가공식품을 판매하는 사업이다. 헬스케어 시장에서 애용되는 닭 가슴살과 간편 건강식을 제조, 입점형태로 '랭킹닭컴' 플랫폼을 활용하여 판매하는 사업인 것이다. 처음에는 5곳의 거래처로부터 공급

논점 분석 1 비즈니스 모델

- 닭 가슴살 가공식품 판매업
- 직영 스토어 '랭킹닭컴' 사이트 운영
- 다이어트 식품 포함, 그 외 헬스 커뮤니티, 바디 프로필 전문스튜디오 운영

받은 상품이었지만 지금은 60여 개가 넘는 브랜드와 수천 개의 상품을 취급하고 있다. 건강 및 다이어트 용도로 닭 가슴살 판매가 신장되면서 이익도 커져 기업은 매년 약 2배씩 성장을 해왔다. 처음에는 단순 유통판매업이었지만 점차로 상품의 품질관리, 상품 디자인, 새로운 상품개발을 통해 '푸드나무'만의 상품(PB)이 많아졌고 이를 통해 더 많은 고객 확보와 매출 증대로 이어졌다. 수익률도 단순 유통판매업 수준에서 점차 높아진 것이다. 앞으로는 육가공, 도계사업을 병행할 계획도 있단다.

- '㈜푸드나무'의 창업아이템인 닭 가슴살의 유통사업, 인터넷 쇼핑몰의 사업성을 따져 보자. 우선 시장성 측면이다. 닭 가슴살은 단백질이 쇠고기나 돼지고기보다 30~50% 많이 들어 있고 필수아미노산·필수지방산·불포화지방산이 많아 두뇌발달 및 성인병 예방에 효과가 있을 뿐만 아니라 고단백·저지방·저칼로리 식품으로 포만감이 오래 지속되어 체형 관리에 상당히 효과적인 식품으로 평가를 받고 있다. 최근 친환경, 웰빙, 건강 트렌드가 주목 받으면서 관련 업계에서도 이러한 추세에 맞춰 꾸준한 연구와 제품개발을 하고 있다. 소비자의 니즈 반영 제품들을 출시해 까다로운 소비자들에게 다가가는 것이다. 덕분에 닭 가슴살 요리 및 상품시장이 커지고 있다는 것이다. '푸드나무'에서 예측하는 닭 가슴살 국내시장 규모는 약 2,300억원, 닭고기 시장이 3조원 이상이 된다고 하니 수긍이 간다.[1]

1) "시장 규모 3조원 한국 대표 야식 '치킨'… 닭고기 소비량 미국의 1/3, 성장 잠재력 커", 〈이코노미조선〉, 185호, 2017.2.20.

논점 분석 2 **사업성**

1) 시장성: 건강관리 차원의 닭 가슴살 식품 수요는 증가세

2) 상품성: 선별한 저가격의 고품질 상품, 최저가 보상제 실시

3) 수익성: 창업 3년 만에 연매출 100억원 달성, 6년 만에 348억원 달성할 정도 성장

- 닭 가슴살로 만드는 요리제품으로 닭 가슴살 스테이크, 샐러드, 소시지, 훈제, 육포, 통조림 캔 등이 개발되고 있고 상품디자인까지 개선되면서 소비자들의 인기를 끌고 있는 것이다. 닭 가슴살 수요의 비수기가 사라진 것도 닭 가슴살의 시장 확대 요인이다. 닭 가슴살은 대표적인 저지방 고단백 식품으로 과거에는 운동을 전문적으로 하는 사람이나 다이어트를 하는 사람들을 위한 음식으로만 여겨졌으나 최근에는 대중적으로 다양한 음식에 활용되고 있다는 것. 근육질 강화 차원에서 나아가 건강관리의 완벽한 식품으로 애용되고 있다는 진단이다. 다시 말해 시장성은 늘어나고 있다는 평이다.[2)]

- 다음은 상품성이다. 닭 가슴살 가공식품을 전문적으로 판매하는 '랭킹닭컴' 쇼핑몰의 상품성은 우선 쇼핑몰에서 취급하는 상품들의 우수성, 즉 가격 대비 품질, 맛, 모양새, 다양성, 효과, 건강 기능성 발휘 여하 등이라 할

2) "추위에도 불어온 건강관리 열풍…닭가슴살 수요 상승세", 〈조세일보〉, 2018.2.1.

수 있고 그 다음이 쇼핑몰의 마케팅 능력과 전략이라 할 수 있다. 김영문 대표는 그가 취급하는 상품, 닭 가슴살에 대한 애정이 우선 대단하다. 그는 말한다. "닭 가슴살은 단연코 현존하는 가장 완벽한 육류입니다. 닭 가슴살은 지방과 탄수화물이 거의 없고, 단백질 함량이 많으며 비싸지 않고 조리가 쉬우며 장기 보관이 가능한 식품이기 때문입니다"라고. '푸드나무'의 직영 스토어 '랭킹닭컴'은 김 대표의 이러한 철학을 담아 자체 생산 식품뿐 아니라, 국내에서 시판되고 있는 다양한 브랜드의 닭 가슴살과 다이어트 식품을 한 곳에서 만나볼 수 있는 곳이다. 현재 입점 중인 브랜드만 60여 개가 되는데, '랭킹닭컴'의 가장 큰 메리트는 이러한 다양한 브랜드 제품을 한 번에 구매하고 적립된 포인트를 호환해 사용 가능하다는 점이다.

- 창업자의 닭 가슴살에 대한 애정과 믿음, 그리고 쇼핑몰 등록 상품들에 대한 엄격한 선별 관리, 최저가를 보장하는 마케팅 전략 수행으로 '랭킹닭컴' 쇼핑몰의 상품성은 고객들에게 사랑을 받고 있는 것이다. 신규고객과 단골고객을 늘리는 수단으로도 활용되는 인터넷 미디어 '개근질닷컴', 보디프로필 전문 스튜디오 'U' 등의 운영도 효과적이라 보인다. 고객들과의 신뢰 쌓기에 성공한 그만의 쇼핑몰 운영 능력, 즉 '랭킹닭컴'의 상품성을 인정할 수밖에 없을 것 같다.

- 수익성을 살펴보자. 인터넷 쇼핑몰을 통한 유통 판매업의 이익률은 기본적으로 높지 않다. 보통 10% 내외이다. 창업 초기에는 말 그대로 판매만 대행해주는 방식이었다. 점차로 상품 기획을 해서 OEM 생산방식으로 납

품을 받아 판매하는 양이 늘었고 그런 과정을 통해 유통업자 '푸드나무'의 자체 브랜드(Private Brand) 수가 늘었다. 여기에 다른 회사의 닭 가슴살 브랜드도 입점시켜 판매를 도왔다. '랭킹닭컴' 사이트를 '푸드나무' 회사 상품만의 판매망이 아닌 닭 가슴살 판매 전문 인터넷 쇼핑몰로 만든 것이다. 이렇게 개방적으로 사이트를 활용하면서 매출액과 수익이 폭발적으로 늘기 시작했다. 2011년 7월 창업해서 3년 만인 2014년 연매출 100억원대, 5년 만인 2016년에 200억원대, 2017년에는 연매출 348억원과 영업이익 43억원을 달성했다. 저가 전략을 활용하면서도 인터넷 쇼핑몰 판매망으로 영업이익률 10% 이상의 수익성을 보이고 있는 것이다.

6. 창업 마케팅과 경쟁력

● 김영문 대표는 헬스 트레이너의 입장에서 어떠한 닭 가슴살 가공식품이 소비자에게 어필되는지를 알았다. 헬스 회원들 혹은 고객들의 입장에서 어떠한 닭 가슴살 가공식품이 필요한가를 생각했고 해답을 찾아냈다. 그리고 그는 창업 초기에 트레이너를 병행하였기에 자신의 쇼핑몰 사업을 자연스레 홍보할 수 있었다. 그가 자신 있게 추천한 이유는 그 자신이 직접 전국의 닭 가슴살 공급업체를 찾아 다녔고 품질 좋은 업체 것만을 선별해 거래처로 삼았기 때문이었다. 자신감과 신뢰 형성으로 거래처 관계가 좋아지면서 그의 협상력은 커졌고 저가전략으로도 좋은 품질의 닭 가슴살을 공급받

논점 분석 3 창업 마케팅

신뢰 마케팅과 적극적 홍보

- 김영문 대표 자신이 전국의 닭 가슴살 공급업체를 직접 찾아다니며 신뢰 거래관계를 단단하게 형성
- 최저가 보상제 실시 등으로 이득보다 신뢰 제공
- 버스광고 등 일반광고와 유관사업 추진 병행

을 수 있었다. 그는 창업 초기부터 이익을 크게 생각하지 않고 거래처와 고객들에게 신뢰 제공이 중요하다는 것을 알고 지속적인 노력으로 신뢰를 구축해왔다. 거래처에게는 약속을 잘 지켰다. 고객들에게는 낮은 가격, 최저가 보상제를 제공했다. 장기적인 안목으로 사업을 해왔음을 알 수 있는 것이다. 그는 단기적 이익 추구 사업자가 아니었다.

● 긴 안목으로 사업을 크게 기획했기에 그는 홍보도 중시, 가능한 대로 닭 가슴살 전문 판매몰인 '랭킹닭컴'을 알려 나갔다. 재미있는 것은 버스 안내광고 같은 일반적 광고 내지 홍보만 활용한 것이 아니라 자회사 방식으로 건강 및 다이어트 레시피 매거진 닭쿡과 바디빌딩 전문미디어 '개근질닷컴'을 운영하면서 건강 정보와 함께 닭 가슴살의 유용성을 알렸고 바디프로필 전문 스튜디오 '스튜디오U'를 운영하면서 다각도로 고객층을 늘려나갔다. 무리한 투자가 아닌, 날개를 달아가는 작전

보디빌딩&피트니스 전문 미디어
개근질닷컴

논점 분석 4 경쟁력

- 고품질/저가격 전략 실행
- 먹기 편하고 싫증 안 나게 다양한 가공식품 공급
- 최저가 보상제 실시

처럼 시너지 효과를 가져오는 유관 사업을 병행했던 것이다.

- 닭 가슴살 전문 인터넷 쇼핑몰 '랭킹닭컴'은 어떤 차별화된 경쟁력을 가지고 있는가? 창업 초기에는 판매 대행에 불과했기에 좋은 품질의 가공식품을 찾아 낮은 마진의 저가공급 말고는 경쟁력을 갖기가 쉽지 않았다. 점차로 거래처 공급업체들로부터 신뢰를 얻고 소비자 고객들로부터도 신뢰를 얻어가면서 그는 자신감을 갖게 되었고 이를 통해 새로운 닭 가슴살 가공상품을 기획하고 자체 브랜드화를 할 수 있었다. '푸드나무'의 직영 스토어 '랭킹닭컴'은 김 대표의 이러한 자신감이 실현된 곳으로 보인다. 자체 기획, 생산되고 있는 자체 보유 브랜드 식품뿐만 아니라, 국내에서 시판되고 있는 여러 회사의 다양한 닭 가슴살 가공식품과 다이어트 식품을 한 곳에서 만나볼 수 있는 간편 건강식품 전문몰이 되었다. 고객들 입장에서 지겨워할 것까지 생각해 상품구색 면에서 여타 생산업체의 다양한 상품류와 브

랜드도 취급한 것이다. 2018년 5월 현재 자사의 브랜드 이외 60여 개의 브랜드 제품을 취급하고 있다. 그것도 최저가의 전략과 고품질을 고집하면서 말이다. 거의 불가능한 2가지 방향의 전략을 실행한 것이다. 사실 그 방향으로 노력을 꾸준히 해왔다고 보는 것이 타당하다. 사업은 이렇게 하는 것이라고 가르침을 주는 듯하다.

- '랭킹닭컴'의 가장 큰 메리트는 이러한 다양한 브랜드 제품을 한 번에 구매하고 적립된 포인트를 호환해 사용 가능하다는 점이다. 김 대표는 "뭐든지 한 음식만 먹다보면 금세 질리고 싫증나게 되어 있다"며 "다양한 제품을 소개하고 운동에 시너지 효과를 드리는 것이 '랭킹닭컴'의 최대 목표"라고 설명한다.

- 현재 '랭킹닭컴'에서는 최저가 보상제를 운영하며 타 스토어에 비해 저렴한 가격으로, 다양한 제품을 공급하고 있다고 말한다. 이러한 서비스에 대해 "믿고 구매해 주는 고객들에게 보답하고자 실시하게 된 최저가 보상제는 '랭킹닭컴'과 고객 사이의 신뢰를 형성하는 밑바탕이 되고 있다."며 "앞으로도 다양한 이벤트와 최고의 서비스로 찾아 갈 것"이라고 한다.

- 무엇보다도 성실성과 신뢰를 보여주면서 거래처 및 소비자 고객들에게 품질 만족과 상품구색 만족, 낮은 상품가격 만족 등을 제공하는 '푸드나무'의 온라인 마케팅 능력이 큰 경쟁력이라 할 수밖에 없을 듯하다. 사회적 봉사까지 참여하면서 참된 기업가의 역할을 다하는

김 대표가 발휘하는 마케팅 능력, 특히 온라인 마케팅 능력에 대해 높은 점수를 줄 수밖에 없다는 생각이다. 온라인에서 사업의 경쟁력은 결국 판매자와 고객 간의 신뢰 정도로 나타나기 때문이다. 이것이 해당 사이트의 평판이 되고 기업의 가치로 이어지는 것이 아닌가? 최저가 보상제 등을 시행하는 자신감과 큰 안목으로 단기 이익을 좇지 않는 김 대표의 능력이 경쟁력이라는 판단이다.

7. 창업자 자세

- 김영문 대표는 헬스 트레이너를 하면서 창업을 실행했다. 그는 고교생 시절 중퇴를 결심한 후부터 20대 중반까지 갖가지 알바와 직업으로 고생을 한 이후 보디빌더로 자신감을 얻게 된다. 인생의 자신감 말이다. 중단한 학업도 이어갔고 대학까지 졸업하게 된다. 그리고 20대 후반 인생 30 나이를 바라보며 무엇인가 의미 있는 도전으로 삶을 꾸미고 싶어 창업을 결심하게 된다. 마침 헬스 수련생들이 관심이 많은 근육 보강용 닭 가슴

논점 분석 5 창업자 자세(도전 · 열정 · 끈기)

- 고교 중퇴 후 갖가지 고생과 경험 끝에 보디빌더로 탈바꿈
- 인생 자신감을 얻고 학업 재기와 창업 도전
- 닭 가슴살 쇼핑몰 구축 후 배워가면서 양질의 상품메뉴 지속적 도전

살 구입방법 등에 대해 문의가 많음을 알고 '아, 이것이구나' 하며 창업 아이템을 선정하게 된다. 시장에서 고객들이 궁금해 하고 애로를 느끼는 것이 창업아이템이 된다는 것을 안 것이다. 그는 아마도 사업가로서 돈도 벌고 인생의 멋진 주인공이 되고 싶었던 것 같다. 창업 당시는 당연히 건강과 다이어트 관리의 애로를 겪는 사람들의 문제 해결을 닭 가슴살 상품으로 도움을 주겠다는 사회적 기여도 생각했겠지만 개인적 욕망이 컸을 것이다.

- 김영문 대표는 젊은 시절 별의별 알바경험과 직업을 통해 인생의 쓴맛 단맛을 다 보았다. 그러한 경험들은 그가 운동선수, 즉 보디빌더가 되면서 열정 인생으로 살아갈 자신감의 토대가 되었다. 비관적 인생이 아닌 낙관적 청춘이 된 것이다. 김영문 대표의 이야기를 들으면서 미국 건국의 대부 역할을 한 벤저민 프랭클린의 어린 시절이 생각날 정도였다. 인생에서 자신감은 정말 중요하다. 젊었을 때 특히 그렇다. 김 대표가 헬스를 통해 인생의 자신감을 얻은 것은 정말 행운이었다는 생각이 든다.

- 김영문 대표의 창업은 건성으로 한 것이 아니다. 확실히 최선을 다했다. 공급거래처를 만들려 다닐 때에도 그는 전국의 닭 가슴살 공장을 직접 다니면서 품질을 확인하고 공급해주지 않으려는 사장들을 악착같이 설득했다. 설득도 자신감이 있느냐에 달려 있다. "형님, 형님" 하면서 다가오는 외모로부터 그의 긍정적 자신감을 읽은 사장들은 공급을 약속했고 김 대표도 판매량 달성을 약속했다. 그리고 그 약속을 지켰다. 서로 간의 신뢰를 쌓게 된 것이다. 창업 후 이러한 과정이 가장 힘이 들었다고 토로한다. 온라인 판매 마케팅은 큰 애로사항이 아니었다고 한다. 워낙 수완이 좋아 온라인에서 저

가전략과 고품질의 상품이 제공되면 고객은 만족한다는 것을 알고 있었던 것 같다. 자신감으로 신뢰를 만들어 냈고 지속적인 끈기 발휘로 열혈 창업자 자세가 어떤 것인가를 제대로 보여준 김 대표였다.

- 온라인 마케팅 활동을 창업 초기부터 비전문가 입장에서 배워가면서 창업 동지의 역할에만 의존하지 않았다. 김 대표 자신부터 닭 가슴살과 다이어트 제품을 선호할 20대, 30대 젊은 층을 대상으로 하는 블로그 마케팅과 SNS 등의 온라인 마케팅 활동과 오프라인 광고활동 등을 혼용하는 소위 통합적 마케팅 커뮤니케이션(IMC)에 도전한 것이다. 대단하다고 평가할 수밖에 없다. 그는 끊임없는 도전을 하겠다고 한다. '푸드나무'라고 회사명을 지은 것도 뿌리에서 줄기와 가지로 건강관리 식품사업을 넓혀 가고자 한 것이라는 설명이다. 다만 무리하게 하지 말고 관련사업으로만 사업의 시너지와 경쟁력 강화를 위해서 도전했으면 하는 마음이다.

- 김 대표의 사업상의 창의성은 우선 헬스 트레이너 시절 수련생들로부터 많은 문의를 받은 양질의 닭 가슴살의 구입방법 등에 관한 질문과 애로점을 그냥 지나치지 않고 사업 아이디어로 잡아냈다는 데에서 찾을 수 있다. 흘려버릴 수 있는 것을 그는 사업으로 연결했다. 이것이 사업 마인드이고 기업가로서 창의적 능력이라 할 수 있는 것이다. 많은

사람들이 불편과 애로사항으로 여기고 있는 데에서 새로운 해결 아이디어를 찾는 능력 말이다. 수익이 될 만한 사업모델을 찾아내는 능력이 창업자로서 필요한 것이다.

- 그는 여기서 그치지 않았다. 창업 이후 고객들의 수요를 확인해 가면서 새로운 상품을 지속적으로 개발해 나갔다. 헬스 운동의 근육 보강용으로 먹기 싫어도 먹는 닭 가슴살이 아니고 맛이 있고 효과도 좋은 상품으로 가공해서 여러 가지 형태로 지겹지 않게 즐기면서 먹을 수 있도록 상품개발을 해온 것이다. 소시지 유형부터 스테이크, 만두 형태로까지 끝없는 상품으로 기획해서 가공하고 출시해왔다. 남성용 식품으로뿐만 아니라 여성용 다이어트 식품도 개발했다. 그는 이러한 여러 상품 개발의 가능성을 위해 요리 웹진 '닭쿡'까지 운영하고 있다. 요리 전문가들의 시범적 도전을 유도하고 자연스럽게 인기를 얻는 신상품을 홍보하며 출시를 하고 있다. 닭 가슴살 요리제품으로 쇼핑몰에 소개된 제품 종류는 스테이크, 샐러드, 소시지, 장조림, 볶음, 훈제, 육포, 통조림 캔 등 수십 가지가 넘은 상황이다.

논점 분석 5 창업자 자세(창의성)

다양한 가공식품 개발

- 헬스 회원들의 닭 가슴살 구입 애로를 창업에 연결
- 닭 가슴살 이용한 각종 가공식품 개발
- 여성 다이어트 식품 등 관련 분야로 사업 다각화

- 김 대표에게 창업에 있어 사회적 가치 내지 공익적 기여가 중요하냐고 물었다. 그는 본인의 사업으로 많은 직원들의 생존이 달려있는 것을 항상 절감하게 된단다. 책임감을 느낀다는 것이다. 이들 직원들의 가족까지 생각하면 수백 명 사람들의 경제생활을 위해 사업을 잘해야겠다는 각오를 수시로 하게 된다고 한다. 사회적 가치의 염두는 필요하다고 그는 말한다. 혼자 살아가는 세상이 아니기 때문이란다. 그래서 그 역시 사회 기부활동도 하고 있다고 한다. 사실 그는 2017년 말 서울시사회복지협의회에서 표창까지 받은 바 있다.

〈사례 12〉 논점 정리

1. 김영문 대표의 열정 내지 도전정신을 알 수 있는 것은?

고교중퇴 후 각종 직업을 다해 보고 보디빌더로 자신감을 얻고서 학업과 창업을 병행, 전국을 다니며 어렵게 고품질 상품 거래처 확보

2. 김영문 대표의 사업적 창의성은?

헬스 트레이너로서 겸업으로 닭가슴살 공급업을 시작한 점과 고품질/저가격을 고집하여 최저가 보상제 실시, 관련분야 다각화

3. '랭킹닭컴'이 갖고 있는 경쟁력은?

고품질의 다양한 먹거리 상품을 저가격으로 공급
바른 먹거리 문화를 제공한다는 자부심으로 사회봉사까지 실천

4. 김영문 대표의 창업사례를 통해 배울 수 있는 점은?

인생에서 가장 중요한 것은 학력이 아니고 자신감과 실행력

8. 예비창업자들에 당부 사항

- 김영문 대표는 6년 가까이 추진해온 창업경험을 갖고 당부한다. "자신이 잘하고, 즐길 수 있는 일을 하면 성공할 수 있습니다." 창업의 성공 길에는 아이템이 중요하다기보다 창업자의 정신력이 무엇보다 중요한 것 같다고 말한다. "성공을 하려면 하는 일에 미쳐야 합니다. 그리고 절실해야 합니다." 처절하게 인생의 밑바닥에서 고생하고서 헬스클럽의 트레이너로 자신감을 얻게 된 김영문 대표. 그가 닭 가슴살을 찾는 많은 수련생들로부터 아이디어를 얻어 창업을 했고 성공을 했지만 창업 성공은 아이템이 아닌 창업자의 정신적 자세, 즉 절실해서 미쳐야 하는 실행력, 불굴의 의지가 중요하다는 말을 진하게 전하고 있었다.

예비창업자들에 당부 사항
• 자신이 잘하고, 즐길 수 있는 일을 하라. • 창업에 성공을 하려면 하는 일에 미쳐야 한다. 그리고 절실해야 한다. • 창업아이템보다 창업자의 정신력이 중요하다.

인터뷰 외 참고자료

- "시장 규모 3조원 한국 대표 야식 '치킨'… 닭고기 소비량 미국의 1/3, 성장 잠재력 커", 〈이코노미조선〉, 185호, 2017.2.20.
- "추위에도 불어온 건강관리 열풍…닭가슴살 수요 상승세", 〈조세일보〉, 2018.2.1.
- "단연코 닭 가슴살은 현존하는 가장 완벽한 육류입니다 – 김영문 대표", 〈선데이타임즈〉, 2015.10.21.
- "고교중퇴에서 500억대 사업가로 –'㈜푸드나무' 김영문 대표", 〈YTN 사이언스〉, 청년창업 런웨이, 유튜브(https://www.youtube.com/watch?v=XKWvGTsm15c).

맺는 말

창업 사례 12개에 대해 스토리 위주로 살펴보았다. 12개 선정은 특별한 기준 없이 YTN 사이언스 '청년창업런웨이' 등 매스컴에 비교적 최근 소개된 창업자 특강을 듣고 이루어졌다. 10년 남짓의 연혁을 가진 창업기업을 이끈 창업자로서 이론적으로나 실무적으로 모범이 될 만한 사례라고 판단했다. 창업 유망분야로 주목할 곳을 골고루 포함시키다보니 외국 사례 2곳(드론 업체인 'DJI'와 사회적 경제의 신발업체 '탐스')도 포함시켰다. 이들 12개 사례에 대해 창업 과정을 정리하고 창업학 이론에서 일반적으로 제시하는 중요한 성공요소별로 분석을 해보았다. 정리 및 분석을 한 결과, 이들의 공통점은 다음의 몇 가지로 간추려 볼 수 있었다.

첫째, 이들은 창업추진 과정에서 겪게 되는 갖가지 어려움에 굴복하지 않았다는 것이다. 본인들이 정한 창업아이템에 확신을 갖고 맷집이 좋은 권투선수처럼 지치는 모습을 전혀 보여주지 않는 특성을 가지고 있었다. 이들은 끈기 내지 지구력이 강한 사람들이었다.

둘째, 시대적으로 고객수요가 늘고 있는 유망분야에서 창업의지의 싹을 키우고 승부수를 걸었다. 적어도 창업아이템만큼은 시장성을 확보할 줄 아는 창의적 혜안을 가지고 있었다.

셋째, 이들은 창업 동기로 개인적 욕망, 즉 본인 인생의 주인으로서 자유롭고 떳떳하게 살려고 창업을 했다고 볼 수 있었고 창업을 성공적으로 안착시키는 과정에서는 개인적 욕망 추구보다 사회적 가치의 달성이라는 사회적 욕망의 추구로 고난을 이겨내고 승리를 만들어가는 원동력을 얻었다는 것이다. 큰 힘은 사회적 가치 추구에서 오는 법이다.

아무쪼록 이 책의 훌륭한 창업사례에 비해 미흡한 정리, 분석으로 마무리하는 점 송구스럽게 생각하며 창업을 생각하는 독자들의 파이팅을 기대해본다.

2018. 10.
노자를 그리워하면서
저자 올림